Berliner Weihnachtsmarkt

Christa Lorenz

Berliner Weihnachtsmarkt

Bilder und Geschichten
aus 5 Jahrhunderten

Berlin-Information

ISBN 3-7442-0011-6

Berlin-Information,
Neustädtische Kirchstr. 3,
Berlin, 1080

Redaktion: Helga Hörnle
Bildredaktion: Christa Lorenz
Gestaltung: Dietrich Otte

Ag 748/29/87
01800

Inhalt

7 Vorbemerkung

12 Weihnachten im Mittelalter –
Mysterienspiele und Maskenumzüge
14 Wachskerzen und Honigkuchen
17 Weihnachtliche Ärgernisse
21 Vom Schenken

24 Der Christmarkt etabliert sich
27 Puppenzeug und Naschwerk
30 Wanderhändler
32 Eine „allgemeine Lustbarkeit"
36 Weihnachten im Kreise der Familie

43 Verordnungen zum Weihnachtsmarkt
49 Pfefferkuchenmann im Herzen
53 Bilderbogen und Papiertheater
55 Pyramiden und Waldteufel
58 Weihnachtsausstellungen
64 Weihnachtsmarkt im biedermeierlichen Berlin
67 Der Weihnachtsbaum
73 Christbaumschmuck

79 Einfluß der Industrialisierung
83 Neue Verordnungen
86 Der Kampf um die Verlegung
des Weihnachtsmarktes
89 Dreierschäfchen und Hampelmann
92 Der Weihnachtsmarkt der Weltstadt
97 Die Aufhebung des Weihnachtsmarktes

101 Weihnachten um 1900 zwischen Tradition und Reform
105 Arkonaplatz und anderswo
108 Straßenhändler
113 Arbeiters Weihnachten
121 Der Himmel auf Erden für eine halbe Mark

129 Fest unter der „Jultanne"

134 Der Weihnachtsmarkt in der Zeit des Faschismus

141 Friedensweihnacht 1945
143 Weihnachtsmarkt in der Ruinenstadt
146 Berlin – Werkstatt des Weihnachtsmannes

150 Mehr als ein Rummelplatz mit Weihnachtsstimmung
156 Weihnachtsfest – Jolkafest
161 Auf dem Weg zum neuen Volksfest
164 Kinderparadies
170 Kaufen, Schenken, Freude bringen

175 Vom neuen Sinn alter Tradition

185 Anmerkungen

188 Quellen und Literatur

Die nachfolgende Darstellung behandelt die Geschichte des Berliner Weihnachtsmarktes von seinen mittelalterlichen Vorläufern bis zum großstädtischen Volksfest der Gegenwart. Eingefügte Kapitel über das Weihnachtsfest sollen den Zusammenhang von Fest und Markt verdeutlichen und zum Verständnis des historischen Hintergrundes beitragen, denn die Geschichte des Weihnachtsmarktes spiegelt einen Teil der Geschichte Berlins und seiner Bewohner wider.

Für alle, die das Entstehen dieser Publikation mit Hinweisen, Informationen, Materialien usw. unterstützten, seien stellvertretend genannt: Der Magistrat von Berlin, das Staatsarchiv Potsdam, das Märkische Museum, das Museum für Deutsche Geschichte, die Deutsche Staatsbibliothek, die Fotothek Dresden, Berliner Schausteller und die Forschungsgruppe Kulturgeschichte an der Humboldt-Universität sowie persönliche Bekannte und Freunde. Ihnen allen sei für die Hilfe gedankt.

Christa Lorenz

September 1986

Man kann annehmen, daß, so sehr poetische Gemüter darüber klagen, wie in unserer Zeit alles Gedicht und Wundersame aus dem Leben geschwunden sei, dennoch in jeder Stadt, fast allenthalben auf dem Lande, Sitten und Gebräuche und Festlichkeiten sich finden, die an sich das sind, was man poetisch nennen kann, oder die gleichsam nur eine günstige Gelegenheit erwarten, um sich zum Dichterischen zu erheben. Das Auge, welches sie wahrnehmen soll, muß freilich ein unbefangenes sein, kein stumpfes und übersättigtes, welches Staunen, Blendung oder ein Unerhörtes, die Sinne durch Pracht oder Seltsamkeit Verwirrendes mit dem Poetischen verwechselt.

Ludwig Tieck: Weihnachtsabend

Berliner Weihnachtsmarkt – das bedeutet Handelsort, Volksfest, Tradition.

Die Suche nach seinem Ursprung führt weit in die Vergangenheit, denn es finden sich immer wieder Hinweise auf das vermeintlich hohe Alter des Weihnachtsmarktes, bis hin zu der Auffassung, er sei „so alt wie die Stadt selbst".

Aus zwei Ansiedlungen zu beiden Seiten der Spree entstanden im 13. Jahrhundert die Städte Berlin und Cölln. Die Bevölkerung war slawischer und deutscher Herkunft, hinzu kamen Kolonisten aus Niedersachsen und Westfalen, fränkische Gewerbetreibende und andere Siedler. Die Schwesternstädte am Flußübergang dienten in erster Linie als Handelsumschlagplatz. Um die Mitte des 15. Jahrhunderts wurde Berlin/Cölln durch den Landesherrn unterworfen und zur kurfürstlichen Residenz der Hohenzollern ausgebaut.

Plan von Berlin und Cölln, J. G. Memhard, um 1650

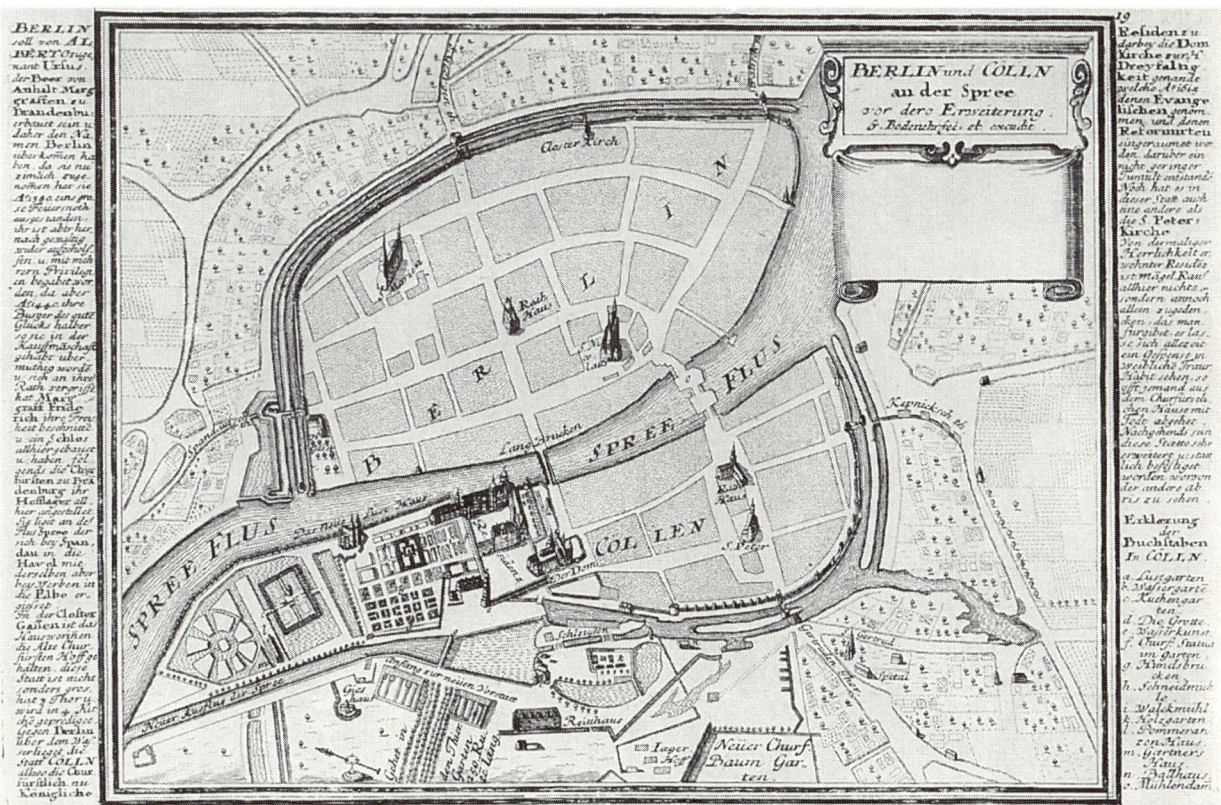

11

Weihnachten im Mittelalter – Mysterienspiele und Maskenumzüge

Ein Rückblick auf die Geschichte Berlins in die Zeiten der mittelalterlichen Doppelstadt Berlin/Cölln läßt sichtbar werden, daß damals die Weihnachtsfeiern auf eine andere Weise begangen wurden als in späteren Jahrhunderten. Etwa bis in das 14. Jahrhundert ist das Fest der Geburt Christi nur wenig über das kirchliche Leben hinausgegangen. Seit dieser Zeit jedoch wurde das Weihnachtsfest ein feierlich-fröhliches und geselliges Geschehen, ein mehrere Tage andauerndes Fest, das sich außerhalb des Hauses abspielte.

Im Mittelpunkt des Festes stand die Christgeburtsfeier, in der Zeitpunkt und Grundgedanken vorchristlicher Mittwinterfeste und -kulte aufgegriffen worden waren. Vor allem die Idee des immer wiederkehrenden Lichtes war mit christlichem Inhalt verschmolzen. Alljährlich konnte im geschmückten Kirchenraum jedermann ein Krippen- oder

Flügelaltar, Mitteltafel, 1484
Diese Weihnachtsdarstellung ist typisch für die Zeit des Spätmittelalters. In die Szenerie um die Geburt Christi sind Ochs und Esel, Hirten auf dem Felde und anbetende Engel einbezogen. Personen und Schauplatz wurden aus der Christmesse in den Umkreis des bürgerlichen Weihnachtsfestes übernommen, häufig unter der kurzen Bezeichnung „Krippe".

Weihnachtsspiel als schöne und spannende Begebenheit miterleben. Wenn sich diese Aufführungen in Berlin auch nicht mit den großartigen Messen der süd- oder westdeutschen Städte vergleichen ließen, so besaßen sie doch einen hohen Grad an Volkstümlichkeit. Im Laufe der Zeit waren sie zu Volksaufführungen geworden, die sich über mehrere Stunden ausdehnten und mit großem Aufwand an Spielern und Ausstattung betrieben wurden. Sie ließen es weder an greifbar sinnlicher Ausmalung der Weihnachtsgeschichte noch an mitunter turbulenten Szenen fehlen.

Sowohl bei den Mysterienspielen als auch bei der Messe am Morgen des Weihnachtstages wurde eine Unmenge von Kerzen verwendet. Ein Chronist erzählt dazu, daß nicht nur ein festlicher Schein, sondern auch „ein entsetzlicher Dampf von Lichtern (Wachsstöcken, Talglichtern, Kohlenbecken) die Kirche erfüllt und den Prediger als den nahezu einzigen nüchternen Mann fast erstickt"[1] hätte. Diese und ähnliche Nachrichten lassen den Schluß zu, daß die kirchliche Feier kaum in würdevoller Strenge vonstatten gegangen sein kann, sondern eher in fröhlicher Ausgelassenheit.

Aber nicht nur die bildhaften Aufführungen mit Krippe, Engeln und Hirten samt Herodes und Adam und Eva trugen volksfestartige Züge. Die Chronisten berichten darüber hinaus von einem turbulenten Treiben auf Straßen und Plätzen, von Possenspiel und Umzügen derb-lustiger Art.[2] Es waren Bräuche aus vorchristlicher Zeit, deren beschwörender und dämonenabwehrender Charakter – ins Spielerische umgewandelt – möglicherweise noch nicht ganz verloren gegangen war. Vor allem scheinen lärmende Maskenumzüge üblich gewesen zu sein, die von der kirchlichen Obrigkeit mehr oder weniger als regionale Besonderheit geduldet wurden, indem man ihnen einen christlichen Anstrich verlieh – ein Beispiel ist das „Heilige-Christ-Umgehen". Der gesamten Stadtbevölkerung, vom Ratsherren bis zum Tagelöhner, bot sich die Möglichkeit, nicht nur Zuschauer, sondern auch Teilnehmer an den öffentlichen Feierlichkeiten zu sein.

Im Familienkreis wurde nicht gefeiert, doch war ein gemeinschaftlicher Festschmaus üblich, zumal die Fastenperiode der Adventszeit mit dem Heiligen Abend zu Ende ging und außerdem ein verschwenderisches Gastmahl nach den Anschauungen der Zeit als Inbegriff der irdischen und himmlischen Freude angesehen wurde. Das Festessen wird je nach der sozialen Zugehörigkeit unterschiedlich ausgefallen sein; man nahm es in geselliger Runde, z.B. im Rathaus oder in den Zunftstuben ein, wie es dem Charakter des mittelalterlichen Weihnachtsfestes entsprach.

Der Begriff „Weihnachten" ist seit dem Mittelalter bekannt: um 1200 wird das Fest der Geburt Christi in den Versen des Spruchdichters Spervogel „wîhe naht" genannt:

„Er ist gewaltic und starc
der ze wîhen naht geborn wart".

Der ursprüngliche Singular wechselte in den Plural „ze den wîhen nahten" (in den heiligen Nächten), was darauf hindeutet, daß eine Reihe alter Festtage zusammengefaßt wurde. Später wurden die Worte zu „wînahten" zusammengezogen und auf das Fest allein beschränkt.

Sternsinger, Bilderbogen aus dem 18. Jahrhundert
Eine Vielzahl weihnachtlicher Bräuche entstammt nicht dem christlichen Festbrauchtum, sondern verweist auf einen magisch-religiösen Festkomplex, auf ein Zauber- und Toten(Ahnen-)fest. Im Zeitraum von November bis Januar gingen Unholde um, konnte die Zukunft geweissagt und Fruchtbarkeit für das nächste Jahr beschworen werden. Im christlichen Gewande blieben viele der Gebräuche noch lange Zeit bekannt.

13

Wachskerzen und Honigkuchen

Aus dem 15. Jahrhundert sind die ersten Nachrichten über einen vorweihnachtlichen Handel in Berlin/Cölln bekannt geworden. Sie sind allerdings etwas unbestimmt, auch wenn sie sich auf Berliner Chroniken berufen. Auf Veranlassung der Geistlichkeit, heißt es, sollen zur Weihnachtszeit Votivgaben (Weihgeschenke), Pilgerandenken und geweihte Kerzen vor der Petri- und der Nikolaikirche angeboten worden sein[3], was durchaus glaubwürdig ist; denn obwohl Kirchenlichte das ganze Jahr über in hoher Zahl Verwendung fanden, verlangten Anlaß und Stimmung der mitternächtlichen Weihnachtsfeier größere Mengen davon.

Der Handel mit Kerzen und Weihgeschenken aus Wachs läßt den Schluß zu, daß zugleich auch Honiggebäck verkauft worden ist; denn die Produkte der Bienenzucht – Wachs und Honig – wurden von ein und demselben Gewerbe verarbeitet. Honig- oder Lebkuchen stand schon seit alters her mit kultischen Handlungen in Verbindung und wurde durch die Klöster in Mitteleuropa verbreitet. Dem Honiggebäck wurde fruchtbarkeitserhaltende und heilende Wirkung zugeschrieben, die durch die Weihen der Kirche noch verstärkt werden konnte; es bot sich somit während hoher kirchlicher Festzeiten zum eigenen Verzehr und zum Verschenken an.

Im 15. Jahrhundert traten dann in vielen Städten sowohl Wachszieher als auch Honigkuchenbäcker auf; sie gehörten nicht zur Zunft der Bäcker oder Zuckerbäcker, sondern bildeten ein eigenes Handwerk, die Pfefferküchlerei.

„Wie im köllnischen Stadtbuche vermerkt steht, wurde um die Mitte des 15. Jahrhunderts reellen Krämern der Handel mit Honigkuchen und anderen Syrupteiggebäcken gegen ein Stättegeld von zwei Mariengroschen pro Tag zur Weihnachtszeit auf dem Petriplatz und dem Köllnischen Fischmarkt ausdrücklich gestattet."[4] Dieser Satz, der den Handel mit Pfefferkuchen zu belegen scheint, findet sich in den Erinnerungen G. Bambergers. Allerdings sollte man diesem „Vermerk" etwas kritisch gegenüberstehen, denn Mariengroschen wurden nicht vor dem 16. Jahrhundert geprägt, und der Ausdruck „reelle" Krämer weist auch nicht unbedingt auf diesen frühen Zeitraum hin – er nennt aber eine Grundbedingung für das Betreiben eines Gewerbes in der Stadt, nämlich die Ehrbarkeit. „Ehrbarkeit" war eine Voraussetzung für den Erwerb des Bürgerrechts, und nur wer Bürger der Stadt Berlin oder Cölln war, durfte dort ein Gewerbe ausüben. Wenn also der „hochwohllöbliche Magistrat"

Der Lebküchner.

Im Trübsals-Ofen steckt, Was Gläubige wol schmeckt.

Unmittelbar an den großen Stadtkirchen lagen die Marktplätze; mit „Messen" wurden sowohl Gottesdienste als auch Jahrmärkte bezeichnet.

Der „olde Markt" – der spätere Molkenmarkt – lag an der dem Schutzpatron der Kaufleute und Seefahrer geweihten Nikolaikirche, der Cöllnische Fischmarkt an der nach dem Schutzheiligen der Fischer genannten Petrikirche.

den Pfefferkuchen-Verkauf zuließ, wenn sogar der Kurfürst einer überlieferten Nachricht zufolge anordnete, an den Weihnachtskrämerbuden „Syrupteiggebackenes und derley leckerhafte Dinge" für den Bedarf des Hofes zu kaufen, so kann man annehmen, daß es Bürger der Stadt waren, die auf den Marktplätzen mit Honig- oder Pfefferkuchen handelten. Dies ist jedoch bestenfalls für das 16. Jahrhundert verbürgt. Auf alle Fälle kann der Verkauf von Wachskerzen und Pfefferkuchen als Vorläufer des Weihnachtsmarktes angesehen werden. Seine eigentliche Bedeutung aber erhält der weihnachtliche Handel erst in späteren Jahrhunderten im Zusammenhang mit dem Wandel des Weihnachtsfestes zum Familienfest.

Petrikirche zu Cölln, J. D. Schleuen d. Ä., 1730

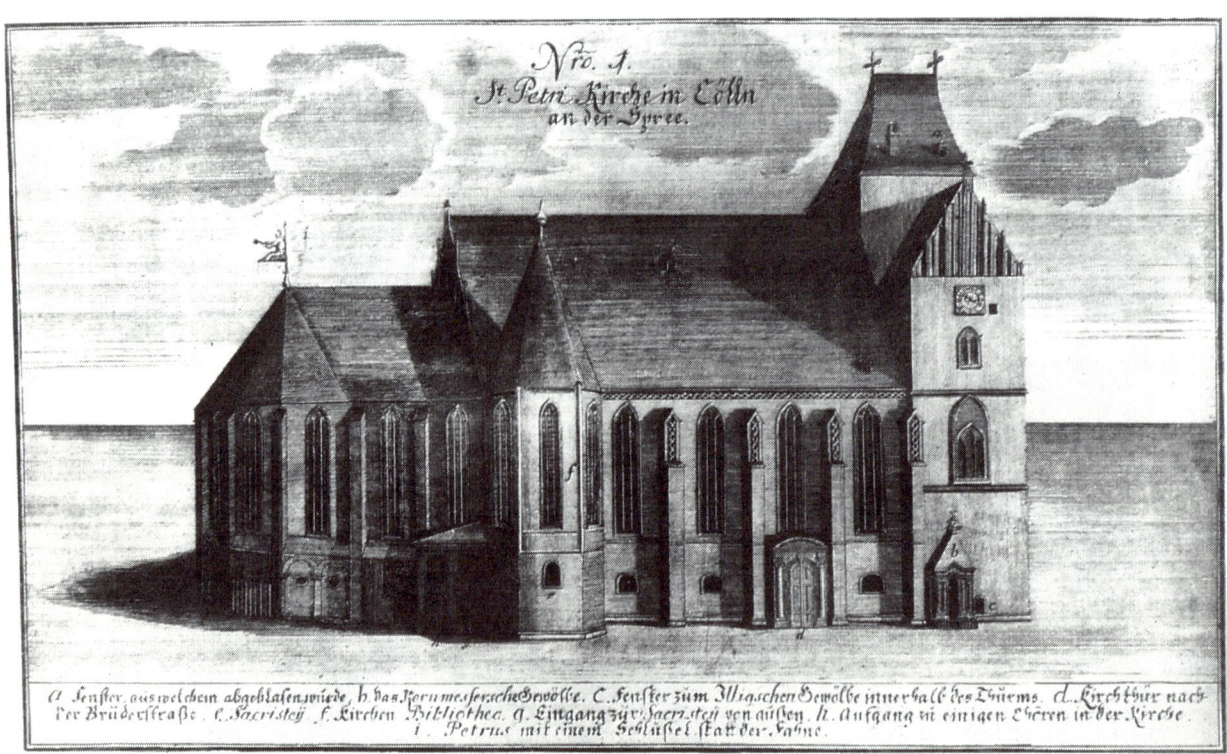

Weihnachtliche Ärgernisse

Das bedeutendste Ereignis des 16. Jahrhunderts war die Reformation mit ihren weitreichenden kulturellen Folgen, verbunden mit Begriffen wie Renaissance, Humanismus und frühbürgerliche Revolution. Neue naturwissenschaftliche Erkenntnisse und Erfindungen – vor allem der Buchdruck – wurden verbreitet, die allgemein auch für Berlin eine geistig-kulturelle Belebung brachten (Engels nannte diese Epoche des Übergangs vom Feudalismus zum Kapitalismus „die größte progressive Umwälzung, die die Menschheit bis dahin erlebt hatte"). Im Zuge der Reformation, d. h. der Auflösung der europäischen Kircheneinheit und der Entstehung lutherischer und reformierter Landeskirchen, traten 1539 sowohl der Hof als auch Rat und Bürgerschaft Berlins zum Protestantismus über.

Mit der strikten Ablehnung aller römisch-katholischen Bräuche ging die fast sprichwörtliche reformatorische Festfeindlichkeit einher, von der unter anderem das Weihnachtsfest betroffen war. Wenn sich auch scheinbar an den Feierlichkeiten zunächst wenig änderte – die Brandenburgische Kirchenordnung von 1540 ließ die Zeremonien und Weihnachtsspiele fürs erste weiter bestehen –, versuchte doch die Obrigkeit mit Verordnungen gegen „ärgerliche Vorkommnisse", die immer noch lebendige Festfreudigkeit einzudämmen. Wie sehr die mitternächtliche Christgeburtsfeier inzwischen im Bewußtsein der Stadtbevölkerung verwurzelt war, zeigt, daß Luthers Bemühen, diese Bräuche abzuschaffen, im gesamten protestantischen Raum auf Schwierigkeiten stieß.[5]

Die Weihnachtsspiele wurden auch weiterhin veranstaltet, aber nicht mehr für die breite Öffentlichkeit in den Kirchen. „Ein seer schön und nützlich Spiel von der lieblichen Geburt . . ." wurde 1549 im Cöllnischen Rathaus aufgeführt, und eine „kurtze Comedien von der Geburt des Herren Christi" erbaute auserwählte Gäste 1589 am kurfürstlichen Hof.

Dennoch scheinen die kirchlichen Weihnachtsfeiern immer noch ausgelassen genug gewesen zu sein, da sie mehrmals kritisiert wurden. Ein „Visitations-Abscheidt für Kirchen und Schulen" ordnete 1574 an: „Also soll auch der Rath die bösen Buben, so in der Christnacht und Osternacht in den Kirchen alle Büberey treiben, durch die Stadt-Diener herausjagen oder in die Thürme setzen lassen, damit Zucht und gar Disciplin in den Kirchen erhalten und die Gottesfürchtigen an ihrem Christlichen Gebete nicht mögen gehindert, noch sonst geärgert werden."[6] Daß dieses Verbot der „Büberey", das besonders dem im gleichen Jahr gegründeten „Berlinischen Gymnasium zum Grauen Kloster"

Unsern Gruß zuvor, Ehrwürdige, Ehrenfeste, Wohlgelahrte, Weise, gute Gönner und Freunde, etc. Nachdem viele Prediger und andere vielfältig geklaget, daß gegen die Weihnachts-Feste mit dem sogenannten heiligen Christ umgehen viel sehr ärgerliche Dinge vorkommen, sogar Comödien und Possenspiele dabey gemachet und getrieben werden; Se. Churfl. Durchl. unser gnädigster Herr, aber solche Aergerniß durchaus abgeschaffet wissen wollen; Als befehlen Namens Deroselben Wir Euch solche Aergerniß gäntzlich abzuschaffen, und darüber ernstlich zu halten. Es beschieht daran Sr. Chf. Durchl. Wille und wir seynd Euch mit Freundschaft gewogen.

Datum Cölln an der Spree,
den 17. Dezbr. 1686

Am 21. December war ein Elephante hier zu sehen vor 2 Gr.

Wendland'sche Chronik, 1686

Marktbude auf der Bartholomäus-Kirchweih, 1725

galt, Erfolg hatte, muß bezweifelt werden, denn immer wieder wurde gegen „solche Aergerniß" angegangen. Ein paar Jahre später, 1598, wurde dann ein ausdrückliches Verbot der Weihnachtsspiele erlassen.

Infolge der Reformation waren die Heiligentage, die einen großen Teil der Feiertage ausmachten, abgeschafft worden, doch boten die verbliebenen Feste noch immer die Möglichkeit übermütiger Geselligkeit. Eine Notiz in den Akten des Oberkonsistoriums der Provinz Brandenburg vermerkt zum Beispiel im Jahre 1600, „das Handwerk der Bäcker" habe „bishero den andern Tag in den Weihnachten das Rößlein (des Hl. Nikolaus), wie man es nennt, herumgetrieben".[7]

Noch bis zum Ende des 17. Jahrhunderts erregte der „Weihnachtsunfug" Anstoß. „In allen Städten, ja in allen Gassen, wo nicht allen Häusern" gäben sich „bald Alte, bald Junge, bald Große, bald Kleine" für den heiligen Christ aus, entrüstete sich 1680 der Konrektor Grabow in seiner Schrift „Danck-Opffer". Schüler, Knechte, Mägde und Lehrjungen liebten diesen Spaß besonders. Sie „gingen bey der finstern Abendzeit herumb" und machten einen Höllenlärm. Grabow fürchtete einen schlechten Eindruck vor allem auf die jüdischen Mitbürger: „Was müssen sie gedencken von unserm Messia, wenn sie unsern heiligen Christ sehen und hören daher kommen, in Begleitung vieler Jungen und Mägde, mit Spießen und mit Stangen, mit vielen Schellen, mit grossem Geschrey und Klatzschen der Peitsche".[8]

1686 schränkte der Landesherr Kurfürst Friedrich Wilhelm mit dem Edikt von Cölln an der Spree dieses Treiben energisch ein und befahl, die Umzüge gänzlich abzuschaffen.

Vor diesem Hintergrund erübrigt es sich fast, nach einem Weihnachtsmarkt zu fragen. Weihnachten war noch kein Fest, für dessen Ausgestaltung die Berliner besondere Artikel erwerben mußten. Im Gegenteil, der Bedarf an Kerzen ging zurück, seit in den Stadtkirchen die Gottesdienste nicht mehr mit einem Gepränge feierlicher Handlungen begangen wurden.

Mit Ausnahme verschiedener Sorten Honiggebäck gab es nichts Spezifisches, was auf einem weihnachtlichen Markte hätte angeboten werden können. Da das Schenken zu diesem Fest noch nicht üblich war, brauchte man Kram und Tand zu Weihnachten so viel oder so wenig wie das ganze Jahr über. Zudem war die wirtschaftliche Lage Berlins trotz höfischer Prachtentfaltung schwieriger als in manchen anderen Fürstentümern, und einer hoffnungsvolleren Entwicklung setzte der Dreißigjährige Krieg bald wieder ein Ende.

In der kurfürstlichen Residenz wurden jährlich drei oder vier Jahrmärkte abgehalten, zu denen fremde Händler gezogen kamen und weitgereiste

Spielleute, Gaukler und anderes fahrendes Volk die Stadtbewohner zum Staunen brachten, was als Höhepunkt der Volksbelustigung angesehen wurde. Außerdem pflegte der letzte Jahrmarkt, der Martini-Markt, nicht später als im November stattzufinden.

Die „gemeinschaftliche Freude" auf dem Cöllnischen Fischmarkt, die in einem Aufsatz von F. Wilken über die Geschichte Berlins für das 17. Jahrhundert zur „Zeit des Christmarkts" erwähnt wird, bezieht sich eher auf die schon beschriebenen Umzugsbräuche als auf Markttrubel.[9]

So ist es durchaus erklärlich, daß aus dem 16. und 17. Jahrhundert keine verbürgten Nachrichten über einen Berliner Weihnachtsmarkt bekannt geworden sind.

Die Gründung eines Christmarktes „mit landesväterlichem Wohlwollen" 1610 oder während der Regierungszeit des Großen Kurfürsten (1640–1688) konnte bisher mit Quellen nicht belegt werden, in der langen Liste der Märkte, die der Kurfürst eingerichtet hat, ist ein Weihnachtsmarkt jedenfalls nicht verzeichnet.[10]

Erst gegen 1700 hatten sich in Berlin die Bedingungen für einen weihnachtlichen Handel herausgebildet, vor allem durch die Zuwanderung von französischen und pfälzischen Reformierten und die damit verbundene Einführung neuer Gewerbezweige. Spitzenherstellung, Strumpfwirkerei und Seifenfabrikation waren bisher in Berlin nicht betrieben worden. In der Gründung von Manufakturen und Fabriken und der daraus folgenden Arbeitsweise – der Trennung von Arbeitsstätte und Wohnbereich – liegen die Voraussetzungen für die Entstehung einer vorindustriellen bürgerlichen Schicht, die allmählich dem Weihnachtsfest eine neue Bedeutung als Familienfest verlieh.

Zunächst allerdings verliefen die Weihnachtsfeiern in Berlin wie bisher: mit Weihnachtsgottesdiensten in den Kirchen, mit halböffentlichen Feiern in der städtischen Handwerkerwelt, mit exklusivem Aufwand am Hofe sowie mit Masken- oder Lichterumzügen bei den Bewohnern der Vorstädte. Noch das ganze 18. Jahrhundert hindurch sah sich die preußische Obrigkeit veranlaßt, mit den Resten mittelalterlicher Mysterienspiele aufzuräumen. 1739 schritt der preußische König mit einem Edikt gegen die „Christabend-Ahlfanzereien" ein.[11]

Einige Jahrzehnte nach diesem Edikt berichtet die „Berlinische Monatsschrift" über eine Vorstellung, in der sowohl biblische Figuren als auch der Teufel und der „fürchterliche Knecht Ruprecht" auftraten. „In der Hauptstadt sind nur noch für den Pöbel die Verkleidungen geblieben", stellte der Autor fest, „ich habe mehrere jener grotesken Spiele angesehen, einige Verse, vorzüglich des Teufels, waren drollig genug . . ., nur daß die itzigen Schauspieler (gemeiniglich Kinder aus den

Von Gottes Gnaden, Friedrich, König von Preußen

Weil mit denen Lichter-Cronen auf dem Christabend viel Gaukeley, Kinder-Spiel und Tumult getrieben wird; als befehlen wir Euch hiermit nicht allein solche Christ- und Lichterkronen gäntzlich abzuschaffen, sondern auch die Christ-Messen nicht des Abends, sondern des Nachmittags um 3 Uhr zu halten. Daran geschieht Unser Wille, Und seynd euch mit Gnaden gewogen.

Datum Cölln an der Spree,
den 18. Dezbr. 1711

Ein geistliches Schauspiel beschließt die Unterhaltung (in Berliner Wirtshäusern): Die heiligen drei Könige aus Morgenland erscheinen mit einem Stern von Papier, in langen weißen Hemden und mit einer Bischofsmütze, verkünden die Geburt des Welterlösers und tragen Knittelverse, wahrscheinlich nach dem Geiste der Zeit auch in Jamben, vor, die aber mit ihrer Sendung in gar keiner Verbindung stehen, sondern vielmehr oft ein Ärgernis vor keuschen Ohren sind. So alt diese fromme Sitte ist, so groß wird die Entheiligung derselben durch diese Fratzengesichter, deren unwürdiges Possenspiel die Polizeigesetze zwar ausdrücklich verboten, aber als Werk der Finsterniß noch nicht ganz ausgerottet haben.

Berlinische Nächte, 1803

Was wünschen wir den Fremden zum neuen
Jahr?
Wir wollen's ihnen wünschen offenbar!
Wir wünschen ihnen einen vergoldenen Tisch,
Auf allen vier Ecken einen gebratenen Fisch,
Und in der Mitte eine Kanne mit Wein,
Das soll den Herrn ihr Neujahr sein!

Sterndrehervers aus der Mark

Neujahrswunsch, vermutlich 16. Jahrhundert

Vorstädten) ihre Rollen, die ihnen nur durch Tradition überkommen
sind, immer mehr verderben und kürzen".[12] Um 1800 finden in Wirtshäusern Vorstellungen „über die Geburt des Welterlösers" statt, die ein
„Ärgerniß vor keuschen Ohren" und durch Polizeigesetze ausdrücklich
verboten waren. Auch die brennenden Lichter in den Kirchen waren
nicht erwünscht, dort sollte um 4 Uhr nachmittags schon alles „abge-
than seyn u. also die zur Besorgniß gereichende Anzündung der kleinen
(Wachs-)Lichte wegfallen".[13] So wanderte dieser der mittelalterlichen
Christmesse entlehnte Brauch nach und nach in die städtischen
Zunftstuben und später in das häusliche Fest. Ende des 18. Jahrhunderts finden sich in den Bürgerhäusern neben den Kerzen auch andere,
für die spätere Zeit typische weihnachtliche Artikel, wie die Lichterpyra-
mide oder – noch ohne Lichter – der Tannenbaum. Sie stehen im Unterschied zu den mittelalterlichen Requisiten nicht mehr im direkten Zusammenhang mit dem Geschehen der Christgeburt.

Verkäuferin von Neujahrswünschen,
D. Chodowiecki, 1799
Neujahrsgeschenke wurden offiziell vom
sparsamen preußischen Landesherrn
Friedrich Wilhelm I. auf Glückwünsche re-
duziert, so daß in Berlin der Handel mit Neu-
jahrswünschen florierte, lange bevor die
Postkartenindustrie sich der Glückwunsch-
karten annahm.

20

Vom Schenken

Das vorreformatorische Christfest kannte keine Festgeschenke; die Bescherung aller Gläubigen bestand in der Geburt des Licht- und Heilbringers Christus. Zum Jahreswechsel indessen war es durchaus üblich, daß hohe weltliche oder geistliche Herren untereinander kleine Geschenke tauschten, die im neuen Jahr Glück und Segen bringen sollten. Seit dem ausgehenden Mittelalter sind Weihnachts- oder Neujahrstaler bekannt, die den Bediensteten überreicht wurden. (Zum Beispiel fand im Hause Luthers zum Neujahrstag eine „Bescherung" der Dienstboten statt.) Doch waren das keine Geschenke im heutigen Sinne. Der Unterschied liegt in der Gegenseitigkeit, auf der alle alten Schenkbräuche beruhten. Es handelte sich um Gebeverpflichtungen, die rechtliche oder gewohnheitsrechtliche Normen zur Grundlage hatten. Gebende und Nehmende, ob Brautleute, Dienstherr und Knecht oder Pate und Kind, waren sich der aus dem Geschenk hervorgehenden Pflichten bewußt – was für Kinder und Erwachsene gleichermaßen galt.[14]

Der Weihnachts- oder Neujahrstaler, der dem Gesinde zusammen mit einer Naturalgabe wie Schuhen, Stoff oder ähnlichem ausgehändigt wurde, stand ihm zu, d. h. es handelte sich nicht um ein eigentliches Geschenk, sondern um einen Bestandteil des Lohnes, eine Gegengabe für geleistete Dienste.

Ähnlich wie am Neujahrstag schenkte man sich auch am 6. Dezember, dem Tag des Heiligen Nikolaus, rituelle Gaben: „Äpfel, Nüss' und Mandelkern", die Glück bringen sollten. (Die Bischofsgestalt des Heiligen Nikolaus war nach der Heiligenlegende der Schutzpatron der Bäcker, Schiffer sowie der Schüler.) Diese Sitte der Nikolausgaben scheint weit verbreitet gewesen zu sein. Nach der Reformation wünschte die protestantische Geistlichkeit nunmehr dringlich, daß das „Christkindlein beschere und nicht Sankt Nikolaus". Somit wurde allmählich die Vergabe der „Nikolausgeschenke" auf den „Christtag" (25. Dezember) verlegt.

Im Laufe des 18. Jahrhunderts avancierte dann die Bescherung zum Mittelpunkt der weihnachtlichen Feier im Familienkreis. Für gewöhnlich waren es Vater oder Mutter, Großeltern oder Paten, welche die kleinen Jungen und Mädchen mit Spielzeug beschenkten, daneben ließ man den Nikolaus, das Christkind oder auch Knecht Ruprecht mit kleinen Überraschungen ins Haus kommen. Die „Rauhpelzgestalt" des Knecht Ruprecht entstammte den früheren (ländlichen) Umzugsbräuchen und war dem Heiligen Nikolaus meist als Begleiter zugesellt worden, bevor er selbständig als Gabenbringer auftrat.

bescheren (mittelhochdeutsch beschern, schern) ist von althochdeutsch scerian = bestimmen, zuteilen, abgeleitet und gehört zum gleichen Stamm wie share = Anteil (englisch)

Wenn insgeheim alles recht aufgestiegen ist aus dem schoß der sitte, so zeigt sich dieser zusammenhang zwischen beiden ganz augenscheinlich an der schenkung . . . wie jeder vertrag zwei leute, z. b. der kauf einen käufer und verkäufer, setzt auch die schenkung einen geber und empfänger voraus und dem geben stellt unsere sprache ein nehmen . . ., das ist annehmen zur seite.

Jacob Grimm
Über Schenken und Geben.

Nach 1800 hatte sich die bürgerliche Auffassung vom Weihnachtsfest stabilisiert und wurde Leitbild auch für andere Schichten der Stadtbevölkerung. Jetzt bildeten sich Formen heraus, die den Ablauf der familiären Feier zeremoniell ausschmückten. Um die Mitte des 19. Jahrhunderts trat die Figur des Weihnachtsmannes als Gabenbringer ins Blickfeld. Sie wurde schnell populär. 1835 verfaßte Heinrich Hoffmann von Fallersleben die Verse des Liedes „Morgen kommt der Weihnachtsmann"; wenige Jahre später, 1847, zeichnete Moritz von Schwind in einer Bilderfolge für den Münchner Bilderbogen den „Herrn

Der Pelzemärtel, F. Pocci, 1850
Der Pelzmärtel, der am Martinsabend die „guten" Kinder beschenkt, während er die „bösen" fortträgt „zu den Bären und Wölfen im Walde", ist eine der Gestalten, die, ähnlich wie Knecht Ruprecht, der Figur des Weihnachtsmannes als Vorbild diente.

22

Der Weihnachtsmann

Der Weihnachtsmann ist auf der Fahrt
zu besuchen die Schuljugend zart,
zu sehn, was die kleinen Mädchen und
Knaben
in diesem Jahre gelernet haben
im Beten, Schreiben, Singen und Lesen,
auch ob sie sind hübsch fromm gewesen.
Er hat auch in seinem Sack verschlossen
schöne Puppen, aus Zucker gegossen;
den Kindern, welche hübsch fromm wären,
will er solche Sachen bescheren.

Des Knaben Wunderhorn

Winter", den er als gemütlichen alten Mann mit Pelzrock und Glitzerbart
darstellte. In dieser Gestalt kam der Weihnachtsmann aus märchenhafter Ferne daher, hatte keinen eigentlichen Namen und beschenkte „artige Kinder". Zu seinen Requisiten gehörte außer dem großen Gabensack die dem Knecht Ruprecht entlehnte Rute – die einst eine Frucht-
barkeitsrute dargestellt, mittlerweile aber die Funktion eines pädagogischen Strafmittels bekommen hatte.

Mit dem Weihnachtsmann war eine Figur entstanden, die keine
christlichen Bezüge, sondern Anklänge an Mythisch-Märchenhaftes
aufwies und bis heute Symbol des weihnachtlichen Schenkens geblieben ist.

Nadelbrief, 2. Hälfte des 19. Jahrhunderts
Gegen Ende des Jahrhunderts wurde das
Bild des Weihnachtsmannes auch für das
Weihnachtsgeschäft genutzt.

Der Christmarkt etablieret sich

Der genaue Zeitpunkt, an dem der Weihnachtsmarkt durch behördliche Verfügung eingerichtet wurde, ließ sich bisher nicht feststellen. Es ist wahrscheinlich, daß er aus jenen wenigen Buden hervorging, die seit dem Mittelalter auf den Marktplätzen um die Weihnachtszeit Wachskerzen und Pfefferkuchen vertrieben hatten.

Ende des 17. Jahrhunderts wurden schon Tand und Spielsachen verkauft, zunächst ohne daß durch eine Verordnung der Marktverkehr geregelt werden mußte. Als zu Beginn des 18. Jahrhunderts die Budenstadt so groß geworden war, daß sie sich über die alten Marktplätze hinaus den Mühlendamm entlang bis in die Breite Straße hinzog, war es nötig, den Standplatz durch behördliche Maßnahmen einzugrenzen.

Die Ausdehnung der Stadt und das Anwachsen der Bevölkerung waren vor allem durch die Zuwanderung französischer Reformierter und durch die Konzentration von Manufakturen und Fabriken in Berlin verur-

Der Berlinische Christmarkt, Gaillard, 1780

sacht worden. Nachdem mit der Krönung des Kurfürsten zum preußischen König Berlin zur königlichen Hofstadt aufgestiegen war, faßte 1709 eine Kabinettsorder die einzelnen Stadtteile (neben Berlin und Cölln auch Friedrichswerder, Dorotheen- und Friedrichstadt) zu einem einheitlichen Gemeinwesen unter dem Namen Berlin zusammen.

Die Berufsstände der Residenz waren durch die Hugenotten beträchtlich vermehrt worden, so um Goldschmiede, Perückenmacher, Lichtzieher, Bäcker, Posamentierer und viele andere; die Betriebsamkeit und Kunstfertigkeit der Zugewanderten wirkte anregend auf Handel und Verkehr und auf die Lebensweise der ansässigen Bevölkerung.

Ein direkter Einfluß der Hugenotten auf die weihnachtlichen Feiern ist nicht nachweisbar, ihre Nachfahren feierten das Fest bis weit ins 19. Jahrhundert in einfacher Religiosität, schlicht und prunklos. Allerdings sollte das nicht zur Annahme verführen, sie hätten dem Weihnachtsmarkt ablehnend gegenüber gestanden; im Gegenteil scheinen sie am Handel mit Modewaren und Galanterieartikeln sehr interessiert gewesen zu sein.

Nicht nur die Vielzahl der Buden Anfang des 18. Jahrhunderts bestätigt diese Vermutung, sondern auch das Beispiel einer kleinen thüringischen Residenzstadt, wo der Weihnachtsmarkt zunächst ausdrücklich für die Hugenotten eingerichtet wurde, weil der Landesherr sich eine blühende Unternehmung davon versprach.[15]

Laut der Historischen Beiträge von Fidicin wurde 1735 um die Weihnachtszeit ein Markt am Petriplatz und in der Breiten Straße eingerichtet, aber nachweislich fand der „gewöhnliche Weynachts-Marckt" schon Jahre früher statt. Einem zeitgenössischen Bericht zufolge ließ der preußische König am Heiligabend des Jahres 1729, nachdem er „die auf gewöhnlichem Weynachts-Marckt feil gestellten Sachen in denen aufgeschlagenen Boutiquen en Promenade in Augenschein" genommen, „hernach verschiedne Kostbarkeiten von Silber und allerhand Spiel-Sachen nach dem Schlosse bringen".[16] Auch in den nächstfolgenden Jahren ging er „mit einer Suite in höchster Person auf dem hiesigen Christ-Markt herum" und kaufte allerhand kurzweilige Dinge. (Friedrich Wilhelm I. ist nicht der einzige der Hohenzollern gewesen, der auf diese Weise seine vermeintliche Verbundenheit mit seinen Untertanen zeigte. Alle seine Nachfolger bis Ende des 19. Jahrhunderts haben es als ihre landesväterliche Pflicht angesehen, das direkt vor ihrer Tür stattfindende populäre Spektakel mit ihrer Anwesenheit zu beehren.)

Seit der zweiten Hälfte des 18. Jahrhunderts gehörte der Berliner Weihnachtsmarkt zu den Sehens- und Merkwürdigkeiten, die in den Reiseführern unbedingt erwähnt wurden.

Berlin, den 31. Decembris 1729 Sonnabends sahen Se. Majt. Vormittags die gewöhnliche Wach-Parade marschiren, nach aufgehobener Tafel aber beliebte es Deroselben: die auf gewöhnlichen Weynachts-Marckte feil gestelleten Sachen in denen aufgeschlagenen Boutiquen en Promenade in Augenschein zu nehmen, wovon Sie hernach verschiedne Kostbarkeiten von Silber und allerhand Spiel-Sachen nach dem Schloße bringen ließen, da auch höchst Dieselbe Abends an die Königinn, Printzen und Printzeßinnen, die gewöhnliche Geschencke mit allerseits hohen Vergnügen ausgetheilet.

Vom Berliner Hofe zur Zeit Friedrich Wilhelms I. (1728–1733)

26. Dec. 1740
Am heiligen Weynachtsabend divertirten sich die hiesige Königl. Herrschaften, außer der Königl. Frau Mutter, mit Schlittenfahren, und besahen zugleich den Christmarckt.

Berliner geschriebene Zeitung aus dem Jahre 1740

Spielzeugbude auf dem Weihnachtsmarkt, 18. Jahrhundert

Der Christmarkt in Berlin nimmt den 11. Dezember in jedem Jahre seinen Anfang. Das heißt, die Breite Straße nebst Schloßfreiheit wird ohngefähr mit 250 Buden besetzt. In der Mitte bleibt immer ein Zwischenraum, daß zwei Wagens bequem neben einander fahren und darneben dennoch eine gute Anzahl von Käufern und Spaziergängern laufen können, ohne befürchten zu dürfen, die Zehe abgefahren zu bekommen. In den ersten 8 Tagen, das heißt vom 12.–19. Dezember ist der berlinische Christmarkt unerheblich. Viele Buden stehen nicht auf, und nur eine mittelmäßige Anzahl von Käufern besucht denselben. Aber vom 20.–24. Dezember ist der Besuch desselben am allerstärksten, wo sich jung und alt, vornehm und reich, in Wagen und zu Fuß einfindet (versteht sich: nicht alle auf einmal) und ein jeder das kaufet, was er zu verschenken gedenkt.

Chronik von Berlin 1790

Anfang Dezember 1750 wurden die Leser des Berliner Intelligenzblattes davon in Kenntnis gesetzt, daß der „vorhin in der Hl. Geiststraße und auf dem Mulckenmarckte gehaltene sogen. Weynachts-Marckt, wegen der bekannten sehr engen Passage ... entstandenen Inconvenientzien und Unglücks, über den Mühlendamm in die Breite Straße verleget"[17] worden ist. Die „Verkäuffer und Käuffer" sollten „mit aller Gemächlichkeit und in einer Folge den Markt bebauen und besuchen" können. Damit hatte der Weihnachtsmarkt einen Platz gefunden, der, bald erweitert in Richtung Schloßplatz, über einhundert Jahre sein wichtigster Standort bleiben sollte.

In der „Chronik von Berlin oder Berlinische Merkwürdigkeiten", die 1789–1792 von Wilhelm Seyfried herausgegeben wurde, wird berichtet, wie der Weihnachtsmarkt aufgebaut war: mit preußischem Ordnungssinn in regelrechte Warenquartiere eingeteilt. Auf den Hauptwegen standen die größten und vornehmsten Buden: die Pfefferküchler, die Galanterie- und Spielwarenbuden. In den Seitengassen der Budenstadt wurden Haus- und Küchengeräte, Stiefel, Pantoffeln und Korbwaren angeboten. „Um gute Ordnung unter den Käufern und Spazierenden zu halten, auch dem Unwesen der Mauserei zu steuern, gehet von Zeit zu Zeit eine Patrouille der nächsten Wache auf und ab: auch müssen immer einige Polizeidiener acht haben, daß alles ordentlich und ehrlich zugehe, und allen Unfug zu steuern suchen",[18] schreibt der Chronist.

Der älteste Bericht über den Berliner Weihnachtsmarkt in der „Beschreibung von Berlin und Potsdam", die Friedrich Nicolai 1779 herausgab, ist recht knapp abgefaßt, aber aufschlußreich: „Der Christmarkt ist hauptsächlich nur für die Einwohner der Residenzstadt eingerichtet, von welchen allerhand Waren, besonders Puppenwerk, Drechslerarbeit, Pelzwerk und Naschwerk verkauft wird. Er dauert vom 12. December bis zum Neujahre; die Buden werden hauptsächlich in der breiten Straße aufgeschlagen."[19]

Puppenzeug und Naschwerk

Fast die Hälfte aller Buden auf dem Weihnachtsmarkt vertrieb Honigkuchen und Naschwerk. „Es wäre unbegreiflich, wo diese ungeheure Menge Backwerke bliebe, wenn man nicht während dieser Zeit in allen Häusern davon fände, und es einem guten Teil der Einwohner Berlins notwendig zu sein schiene, sich wenigstens einmal im Jahre den Magen an Honigkuchen zu verderben",[20] wunderte sich ein Besucher der Stadt um 1800. Unter den brot- und kuchenartigen Weihnachtsgebäkken überwogen die „gepfefferten" und gewürzten: Pfefferkuchen und -nüsse, Zimtsterne, Printen, Spekulatius. Überaus bewundert wurden gebackene „Kunstwerke" mit zusätzlicher bunter Bemalung. „Vorzüglich zeichnen sich die hiesigen Conditors durch die gekünstelten Confitüren aus, die durch ihr Backwerk so viel an Farbe und Gestalt so oft zu vervielfältigen wissen, daß jeder, der nur etwas eine leckerhafte Zunge hat, sein Geld gern und willig dahin springen läßt", ist in der schon erwähnten „Chronik von Berlin" zu lesen. Ende des 18. Jahrhunderts waren besonders die französischen Gewürzkuchen auf dem Berliner Weihnachtstisch beliebt. Die Rezepturen wurden geheimgehalten; 1795 behauptete der Konditor Deska, das allein wahre Arkanum, das Geheimnis der Herstellung, zu besitzen.

Den Leckereien standen die ausgestellten Spielsachen an Anziehungskraft kaum nach. Berühmt war das Nürnberger Spielzeug, vor al-

Vierzehn Tage fand hier ein Jahrmarkt statt, aber wegen des miserablen Wetters mangelte es an Gästen aus den preußischen Provinzen, so daß die Stille und Monotonie des Berliner Stadtbildes nur wenig Belebung erfuhr.

Der Bazar schloß seine Pforten erst am Weihnachtsabend, den die Berliner im Familienkreis zu verbringen pflegen. Es gilt deshalb als besondere Auszeichnung, an diesem Tag in einem Berliner Hause zu Gast geladen zu werden, und man tut in einem solchen Falle gut daran, sich zuvor auf dem ‚Weihnachtsmarkt' mit allerhand Leckereien und fröhlichem Tand zu versorgen, um damit die Kinder des Gastgebers beschenken zu können.

Aus dem Tagebuch des George Jackson, der 1802/1803 als Begleiter seines Bruders, des Gesandten Sir Francis Jackson in Berlin weilte.

Spielzeughändler in Berlin, nach J. C. W. Rosenberg, 1786

363

Hampelmann („Harlekin") aus dem Sonneberger Spielzeugmusterbuch, 1831
In Musterbüchern stellten die Spielzeugverleger seit dem Ende des 18. Jahrhunderts ihr Sortiment vor. Als frühestes gilt das Magazin von Georg Hieronymus Bestelmeier aus Nürnberg.

lem Holz- und Metallspielzeug, das zwar nicht immer dort erzeugt, aber von dieser Stadt aus in alle Welt verkauft wurde. Die Spielsachen zählten zu den Krämereiwaren; sie fanden sich in den „Nürnbergerwarenhandlungen" unter diversem „Kram":. Elfenbeinarbeiten, Necessaires, Zündmaschinen, Stockgriffe und Medaillons. Der bekannteste Laden dieser Art war Catel in der Brüderstraße, der, wie alle anderen auch, alljährlich auf dem Weihnachtsmarkt verkauft hat.

Auf Grund der Handelspolitik Friedrichs II. wurde 1748 ein Einfuhrverbot für „Nürnberger Drechsler-Spielwerk" erlassen, das erst zwanzig Jahre später wieder aufgehoben wurde. Aber ganz brauchten die Berliner auf derartiges Spielzeug auch während dieser Zeit nicht zu verzichten. Das Berliner Bürgerbuch vermerkt im gleichen Jahr den Zuzug einer Witwe Seumin, Puppenmacherin aus Nürnberg. Frau Seumin war nicht einmal die einzige Puppenherstellerin, denn 1750 warb eine Witwe Beaussine für „gantz neue Sorten" von Puppen und andere Spielsachen. 1767 empfahl die Firma Mebus aus der Breiten Straße in einer Zeitungsanzeige „sehr sauber gearbeitetes Nürnberger Puppenzeug von sehr sinnreichen Erfindungen"[21] (wahrscheinlich Vorläufer der späteren mechanischen Metallspielzeuge). Immer waren es die „vielerlei schönen, in Seidenzeug, auch in aecht und unaecht Gold und Silber auf die neuste Fasson angezogenen Puppen", die angepriesen wurden; die kostbaren, wenn möglich ausländischen Produkte, die man z. B. in der holländischen Puppenbude Ende des 18. Jahrhunderts bewundern konnte, galten als attraktiv, ebenso wie immer wieder das „Französische", gleich ob Lebkuchen oder Puppenköpfe.

Die Puppen waren für jene kleinen Mädchen gedacht, deren Familien eine finanzielle Grundlage für Kinderstube und Spielzeug besaßen, was um diese Zeit nicht einmal für den größten Teil der Bürger und Handwerker zutraf, geschweige denn für Manufakturarbeiter und Tagelöhner. Spielzeug, das die Knaben der wohlhabenden Eltern erfreuen sollte, war ebenfalls in reicher Auswahl vorhanden: „Große Buden sind mit kleinen Husarensäbeln, hölzernen Flinten mit Bajonetten, Patrontaschen, Spießen und Fahnen angefüllt, und nicht selten halten vor der ganzen Rüstkammer ein paar Grenadiere, mit dem Gewehr auf der Schulter, in halber Lebensgröße von – Honigkuchen, die Wache."[22] In der zweiten Hälfte des 18. Jahrhunderts hatte sich die Nachfrage nach Spielsoldaten unter dem Einfluß der militärischen Unternehmungen Friedrichs II. erhöht. Gegen Ende des Jahrhunderts waren erstmals Spielsoldaten aus Zinn im Angebot. Ludwig Tieck berichtet in seiner Novelle „Weihnachtsabend" darüber: „Jenseits erglänzt ein überfüllter Laden mit blankem Zinn . . . neben den polierten und spiegelnden

Geräten blinkt und leuchtet in Rot und Grün, und Gold und Blau, eine Unzahl regelmäßig aufgestellter Soldatesken, Engländer, Preußen und Croaten, Panduren und Türken, prächtig gekleidete Paschas auf geschmückten Rossen, auch geharnischte Ritter und Bauern und Wald und Frühlingsglanz, Jäger, Hirsche und Bären und Hunde in der Wildnis."[23]

Wie groß der Anteil der Waren aus dem Thüringischen (Sonneberg) oder aus dem Erzgebirge (Seiffen) war – in beiden Gegenden begann sich um diese Zeit die Spielzeugherstellung als Gewerbzweig gerade zu entfalten –, läßt sich für das 18. Jahrhundert nicht feststellen. In Berlin selbst ist, sieht man von den erwähnten zugezogenen Puppenmachern einmal ab, eine Spielzeugfabrikation als eigenes städtisches Gewerbe noch nicht bekannt; einige Handwerker, wie Drechsler, Töpfer, Zinngießer, Klempner und andere, stellten für den Weihnachtsmarkt ihre Erzeugnisse im Miniaturformat her und verkauften sie selbst in den Weihnachtsbuden. „Auf einer andern Seite locken ganze Buden voll Kinderwirtschaften die Käufer, und man findet alles im Kleinen, was in einem wirklichen Hause gebraucht wird; für den ärmeren Teil in Holz, dann in Blei, in Zinn, in Messing, und – in Silber!"[24]

Bei der Conditor-Wittwe Jury, sind wieder die bekannten Hamburger u. Holländischen kandirten Gewürzkuchen, wie gewöhnlich auf den Weihnachtsmarkt, in ihrer Bude, vor der Treppe der Königl. Ober-Rechenkammer zu haben.

Spenersche Zeitung, 14. Dez. 1811

Zuckerwaren- und Lebkuchenbude, aus „De Volks- en Kinderprent" von M. Meyer

Die natürlichste Nachahmung von 24 verschiedenen Vögelstimmen mit der menschlichen Stimme, welche äußerst täuschend ist; mehrere magische Künste und die Feuerprobe, werden nur noch in 8 Vorstellungen gezeigt, und ich darf mir schmeicheln, da ein hochzuverehrendes Publikum mir vielen Beifall geschenkt hat, es auch diese letzten Vorstellungen mit zahlreichem Besuch beehren möge. Jeden Abend sind 2 Vorstellungen, eine des Abends um 5 Uhr, die andere um 7 Uhr. Der Schauplatz ist in der Jägerstraße Nr. 51, im Flittnerschen Hause.

B. Hey

Spenersche Zeitung,
21. Dez. 1811

„Koff koff allerang – wolfeil Spielwerg vor Kinde", J. C. W. Rosenberg, 1790 (Ausschnitt)

Wanderhändler

Ein Teil der begehrten Spielartikel wurde von Wanderhändlern vertrieben, denen allerdings die in der Stadt ansässigen Handwerker und Händler nicht gerade freundlich gesinnt waren, da sie der Obrigkeit „keine Schatzung noch Zoll" entrichteten. Den herumziehenden Händlern, darunter Franzosen, Tiroler, Italiener und Juden, war es durch behördliche Verfügungen gestattet, ihre Waren zu vertreiben.[25] Meist handelte es sich um selbstgefertigte Waren oder um Fabrikate, deren Erzeugung eine Spezialität ihrer Heimat war, die die „Packenträger", „Tablettkrämer" oder „Kolporteure", wie sie genannt wurden, über Land und in die Städte trugen, um sie bei gegebenem Anlaß (z. B. auf Jahrmärkten) zu verkaufen. Der Weihnachtsmarkt bot eine günstige Gelegenheit, besonders für die Spielzeughändler unter ihnen.

Auf diese Weise sind wahrscheinlich die „Pantins" nach Berlin gekommen, jene aus einem Pariser Vorort stammenden Figuren, die als Hampelmänner seit der zweiten Hälfte des 18. Jahrhunderts zu einem beliebten Spielzeug, zunächst für Erwachsene, später ausschließlich für Kinder geworden sind.

Mit lauten Ausrufen versuchten die Händler ihre Sachen an den Mann zu bringen. Zur „Schar der tätigen Ausrufer" konnten auch Schausteller gehören, die am Rande des Marktes Kunststückchen aufführten oder Kuriositäten vorstellten. In keinem der zeitgenössischen Berichte werden sie ausdrücklich erwähnt, doch geht z. B. aus Anzeigen in der Spenerschen Zeitung hervor, daß in den Jahren um 1800 hin und wieder ein Kunstpfeifer aufgetreten ist, auch bat ein „weißer Mohr" das „hochverehrte Publikum" um geschätzten Besuch. Diese Vorstellungen fanden jedoch nur vereinzelt im Marktbereich statt. Der Markt war für den Handel eingerichtet, und das Leben und Treiben dort, das Zusammenspiel von Händlern und Käufern, nicht zuletzt die auffordernden Ausrufe der „fliegenden Händler" boten zusammen mit den farbenprächtigen Auslagen der Buden für Käufer und Schaulustige Zerstreuung und auch Belustigung zur Genüge.

Ein geehrtes Publikum benachrichtige ich
hierdurch ergebenst, daß ein vollkommen
gut ausgebildetes Mädchen, welches
19 Jahr alt, und nicht höher als 27 Zoll, und
ein kleiner Mann, 37 Jahr alt, und 36 Zoll
hoch, auf dem Schloßplatz in einer Bude zu
sehen sind.
    Spenersche Zeitung,
    24. Dez. 1811

**Großes mechanisches Figuren=Theater,
Französische Straße Nr. 43.**
    Sonnabend den 21sten zum ersten male: Der Pantoffel, ein
Lustspiel in 4 Aufzügen.   Sonntag den 22sten: Schinderhan-
nes, ein Lustspiel in 4 Aufzügen.   Montag den 23sten: Das
grüne Vögelchen, eine Zauberkomödie in 5 Aufzügen.

oben
Spielzeughändler mit beweglichem Mund,
um 1800
Wackelfiguren dieser Art („Knaukerle") wur-
den in der Rhön hergestellt.

Anzeige
Spenersche Zeitung, 14. Dezember 1811

31

Zu den Volksfesten, an denen die Knaben (Ludwig und Friedrich Tieck) mit vollstem Jubel teilnehmen, gehörte das Weihnachtsfest und der Weihnachtsmarkt, der Mittelpunkt des Berliner Volkslebens. Dann streiften sie einzeln und in ganzen Scharen zwischen den hell erleuchteten Verkaufsbuden auf dem Schloßplatze und in der nahegelegenen Breiten Straße umher. Tausendfaches gab es zu sehen und zu bewundern, manche Gelegenheit zu kleinen Erwerbungen, wenn es auch nur ein Pfefferkuchen oder ein Waldteufel gewesen wäre, und endlich fehlte es auch nicht in dem nächtlichen Dunkel hinter den Buden an stets willkommenen Kämpfen. Bei aller muthwilligen Stimmung hatte das Ganze dennoch einen zauberhaften, geheimnisvollen, ja rührenden Ausdruck.

Aus der Biographie Ludwig Tiecks, 1855

Eine „allgemeine Lustbarkeit"

Der Weihnachtsmarkt hatte offensichtlich einen Teil der geselligen vorweihnachtlichen Lustbarkeiten anstelle der früheren Spiele und Umzüge übernommen. Das mag ein Grund dafür gewesen sein, daß in allen Fremdenführern und Chroniken dieser Zeit der Christmarkt immer wieder als eine „der ersten Volksbelustigungen der Berliner" bezeichnet wird.

Das Publikum bestand aus Ackerbürgern, die fast die Hälfte der Stadtbevölkerung ausmachten, aus Handwerkern, Kaufleuten und anderen Gewerbetreibenden, die zugleich auch die Händler stellten, aus Beamten und Angestellten des Hofes sowie Dienstboten und Tagelöhnern.

Manchen Besuchern schienen hier „die Stände vielfacher" und „der Umgang vermischter" als in anderen Städten.

Ludwig Tieck, der sich als Kind dem Zauber der Budenstadt überlassen hatte, schilderte in seiner Weihnachtsnovelle ein „harmonisches" Nebeneinander von wohlhabenden Bürgern, munteren Berliner Burschen mit selbstgefertigten Waren, Prinzessinnen und Bettlern: „Um die Mittagsstunde wandelten dann wohl die vornehmeren Stände behaglich auf und ab, schauten und kauften, luden den Bedienten, welche ihnen folgten, die Gaben auf, oder kamen auch nur wie in einem Saal zusammen, um sich zu besprechen und Neuigkeiten mitzutheilen. Am glänzendsten aber sind die Abendstunden, in welchen diese breite Straße von vielen Lichtern aus den Buden von beiden Seiten erleuchtet wird, daß fast eine Tageshelle sich verbreitet, die nur hie und da durch das Gedränge der Menschen sich scheinbar verdunkelt. Alle Stände wogen fröhlich und lautschwatzend durcheinander. Hier trägt ein bejahrter Bürgersmann sein Kind auf dem Arm und zeigt und erklärt dem laut jubelnden Knaben alle Herrlichkeiten. Eine Mutter erhebt dort die kleine Tochter, daß sie sich in der Nähe die leuchtenden Puppen, deren Hände und Gesicht von Wachs die Natur anmutig nachahmen, näher betrachten könne. Ein Kavalier führt die geschmückte Dame, der Geschäftsmann läßt sich gern von dem Getöse und Gewirr betäuben, und vergißt seiner Akten, ja selbst der jüngere und ältere Bettler erfreut sich dieser öffentlichen, allen zugänglichen Maskerade, und sieht ohne Neid die ausgelegten Schätze und die Freude und Lust der Kinder, von denen auch die geringsten die Hoffnung haben, daß irgend etwas für sie aus der vollen Schatzkammer in die kleine Stube getragen werde."[26]

Tatsächlich aber erweist sich der vermischte Umgang bei näherer Betrachtung nicht als Harmonie. Ein großer Teil der Bevölkerung, nämlich die meisten Tagelöhner, das Dienstpersonal und alle Manufakturarbeiter, konnten sich erst nach der Arbeit – und die Arbeitszeit dauerte täglich durchschnittlich mehr als zwölf Stunden – das Vergnügen eines Weihnachtsmarktbummels gönnen. Sie hatten sich gewöhnlich damit zu begnügen, Zuschauer zu sein; ihre soziale Lage ließ, wenn überhaupt, lediglich äußerst bescheidene Einkäufe zu. Dennoch genossen sie die stimmungsvollen Abendstunden. Zu einer Zeit, als die Wohnungen lediglich durch Talglichte oder Öllämpchen erhellt wurden und die Straßenbeleuchtung der Innenstadt aus Rüböllampen bestand, die an

„Auch diesmal war der Christmarkt und alles, was dahin gehört, mit Menschen aus allen Ständen reichlich besät, und fast möchte man sagen, für das Vergnügen zu reichlich. Denn das Drängen der Menschenmenge, die nach einer einzigen Straße hinströmt und den ohnehin schmalen Raum noch mehr durch das Stehen an den Buden beengt, bringt eine Stockung hervor, die das Umherschauen verhindert.“
Berlinische Promenaden 1798

Der Berlinische Christmarkt in der Breiten Straße, S. Halle, 1796

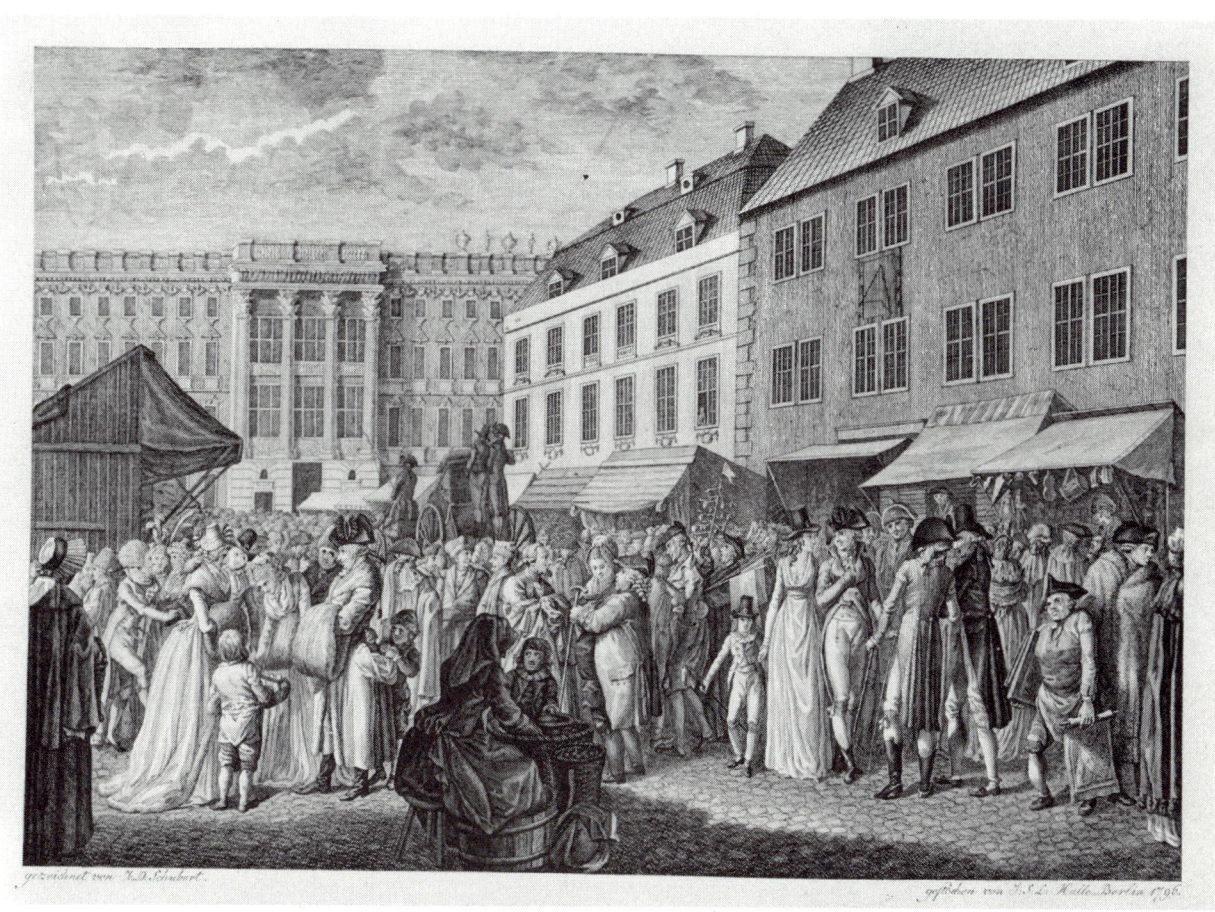

gezeichnet von J. D. Schubert.   gestochen von J. S. L. Halle Berlin 1796.

473

jedem dritten Haus ein spärliches Flämmchen flackern ließen, müssen die vielen beleuchteten Buden unter freiem Himmel einen überwältigenden Zauber ausgestrahlt haben. „Sobald es aber dunkel wird, zündet man in den Buden eine Menge Lichter an, und der Platz wird lebhaft, oft so mit Menschen angefüllt, daß man sich nur mit Mühe hindurchdrängen kann; und dies dauert bei schönen hellen Nächten oft bis gegen drei Uhr morgens fort."[27]

Die bunte Vielfalt der Waren, der Duft der Zucker- und Honigbäckereien und die seltsamen unwirklichen Laute der feilgebotenen Lärminstrumente, das alles war anziehend, selbst wenn man nichts kaufen konnte. Je stärker Lärm und Gedränge waren, desto größer erschien auch das Vergnügen. „Bis zum 23. Dezember werden nun immer die meisten Sachen verkauft und dauert der Jubel des Volkes höchstens des Abends bis 10 Uhr.

Allein der 24. Dezember, als am heiligen Abend, ist der wichtigste Tag des Volks-Jubels. Denn an diesem Tage nimmt der Christmarkt schon des Morgens um 9 Uhr seinen Anfang. Alle Buden haben in der Zeit alle ihre Sachen zur Schau aufgestellt, und was nun noch etwas von vornehmeren, als mittleren Bürgern benöthigt ist, geht und fährt nach dem Christmarkt und kauft es. Dies währt bis Abends gegen 6 Uhr. In welcher Zeit sich denn nun der geringere Bürger, Handwerksbursche und Tagelöhner einfindet, wodurch denn öfters solcher Drang entstehet, daß man öfters froh ist, mit Ehren und ohne Schaden davon gekommen zu sein. Schon um 3 Uhr des Nachmittags machen die meisten Handwerker Feier-Abend, das heißt: sie legen die Arbeit bei Seite, nehmen so viel Geld, als sie ausgeben wollen, bei sich und so wandern sie nach dem Christmarkt."[28]

Das war auch ganz im Sinne der Obrigkeit, denn wie in der „Charakteristik von Berlin" 1785 zu lesen ist, sollte „eine weise Regierung" in „öffentlichen Vergnügungen, daran jedermann Theil haben kann", ein Mittel sehen, „die Launen des Volkes zu befriedigen, und sie auf was zu lenken, was ihren Sinnen schmeichelt . . ., das ihren Verstand beschäftigt ohne ihn auf Irrwege zu leiten, das Ihnen Muße und Freude nach Mühe und Arbeit gewährt".[29]

Drehorgelspieler aus dem Sonneberger Spielzeugmusterbuch, 1831

Dieser letzte Abend vor dem Feste, der wichtigste, und gerade diese Stunden zogen alle jene Menschen herbei, die bis jetzt noch nicht eingekauft oder die ausgelegten Trefflichkeiten in Augenschein genommen hatten. So waren denn auch die Verkäufer gerade jetzt am meisten beschäftigt, und bei vielen Buden mußten die Andringenden lange warten, bevor sie nur zugelassen werden konnten. Daher war eine allgemeine Ungeduld fühlbar, und an manchen Stellen wurden die Käufe so übereilt, daß mancher mit Mißvergnügen die zu teuer erkauften Herrlichkeiten nach Hause trug.

Ludwig Tieck, Weihnachtsabend.

Titel zu „Weihnachtsgeschenk für kleine Kinder", D. Chodowiecki, 1776
Die Radierung ist eine der ersten Darstellungen des Weihnachtsfestes als Kinderbescherung im Familienkreis.

35

Caroline von Humboldt an Wilhelm von
Humboldt

Weihnachten im Kreise der Familie

Berlin, 23. Dezember 1815
Der Weihnachtsabend ist allerdings eine fixe
Idee bei den Berlinern, denn nicht die Kinder
allein, alles in der Familie und auch die nähe-
ren Freunde, alles beschenkt sich durcheinander. Immer ist etwas Hübsches in dieser
Lust, sich gegenseitig recht viel Freude zu
machen. Mein Weihnachten wird diesmal
ungemein brillant werden, die Krone wird,
seitdem sie im Salon hängt, hier zum ersten
Mal angesteckt werden, und darunter der
Tisch mit allen Geschenken. Die Kinder sind
ganz außer sich vor Ungeduld, daß es morgen werde. Ach, wärst Du doch hier!

Im Laufe des 18. Jahrhunderts nahm das Christfest einen bürgerlichen
Charakter an.[30] Die Grundlage dafür war zum einen eine gewisse Wohl-
habenheit und zum anderen die Herausbildung der bürgerlichen Familienstruktur.

Für die bürgerliche Familie gilt als typisch, daß die Frau nicht in den
Produktionsprozeß einbezogen ist, im Gegensatz etwa zu den vorkapi-
talistischen Handwerkern und städtischen Gewerbetreibenden, bei denen die Frauen in der Regel mitarbeiteten. Die bürgerliche Frau wurde
Mittelpunkt der häuslichen, der „privaten" Sphäre. Die Auffassung „Der
Mann muß hinaus ins feindliche Leben . . . und drinnen waltet die züch-
tige Hausfrau" war kennzeichnend für das neu entstandene Familien-
leitbild.

*Familie vor dem Tannenbaum, J. D. Schu-
bert, Ende 18. Jahrhundert*

36

Die veränderte Familienstruktur, bedingt durch den Übergang von der gemeinschaftlich arbeitenden großen Wirtschaftsfamilie zur Kleinfamilie mit nur zwei Generationen, brachte neuartige Beziehungen zwischen den Familienmitgliedern, vor allem zwischen Eltern und Kindern, mit sich. Im Unterschied zu früheren Zeiten, als die Kinder in die Erwachsenenwelt hineinwuchsen, ohne daß ihnen im allgemeinen besonderes Interesse zugewandt wurde, schenkte man nunmehr der Bildung und Erziehung der Kinder große Aufmerksamkeit. Mit „Liebe und Strenge" wurden bürgerliche Tugenden geübt, wobei auch Spielzeug – mehr oder weniger als pädagogisches Mittel – einbezogen wurde. (Das Mittelalter hatte kein spezielles Kinderspielzeug, das „Dockenwerk" in Schlössern und Patrizierhäusern bestand aus kleinen Kostbarkeiten, die der Zerstreuung der Erwachsenen und Kinder gleichermaßen dienten.)

Der Begriff „Kinderstube" bezeichnete nicht nur den eigenen Bereich des Kindes innerhalb des geordneten Familienlebens, sondern wurde gleichbedeutend mit guter bürgerlicher Erziehung. Durch die Zurückgezogenheit auf Familie und Häuslichkeit bildete sich um die Frau, die Mutter, ein gefühlsmäßig geprägter Lebensbereich, und in diesem Kontext bekam letztlich auch das Weihnachtsfest seine spezifische Funktion.

Weihnachten war um 1800 bereits so weit verweltlicht, daß die Teilnahme an der kirchlichen Feier zwar noch verbindlich, doch zu einer nebensächlichen Angelegenheit geworden war. Für die unterschiedlichen Schichten des Berliner Bürgertums – zum geringen Teil kapitalistische Unternehmer, größtenteils aber Handwerker, Händler, Geistliche, Professoren und Lehrer, mittlere und kleine Beamte, Ärzte, Advokaten, Künstler und Journalisten – wurde das Fest zu einer traulichen Feier im Familienkreis. Sogar wohlhabende jüdische Familien übernahmen die „Berliner Sitte" der häuslichen Feier mit Pyramide oder Tannenbaum.

Zahlreiche Briefe und Tagebücher aus dieser Zeit geben einen Eindruck weihnachtlicher Feiern wieder, aber auch in der Literatur wird das Thema aufgegriffen. In E. T. A. Hoffmanns Märchen „Nußknacker und Mausekönig", das 1816 erschien, werden alle Merkmale geschildert, die das Weihnachtsfest als Geschenkfest für Kinder aufweist: die Erwartung in der Abenddämmerung, das knisternd Geheimnisvolle und schließlich das Überwältigtsein angesichts des Lichterbaums mit den Geschenken. Allerdings mußten die Kinder „auch das ganze Jahr über besonders artig und fromm gewesen sein". Der pädagogische Zusammenhang war beabsichtigt, die Bescherung wurde den bürgerlichen Erziehungsprinzipien unterstellt. Das spiegelt sich auch im Liedgut dieser

Hinein stürmt Bub' und Mägdlein flugs,
Zu sehn, was ihm beschieden:
Vor allem prangt von grünem Bux
Ein Wäldchen Pyramiden
Mit goldnen Nüssen dran;
Hier nickt ein Sägemann,
Dort grünt ein Busch mit Lämmern drin,
Bewacht von Hund und Schäferin.

Nußknacker stehn mit dickem Kopf
Bei Jud' und Schornsteinfeger,
Hier hängt ein Schrank mit Kell' und Topf,
Dort hetzt den Hirsch der Jäger.
Hier ruft ein Kuckuck, horch!
Und dort spaziert ein Storch.
Mit Äpfeln prangt der Taxusbaum,
Und blinkt von Gold- und Silberschaum.

Zu Pferde paradirt von Blei
Ein Regiment Soldaten,
Ein Sansfaçon sitzt frank und frei
Gekrümmt und münzt Dukaten.
Und alles schmaust und knarrt;
Trompet' und Fiedel schnarrt.
Fern stehn die Alten, still erfreut,
Und denken an die alte Zeit.

Schmidt von Werneuchen, 1795

Zeit wider. Die Verfasser, häufig Geistliche oder Lehrer, begriffen sich durchaus als Volkserzieher und ließen es an moralischen Belehrungen nicht fehlen. So ist z. B. „der ganzen Lust nicht wert", wer die Eltern nicht ehrt und selbst der immergrüne Tannenbaum konnte die Kinder etwas lehren – nämlich Hoffnung und Beständigkeit. In diesen Kinderliedern ist meist vom christlichen Weihnachtsgeschehen nicht mehr die Rede, in anderen ist es bloßes Zubehör.[31]

Im Laufe des 19. Jahrhunderts erreichte die bürgerliche Weihnachtsauffassung nach und nach alle Schichten der Bevölkerung. Das Fest mit jubelnder Freude und stimmungsvoller Besinnlichkeit galt nunmehr allgemein als einer der Höhepunkte des Familienlebens, wobei der gesamte Ablauf, häufig auch der Kirchenbesuch, nur noch den Rahmen für die Bescherung darstellte. Doch waren bei aller „Bescherungsseligkeit" die sozialen Gegensätze zu augenfällig, um unbeachtet zu bleiben. In den zahlreichen belehrenden Jugendschriften dieser Zeit fehlt selten der Hinweis auf den „unverschuldet in Armut" geratenen Nachbarn, dem es eine „Christfreude zu bereiten" gelte. „Wohlthun bringt Segen" wurde den kleinen Knaben und Mädchen als tugendhaft gepredigt, und daneben ließ das Erfreuen der armen Nachbarskinder mit einigen Äpfeln und einfachem Spielzeug die Freude an den eigenen kostspieligeren Geschenken erst vollkommen werden.

Diese Wohltätigkeit betraf aber nur den nächsten Umkreis, häufig genug nur den eigenen Stand.

In der Brüderstrasse im Nicolaischen Hause Nr. 13. in einem vom Herrn Hofrath Parthey menschenfreundlichst eingeräumten Saale, sollen, vom 19ten d. M. an, feine weibliche Handarbeiten aller Art und andere Waaren, zum Besten des Friedrichsstifts verkauft werden. Alle hochverehrte Damen in und ausser Berlin, welche dieser Anstalt einen Theil ihrer Musse und Talente gewidmet, und mancherlei Geschenke verfertigt haben, ersuchen wir gehorsamst, die geschmackvollen Werke ihrer Hände gefälligst einzusenden. Zugleich erwarten wir vertrauungsvoll, dass die zum Wohlthun geneigten Berliner unser Waarenlager – das Jugendfleiss und Mitleid geschaffen und dem Theilnahme und Menschenliebe freundlich vorstehen – zahlreich besuchen, reichlich kaufen und so zur Erhaltung einer Anstalt, welche die physische und moralische Verpflegung 72 hülfloser Kinder zum Zwecke hat, das Ihrige wohlwollend beitragen werden. Berlin, den 12. December 1811. Die Direction des Friedrichs-Stiftes.

Spenersche Zeitung, 12. Dez. 1811

Seite 38
Weihnachtsstube, W. Harnisch, 1824

Gabentisch, H. Hoffmann, 1. Hälfte 19. Jahrhundert

*Der Weihnachtsabend der Familie Thal-
berg, 1805*

„Es war ein allgemeines Leben auf dem
Markte von Kindern und Erwachsenen, die
zwischen den Budenreihen auf und abgin-
gen, oder vor den Buden standen, und besahen oder kauften."

„Eine Bude, in welcher fast lauter aus Holz
gearbeitete Spielwaaren für Kinder sich
fanden, machte unsern Kleinen das meiste
Vergnügen; besonders waren die bekanntesten Thiere aus Holz gearbeitet, vorhanden."

„Jedes war jetzt nur damit beschäftigt, alle
seine Herrlichkeiten einzeln zu besehen,
und konnte, wenn alles ein- und noch einmal betrachtet, und in die Hände genommen war, doch nicht mit sich einig werden,
welches ihm das Liebste sey, und für den
Augenblick behalten werden sollte."

„Thalbergs Kinder ergötzten sich an der
stummen verlegenen Freude der kleinen
Nachbarn. Einmal hatten sie die Freude des
Wohlthuns empfunden, und so wollten sie
auch jetzt noch dieselbe vermehren."

41

Die vier Hauptpersonen, die Herren Catel, Fechter, Schach und Heitmann, die in jedem Jahre ein Kunstprodukt aufstellen, hatten auch diesmal für das Vergnügen des Publikums gesorgt und ein jeder in seiner Art ein Hauptstück geliefert, das mit echt nürnbergischem Fleiße gearbeitet war. Vorzüglich wohl gefielen mir die Tuilerien von Paris bei Herrn Fechter und das Bergwerk bei Herrn Catel. Allein außer ihnen zeichneten sich diesmal noch zwei Künstler aus, deren Arbeiten eine genaue Beschreibung verdient. Der eine, Herr Salleneuve, ließ in verschiedenen, aneinander grenzenden Zimmern eine Sammlung von 60 Wachsfiguren in natürlicher Größe sehen. Der Künstler schmeichelte sich, durch diese Figuren allen übrigen, welche bisher in Berlin gezeigt worden sind, den Vorrang abzulaufen und in der Tat muß man gestehen, daß die Erwartung, mit der man sein Kunstkabinett betritt, bei weitem übertroffen wird. Man findet hier die vorzüglichsten Regenten und Feldherren unserer Zeit, nebst mehreren Gelehrten beisammen . . . und vorzüglich viele Personen aus der Periode der Französischen Revolution . . .

Berlinische Promenaden, angestellt von einem reisenden Engländer, 1798

„Ja wohl war ich schön! Mein Haar war rabenschwarz, die Frisur griechisch, lange Locken hingen auf meinen weißen Hals. Perlen waren um den Kopf geschlungen, mein Kleid schien ein Stück vom Himmel selbst zu sein, so blau, so licht und schön! Es war von feinstem Tüll, ein blaues Atlas darunter, ein Bouquet der zartesten weißen Blumen trug ich an der Brust, weiße Atlas-Schuhe und weiße Glacé-Handschuhe vollendeten das Ballkostüm. An dem einen Arme hing ein goldgestickter Arbeitsbeutel, am anderen ein Basthut mit Federn. . . . Wie freute ich mich über meinen eigenen Anblick."
Memoiren einer Berliner Puppe, 1840

In der Puppenausstellung, A. Geiger, 1840

Verordnungen zum Weihnachtsmarkt

Bis zur Mitte des 19. Jahrhunderts gab es in Berlin so gut wie keine Handelsgeschäfte. Die Handwerker, wie Zinngießer, Lichtzieher, Posamentierer, Klempner, Pfefferküchler, und alle anderen verkauften ihre Produkte in ihren Werkstätten oder auf dem Markt. Geschäfte existierten lediglich für Kleineisenwaren, Galanterieartikel, für Glas, Porzellan und ähnliches und für „Kolonialwaren". Die Spielzeugproduktion begann sich um diese Zeit erst zu einem Gewerbs- und Industriezweig zu entwickeln, auch Kinderliteratur sowie die Bilderbogenherstellung wurden jetzt zu selbständigen Verlagszweigen.

Alle Neuigkeiten in der Spielzeugbranche tauchten unverzüglich auf dem Weihnachtsmarkt auf, und man ging hin, „um die Wunder der Kleinindustrie" in den hellerleuchteten Buden zu bestaunen.

Die in den dreißiger Jahren einsetzende Industrialisierung entzog durch Fabrikproduktion bestimmten Handwerkszweigen, wie Weberei, Strumpfwirkerei, Handschuhmacherei und anderen, die Verdienstmöglichkeiten oder zwang sie, sich auf Reparaturarbeiten zu beschränken. Viele der betroffenen kleinen Handwerker und Gewerbetreibenden wurden proletarisiert. Der Weihnachtsmarkt war nun für sie eine der wenigen Gelegenheiten, ihren kargen Verdienst etwas aufzubessern. Besonders die Herstellung von Kinderspielzeug bot Aussicht auf ein paar zusätzliche Groschen: „Der Arme verdoppelt seine Kräfte. Um seine Casse zu füllen, arbeitet er in den langen Winterabenden, entzieht sich an dem kalten Morgen den Schlaf, und doch fühlt er die Beschwerden der Arbeit nie weniger, als jetzt."[32] (Diese Kehrseite des weihnachtlichen Markttrubels wird in den zeitgenössischen Schilderungen allerdings nur am Rande vermerkt.)

Nach dem Zusammenbruch der preußischen Feudalmonarchie 1806 war unter dem Einfluß bürgerlich-patriotischer Kräfte eine Reihe fortschrittlicher Reformen begonnen worden, von denen vor allem die neue Städteordnung und die Proklamation der Gewerbefreiheit für den Berliner Weihnachtsmarkt eine Rolle spielten. Auf Grund der Städteordnung (1809) formierten sich Magistrat und Stadtverordnete auf neue Weise, Gerichtswesen und Polizei wurden vom Magistrat getrennt und den königlichen Behörden zugewiesen. Die Durchführung des Weihnachtsmarktes, bisher dem Magistrat unterstellt – um 1800 beispielsweise nahm die Verteilung der Buden das seinerzeit bekannte Eisengeschäft von Warnatz im Rathausgewölbe vor – lag von nun an in den Händen des Polizeipräsidenten.

Als ich zu spielen anfing, gab es in Berlin keine Spielzeughandlung. Einiges, jedoch ohne Auswahl, gab es bei Eisenkrämern, Drechslern, Zinngießern; in der Hauptsache war man mit seinen Einkäufen auf den Weihnachtsmarkt angewiesen, der damals eine ganz stattliche Ausstellung bot und daher nicht nur von der gesammten Bevölkerung, sondern vom Hofe besucht wurde ... Die erste Spielzeughandlung gründete in der Mitte der Zwanziger Jahre Blumenthal, Kochstraße 75. Indessen auch sein Geschäft blühte anfangs nur im Dezember ...

Fr. Holtze: Bilder aus Berlin vor zwei Menschenaltern, 1898

Die Händler, die ihre Waren in Buden und Schragen, eine Art Holzgestell mit kreuzweise stehenden Füßen, verkaufen wollten, hatten wie
bisher ein „Stättegeld" zu zahlen. Als mit der Einführung der Gewerbefreiheit das Zunftwesen aufgehoben und Gewerbesteuern verordnet
wurden, mußte der Nachweis der Zahlung erbracht werden; nur die
Verkäufer ohne festen Stand, die „fliegenden Händler", waren davon
befreit.

Im Jahre 1805 wurden schon 303 Buden gezählt, neben vielen Krämern mit Tischen und Körben. Fünfundzwanzig Jahre später hatte sich
diese Zahl bereits verdoppelt.

Der Fahrverkehr durfte deshalb zur Zeit des Weihnachtsmarktes die
Breite Straße nur in einer Richtung passieren, woran die Berliner seit
1809 alljährlich durch eine Bekanntmachung im Berliner Intelligenzblatt

erinnert wurden. Diese Anordnung betraf auch den Warenverkehr der auf beiden Seiten der Breiten Straße liegenden Geschäfte.

Mit der Zeit wirkte der Fahrverkehr derart störend, daß ab 1827 „bey Vermeidung von Strafen" am „Weihnachtsheiligen Abende sowie bey sonstigen etwaigem ungewöhnlich zahlreichen Andrange von Fußgängern . . . ab 4 Uhr Nachmittags bis nach erfolgter Schließung der Buden kein Wagen zugelassen"[33] wurde.

Das Aufstellen der Buden durfte „erst nach 6 Uhr Morgens des zum Aufbuden bestimmten Tages erfolgen. Diejenigen Gewerbetreibenden welche ihre Marktbuden und Schragen früher auf den Markt" brachten, wurden „in 2 Thlr. Strafe" genommen. Zum anderen sollten die Händler sich bis 9 Uhr einfinden, widrigenfalls sie „es sich selbst beyzumessen" hatten, „wenn ihre Marktstellen für die Dauer dieses Marktes an andere vergeben"[34] wurden.

Die polizeiliche Aufsicht wurde stetig erweitert; nicht mehr nur von Zeit zu Zeit, sondern für die gesamte Dauer des Weihnachtsmarktes wurden „am Tage zwei Mann und am Abend vier Mann von der Gendarmerie" abgestellt.[35]

Die „Polizei-Officianten" waren zur strengsten Aufsicht über die Befolgung der Vorschriften angewiesen: „Wenn durch Contravention oder Nachlässigkeit ein Unglück entstehet und durch ihre Saumseligkeit befördert worden ist, so werden sie unfehlbar zur Mitbestrafung gezogen werden. Dagegen sind sie befugt, mit allem Nachdruck ihres Amtes über die Beobachtung dieser Verordnung zu halten und ist jeder, den es angeht, bei schärfster Ahndung verpflichtet, ihnen unfehlbar Folge darin zu leisten."[36]

Die Verordnungen blieben bis zur Märzrevolution 1848 unverändert in Kraft und wurden auch danach nur geringfügig abgeändert. Der Weihnachtsmarkt dehnte sich vom Molken-Markt über die Breite Straße bis zur Stechbahn und zum Schloßplatz aus. Marktstellen direkt in der Breiten Straße, dem Zentrum des Marktes, waren besonders begehrt. Es kam vor, daß Inhaber einer Bude dieselbe gegen Miete an andere Händler abgetreten haben, wobei diese Vorgänge nur aktenkundig wurden, wenn aus irgendeinem Grunde ein Streitfall daraus entstand. Bekannte und renommierte Geschäfte richteten des öfteren Gesuche an den Polizeipräsidenten, um einen Platz in der Breiten Straße zu erhalten. Offensichtlich gab es „Stammplätze", denn meist wurde das Gesuch abschlägig beschieden; für die Händler bestand jedoch die Möglichkeit, die Standplätze untereinander zu tauschen, was aber ebenfalls genehmigt werden mußte.

So geschah es 1835 im Fall der Witwe Fiocati, die einen Galanterie-

Polizeiliche Bekanntmachung.
Nachstehende Verordnung vom 6. October
1809

In dem Buden-Regiement vom 15. August 1801 ist zwar bereits vorgeschrieben, daß kein Eigenthümer einer Bude in selbiger einen Ofen, Heerd oder sonstige Feuerstelle anlegen dürfe, auch die Zeit bestimmt festgesetzt worden, wenn die Buden geschlossen werden müssen; da indeß, wie die Erfahrung lehrt, beide Vorschriften vergessen sind und den Zweck nicht erreichen, so wird hierdurch folgendes verordnet:

1) In keiner Bude darf ein Ofen, Heerd oder sonstige Feuerstelle angelegt und wo solche sich befindet, muß sie binnen 3 Tagen nach Bekanntmachung dieser Verordnung weggeschaft werden.

2) Kein Inhaber einer Bude, kein Trödler, Höker und wer sonst auf dem Markt in Buden oder an den Straßen und öffentlichen Plätzen Waaren feil bietet, darf sich eines Kohlentopfes ohne die ehemals üblich gewesene Feuerstube bedienen. Diese Feuerstube muß von Eisen, Blech, Messing oder Kupfer seyn, und die erforderliche Oefnung nur an der Seite haben.

3) Niemand darf sich eines Kohlentopfes an obigen Orten zum Kochen bedienen, noch denselben mit glühenden Kohlen ohne Aufsicht oder an feuergefährlichen Orten über Nacht stehen lassen.

4) Eben so wenig darf in einer Bude Taback geraucht werden.

5) Jeder Budenbesitzer, Trödler und Höker darf sich vom 1. Mai bis 1. Sept. nicht länger als von 5 Uhr Morgens bis 7 Uhr Abends, vom 1. März bis 1. Mai, und vom 1. Sept. bis 1. Nov. von Morgens 7 bis Abends 5 Uhr, und vom 1. Nov. bis 1. März von Morgens 8 bis Abends 4 Uhr in seiner Bude oder an seiner Stelle, aufhalten oder feil bieten.

6) Wer gegen die obigen Vorschriften handelt und länger aussteht, oder feuergefährliche Kohlentöpfe, Heerde und dergleichen hält, soll sofort und ohne Ansehn der Person zum Arrest gebracht und mit 10 Thlr. Geld- oder 14tägiger Gefängnißstrafe belegt werden.

. . . wird hierdurch zur genauesten Befolgung
in Erinnerung gebracht.
Berlin, den 15. September 1811.
Königl. Polizei-Präsident von Berlin.
Schlechtendahl.

Spenersche Zeitung, 3. Ok. 1811

Berlin, vom 17. November
Polizei-Verordnung

Um zu verhüten, daß weder Spielzeug für Kinder, noch Eßwaaren mit Farben, deren Genuß der Gesundheit nachtheilig ist, bemahlt und angestrichen werden, werden die schädlichen und unschädlichen Farben hierdurch wiederholentlich zur allgemeinen Kenntniß gebracht:

I. Für Verfertigung von Spielzeug.
   Schädliche Farben.
Weiß: Bleiweiß, Kremserweiß, Schieferweiß. Gelb: Operment, Rauschgelb, Königsgelb, Kesslergelb, Neapelgelb, Bleigelb, Gummiguttae. Grün: Grünspan, Braunschweigergrün, Berggrün, Bremergrün, Schwedisch- oder Scheelsches Grün. Blau: Bergblau und alles Blau, was sich die Mahler aus Kupfer, Salmiak, Vitriol und Kalk bereiten. Roth: Mahler-Zinnober, Mennige.
   Unschädliche Farben.
Weiß: Präparirte, gut ausgewaschene Kreide, oder mit Wasser gelöschter, wieder getrockneter und gepulverter Gips. Gelb: Kurkume, Schüttgelb, Safran, Orlean, Okergelb. Grün: Saftgrün, und alles Grün, was man sich selbst aus der mannichfaltigen Mischung der unschädlichen gelben und blauen Farbe machen kann. Blau: Berliner Blau, Neublau, Indigo und Lackmuß. Roth: Karmin, Kugellack, Berliner Roth, Florentiner Lack, Fernambuck, Brasilienholz, Armenischer Bolus, rothe Eisenerde (caput mortuum).

II. Für Conditoren und Kuchenbäcker.
   Schädliche Farben.
Roth: Mahler-Zinnober, Mennige. Gelb: Gummi guttae, Aurum pigmentum. Blau: Blaue Stärke oder Smalte, Bergblau, Berliner Blau, weil es öfter kupfrig ist. Grün: Grünspan, Grünspanblumen. Gold und Silber:

*Szenen vom Berliner Weihnachtsmarkt,
Th. Hosemann, 1840*

handel betrieb und in der Breiten Straße durch ihre „schön Decorirte Bude" den Markt „an Eloganz" zu beleben[37] wünschte, der nach ihrer Meinung durch die nahegelegenen „weihnachtlichen Kunst-Ausstellungen" beträchtlich gelitten hatte. Ihre mehrmaligen Eingaben lehnte der Polizeipräsident ab, sie aber brachte schließlich einen Tausch mit dem Klempnermeister Schlimpert zustande, der sich bereit erklärte, ihr seinen Standplatz an der Ecke der Breiten Straße zu überlassen. Auch Galanteriewarenhändler Ratti, der seit 1806 auf dem Weihnachtsmarkt einen Stand besaß, stellte 1835 einen Antrag auf Stellentausch mit dem

Unechtes oder Schaumgold, unechtes oder Schaumsilber.

Unschädliche Farben.
Roth: Eine Abkochung von Fernambuckholz, die Säfte rother Beeren, z. B. Berberitz. Gelb: Safran, Saflor, Kurkumewurzel. Blau: Lackmus, Indigo. Grün: Eine Zusammensetzung von Blau und Gelb. Saftgrün. Orangegelb: Orlean. Violett: Cochenille mit etwas Kalkwasser. Gold und Silber: Echtes Blattgold, echtes Blattsilber.
Ein jeder, welcher dieser Bekanntmachung zuwider, gedachte schädliche Farben zu jenem Zweck erweislich gebraucht, hat unfehlbar die gesetzliche Strafe zu erwarten.
Berlin, den 12. Dec. 1811.
Königl. Polizei-Präsident von Berlin.
Schlechtendahl.

Spenersche Zeitung, 17. Dez. 1811

Sich drehender Reiter aus dem Sonneberger Spielzeugmusterbuch, 1831

Kammacher Mauri, „der an der Ecke der breiten Straße und der ersten Budenreihe seit ungefähr 28 Jahren eine Stelle inne hatte". Im Falle der Genehmigung war er bereit, „ein Geschenk von drei Thalern an die hiesigen Armen zu machen", wie er mit eigener Hand seinem Gesuch hinzufügte.[38]

Die fremdklingenden Namen bedeuten hier keineswegs, daß es sich um weitgereiste auswärtige Händler handelte; Fiocati und Ratti waren zwar italienischer Herkunft, jedoch in Berlin eingebürgert und während der ersten Hälfte des 19. Jahrhunderts die bekanntesten Galanteriewarenhändler der Stadt. Immer noch war der Erwerb des Bürgerrechts für den Erhalt einer Marktstelle Bedingung, infolgedessen kam es vor, daß „das hiesige Bürgerrecht" lediglich in der Absicht „genommen" wurde, einen Standplatz auf dem Weihnachtsmarkt zu erhalten. Die eigentlichen Wohnorte dieser Budeninhaber lagen aber außerhalb Berlins, was mehrmals von Berufskollegen, die wahrscheinlich am Standplatz interessiert waren, anonym zur Anzeige gebracht wurde.

Allerdings wurden Ausnahmen zugelassen. So hatten die „sächsischen Handelsleute Kluge und Genossen aus Grünhaynichen" über einen längeren Zeitraum hinweg die Genehmigung erhalten, ihre Holzwaren, „wohin auch die sogenannten Nürnberger Spielsachen gehören, in so fern sie nicht mit der Gesundheit nachteiligen Farben bestrichen sind . . ." auf dem Weihnachtsmarkt zu verkaufen, „ohne daß die Verkäufer verbunden sind zu diesem Zwecke, das hiesige Bürgerrecht zu gewinnen".[39] Nicht nur diese Spielzeughändler aus Grünhaynichen besaßen eine feste Bude, auch ein Glaskünstler Greiner aus dem Thüringischen erhielt auf sein „bittliches Gesuch" hin ab 1822 eine Verkaufsstelle in der Breiten Straße (sie fiel später an den Kunsthändler Mauri). Selbst eines der Zillerthaler Handschuhmacher-Geschwister Strasser, die 1834 das Berliner Publikum mit dem berühmten „Stille Nacht, Heilige Nacht" bekannt gemacht hatten, betrieb 1840 auf dem Weihnachtsmarkt eine Bude, in der neben feinsten Tiroler Handschuhen auch „künstlich gearbeitete Nippsachen in Holz und Elfenbein" ausgelegt waren.[40]

Auch Händler mit weniger berühmten Namen und weniger attraktivem Angebot durften bei gültiger Handelserlaubnis bzw. gültigem Hausierergewerbeschein ihre Waren während der Weihnachtszeit anbieten, allerdings nicht in einer festen Bude auf den Hauptplätzen des Weihnachtsmarktes, wo „der Andrang von hiesigen Gewerbetreibenden zu dergleichen Stellen" der Obrigkeit ohnehin schon zu groß schien, sondern mehr am Rande des Marktbezirkes.[41]

Pfefferkuchenmann im Herzen

Seit der Einführung des Zuckerrübenanbaus Ende des 18. Jahrhunderts konnte bei der Zubereitung von Pfefferkuchen auf Zuckersirup anstelle des teuren Honigs zurückgegriffen werden, so daß das allseits beliebte Backwerk in größeren Mengen und zu niedrigeren Preisen als zuvor hergestellt werden konnte. In der ersten Hälfte des 19. Jahrhunderts verkauften die vielen Pfefferkuchenbuden in der Breiten Straße als neue Spezialität ausgestochene Formen mit Zuckergußverzierung. Anstelle des modelgeformten Honiggebäcks kamen Pfefferkuchen, die mit mehr oder weniger sinnigen Sprüchen aus Zuckerperlen, Zuckerguß oder Mandeln verziert waren, in Mode.

Der Journalist Ludwig Rellstab bezeichnete 1837 die Pfefferkuchenbuden ironisch als „kleine Buchläden": „Sie beschäftigen sich mit Verlagsartikeln, und geben namentlich viele Gedichte heraus, die sie in Prachtausgaben auf Pfefferkuchen in Groß Folio, in Herzformat, in Kreisform, usw. erscheinen lassen, und mit Perlschrift (von bunten Zuckerperlen) drucken. Ob sie sich dabei auch des Nachdrucks schuldig machen oder nur Originalwerke drucken, weiß ich nicht genau. Ich habe aber Verdacht auf das erstere, denn Verse wie folgt müssen von großen Geistern der Nation, und gewiß auch bereits anderwärts gedruckt seyn . . ."[42]

Rellstab gibt einige Proben:

> „Willst du ein ‚süßes Herz' dir suchen
> So kaufe dies von Pfefferkuchen!"

Manches ist voll beabsichtigter Komik:

> „Geliebte mir darfst Du vertrauen
> Und mich mit Rosenlippen – kauen!!"

Oder:

> „Setz die weißen Zähnchen ein
> Beiße derb in mich hinein
> Angeführet wirst du nimmer,
> Glaube mir, ich schmecke immer!"

Kleinere Formate wurden mit Buntpapier, das ebenfalls beschriftet sein mußte, geziert.

> „Zucker-Arabesken-Streifen Schmücken seinen süßen Rand,
> Sieh! und auf der Mitte klebet Farbig ein papieren Band!"

Ein Pfefferkuchenherz mit dem Vers „Dieser Kuchen schmecke dir, wie der erste Kuß von mier" war ein sinnig-vergnügliches Geschenk für

Dieses Pfefferkuchen-Herze
Biet ich dir zum Festgeschenk:
Wenn du heimlich es verspeisest,
Dann sei meiner eingedenk.

Zucker-Arabesken-Streifen
Schmücken seinen süßen Rand,
Sieh! und auf der Mitte klebet
Farbig ein papieren Band.

Folge du dem Sprüchlein, welches
Zierlich drauf gestochen ist:
„Bleibe stets so gut und artig,
Liebchen, wie du heute bist."

Franz Kugler, 1830

In seinem inneren Gehalt zeigte der diesmalige Festmarkt wenig Verschiedenheit gegen die früheren Jahre: dieselben Gegenstände in ihren mannigfaltigen Abstufungen, von dem einfachen Weizengebäck bis zu den köstlichen Erzeugnissen der Pfefferküchlerkunst eines Miethe oder Casimir, des Berliner poète-boulanger, von den Rosinenmännchen und Nußknackern bis zu den fashionablen Puppendamen mit den reizenden Lockenköpfchen und echt plastischen Profils: . . .

Gropius, Chronik 1837

Die bekannten französischen Gewürzkuchen sind wieder diese Weihnachten sowohl in der Bude vor dem Hause des Herrn Kaufmann Blanc, als auch in der Behausung, Holzgartenstraße Nr. 2 bestens zu haben.

Berlin, den 11ten December 1811
Desca u. Reichel
Spenersche Zeitung

Die franz. Gewürzkuchen sind in der Grünstraße Nr. 23 und vom 12. ab in der Bude vor dem Hause breite Straße Nr. 6 täglich frisch zu haben.

Desca Reichel, Königl.-Hof-Bäcker
Um häufigen Unannehmlichkeiten vorzubeugen, bittet man auf den Stand der Bude und Firma zu achten.

Vossische Zeitung, 13. Dez. 1851

Seite 51
Bilderbogen, Mitte 19. Jahrhundert

Verliebte, ebenso kandierte Zuckerherzen mit dem Vornamen oder dem Anfangsbuchstaben der Angebeteten.

Die größten Berliner Pfefferküchler Miethe und Hildebrandt hatten das ganze Alphabet an ihren Buden aufgehängt. Sie standen direkt nebeneinander, was Glaßbrenner zu einer Szene veranlaßte, in der Nante die Namen verwechselt und seine Späße mit den Konkurrenten treibt.

Alle Berliner Pfefferküchler haben außerdem noch in ihrer „Behausung", d.h. ihrem Stammgeschäft, verkauft, denn anders wäre der große Andrang der Kauflustigen nicht zu bewältigen gewesen. Allerdings war der Umsatz auf dem Weihnachtsmarkt höher, weil „alles zum Pfefferkuchen-Einkauf nach der breiten Straße" ging.[43]

Pfefferkuchen gehörten zu jenen Dingen, die ebenso auf dem Tisch des vornehmen wie des gewöhnlichen Bürgers zu finden waren. Form und Verzierung paßten die Hersteller und Händler dem Publikumsgeschmack an. Und die Berliner, die Goethe 1778, fast fünfzig Jahre nach seinem einzigen Berlin-Besuch, als „verwegenen Menschenschlag" charakterisierte, schenkten weniger dem feinen Geschmack und der Bekömmlichkeit der Pfefferkuchen Beachtung, sondern erfreuten sich weit mehr am Witz und an der Anzüglichkeit der Aufschriften.

Pfefferkuchen-Sprüche

Ich will dier diesen Kuchen schenken
Du sollst beim Essen an mich denken

Dieser Kuchen schmecke dier
Wie der erste Kuss von mier

Es ritten drei Reuter zum Thor hinaus
Den Pfefferkuchen nimm mit nach Haus

So nimm hier diese Kleinichkeit
Und denke an der schlechten Zeit

Der Eckensteher Nante Strumpf in Berlin.

Det beste Leben hab' ick doch,
Ick kann mir nich beklagen;
Pfeift ooch der Wind durch't Ermelloch,
Det will ick schon verdragen.
Det Morgens, wenn mir hungern dhut,
Eß ick 'ne Butterstulle.
Dazu schmeckt mich der Kümmel jut
Aus meine volle Pulle.

Een Eckensteher führt uf Ehr.
Det allerschönste Leben,
Man friert anjetzt zwar manchmal sehr,
Doch bald is det zu heben.
Von außen hau ick mit de Faust
Mir in de Seit' un Rücken.
Und wenn een Schneegestöber saust,
Muß Kümmel mich erquicken.

Ick sitz' mit de Kam'raden hier,
Mit alle, groß und kleene;
Beleidigt doch mal Ener mir,
So stech ick ihm gleich Ene.
Un drag'ick endlich mal wat aus,
So kann ick Groschens kneifen;
Hol' widder meine Pulle raus
Un duhen Euer pfeife.

Am Weihnachtsfeste hab' ick Ruh',
Von wegen meiner Ollen;
Sie wascht und plär't und spült dazu,
Und ick helf manchmal rollen.
Und kommt der Christmarkt erscht heran,
Giebt allgemeen Frieden;
Sie macht Rosinenmänner dann,
Un ick bau' Pergemiden.

Ick seh' manchmal, wenn große Herrn,
Hinein in't Weinhaus gehen,
Da steh' ick denn so still von fern,
Duh uf den Kümmel sehen.
Un denk' bei mir: 't is ganz ejal
Ob Wein, ob Schnapps im Glase,
Von Beden kricht man allemal
Doch ene rothe Nase.

Ick brauche keen Vergnügen nich!
Keen Tivoli un Bälle;
Hält mir nur meine Ecke Stich,
Hab' ick d' schönste Stelle.
Der Kümmel rutscht alleene hier,
Verjagt mir jeden Kummer.
'n hab' ick diesen stets bei mir,
Süht immer meine Nummer.

Komm' ick det Abends nu zu Haus,
Will meine Olle brummen,
Da lang' ick bloß d' Pulle raus,
Un gleich dhut sie verstummen,
Sie nimmt 'nen Schluck, und det beweis',
Wie schätzenswerth die Gabe;
Der Kümmel is mein guter Geist
Durch den ick Ruhe habe.

Steh' ick so an die Ecke nu,
Un scheint die liebe Sonne,
Da Semmel, Hering, Kümmel zu,
Ach det is ene Wonne.
Kommt nu de Wache anmarschirt
Mit Trommeln un Trompeten,
Da geht, weil det den Nante rührt,
Der letzte Seckser flöten.

Ne, ne, der Nante is nich dumm,
Nach gerade kriecht er Bildung,
Er dient ja stets dem Publikum,
Det seht man an de Schildung.
Zu Ihrem Dienst sehr gern bereit,
Wenn Sie's befehlen danz' ick,
Up hat der Nante Sie erfreut,
Da jubelt zwe und zwanzig.

Halle, bei Joh. Carl Dietlein.

Nr. 155.

Lustige Geschichten
und
drollige Bilder

von
Heinrich Kinderlieb.

Wenn die Kinder artig sind,
Kommt zu ihnen das Christkind.
Wenn sie ihre Suppe essen,
Und das Brod auch nicht vergessen;
Wenn sie ohne Lärm zu machen
Still sind bei den Siebensachen,
Beim Spaziergehn auf den Gassen
Von Mama sich führen lassen,
Bringt es ihnen Gut's genug,
Und ein schönes Bilderbuch.

(1)

Bilderbogen und Papiertheater

Das Erfreuen und Erziehen der Kinder galt als „eines der schönsten Genüsse des elterlichen Daseins" – so Glaßbrenner in einer Weihnachtsmarktszene –, denn es kam zunehmend Spielzeug zu Ehren, das mit nützlichen Belehrungen verbunden war: Gesellschaftsspiele zur „lehrreichen und angenehmen Unterhaltung wißbegieriger Kinder". Dazu gehörten z. B. das „Post- und Reisespiel oder die Schnellpost von Berlin nach Paris" von der Firma Carl Kühn in der Breiten Straße oder der 1840 erschienene „Dampfwagen auf der Eisenbahn".

Seit der Erfindung des Steindrucks (Lithographie) gegen 1800 stand der Ausbreitung von Papierbilderbogen mit lehrreichen Abbildungen nichts mehr im Wege. Ein buntes Bilder-Allerlei, zum Ansehen, Tuschen oder Ausschneiden, konnte auf die unterschiedlichsten Käuferinteressen eingehen.

Die „Welt in Bildern" mit ihren farbenprächtigen, wenngleich dem Hausgebrauch angepaßten Abbildungen exotischer Menschen, Tiere und Landschaften sollte Neugier und Abenteuerlust wecken. Die „Bilder für die sinnliche Anschauung" reichten von Darstellungen bäuerlicher Arbeiten – im Schema der Monatsbilder – von Märkten, Straßenszenen und Interieurs über Handwerksbilder und Berufsdarstellungen bis zu „Szenen aus dem Soldatenleben in Krieg und Frieden", die den „jungen Freunden . . . auf diese praktische Art Vorkenntnisse für den Exerzier-Unterricht beibringen" wollten. In jedem Fall überwog die freundliche Wiedergabe der häuslichen oder städtischen Wirklichkeit, die verkleinert, verniedlicht oder verschönert wurde.

Zunächst waren es „Nürnberger Bilderbogen", die auf den Markt kamen, später liefen ihnen die „Neuruppiner Bilderbogen" den Rang ab, wobei die Berliner Lokalpossen in der Residenz besonders beliebt waren. In Berlin hatte Johann Christoph Winckelmann 1828 eine Lithographische Anstalt gegründet, die Bilderbogen und Theater, Figurinen und Dekorationen vertrieb und ein paar Jahre später außerdem als „Jugendschriften-Verlag" Kinderbücher herausgab.

Außerdem gab es noch eine Reihe Firmen wie Büttner & Co, Engel, Götz & Ephraim, Carl Kühn und andere, die den Weihnachtsmarkt mit einfacher oder anspruchsvoller Bilderware, mit Ausschneidebogen, Papiertheatern und Unterhaltungsspielen belieferten, welche in den verschiedensten Buden zwischen allem Möglichen zu finden waren.

Ein ideales Weihnachtsgeschenk in den Augen der Bürger war ein Papiertheater, zumal es alljährlich auf neuen Glanz gebracht und er-

Seite 52
Titelblatt zum „Struwelpeter", H. Hoffmann, 1847

53

In einem schwarzen Kasten befand sich eine um eine senkrechte Spitze drehbare Trommel, die von innen erleuchtet werden konnte und dann zugleich durch den aufsteigenden heißen Luftstrom der Lichter vermöge eines metallenen Windrades in Bewegung gesetzt wurde. Ueber diese Trommel konnte man verschiedene andere schieben, zum Beispiel eine buntfarbig gestreifte. Dann setzte man in die eine offene Seite des Kastens Papptafeln ein, in die durch kleine runde Löcher allerlei Bilder eingezeichnet waren, Blumensträuße, Tempel, Vasen und dergleichen. Wenn sich nun hinter diesen Bildern die buntgestreifte Trommel drehte, so flimmerte sie gar lieblich in stets wechselnden Farben. Oder man schob einen Rahmen von Oelpapier ein und ließ sich dahinter die Hexentrommel drehen, in der allerlei greuliche Blocksberghexen ausgeschnitten waren, die dann als gespenstige weiße Gestalten vorüberzogen. Dies Spielwerk habe ich lange gehabt und mir stets neue Variationen dazu ausgedacht.

Heinrich Seidel, Von Perlin nach Berlin, 1900

gänzt werden konnte. Mit dieser bunten Papierbühne konnten komplette Theateraufführungen – „Conversations-, Ritter- und Feenstücke" – nachgespielt werden; neben Figurenbogen und Dekorationen mit Hintergrundbild und Kulissen gab es die dazugehörigen Textbücher.

Ludwig Rellstab berichtet 1837 über das Angebot auf dem Weihnachtsmarkt: „Vor fünfundzwanzig bis dreißig Jahren lief die Berliner Jugend sich außer Athem, um in ein reiches Waarenlager . . . einzudringen, weil unter andern Herrlichkeiten daselbst die herrlichste zu sehn war, ein Theater, mit Vorhang, Coulissen und allem Zubehör. Auf dem ganzen großen Weihnachtsmarkttheater traten vielleicht nur drei andere auf – jetzt wartet jeder Buchbinder aus dem dunkelsten Winkelgäßchen, jeder Nürnberger-Waaren-Händler, am Ende jeder der jemals einen Pinsel oder Finger in Kleister getaucht hat, mit drei Dutzenden auf."[44]

Die Bilderbogen und Papiertheater dienten wie die verschiedenartigen Lotto-, Domino- und Puzzlespiele der Unterhaltung und Beschäftigung: ihren erzieherischen Wert stellte man über den des Kinderbuchs und des handelsüblichen sonstigen Spielzeugs. Die vielseitige Verwendbarkeit der Papierspiele und ihre Herstellung – die 1850 eingeführte Steindruckschnellpresse ermöglichte hohe Auflagen – ließen ihre Beliebtheit bei allen Bevölkerungsschichten über das ganze Jahrhundert hinweg andauern.

Weihnachtsabend, Th. Hosemann, 1845
Bilderbogen und -geschichten wurden auch durch Wanderhändler und Hausierer vertrieben.
Die Geschichte der zwei kleinen Mädchen, die am Weihnachtsabend Bilder anbieten, ist aus einem Jugendbuch von A. Hoppe-Seyler. Sie ähnelt der des „Mädchens mit den Schwefelhölzchen" von Andersen.

Pyramiden und Waldteufel

In vielen deutschen Städten wurden um 1800 Weihnachtsmärkte abgehalten, die, mochten sie nun Nikolaus-, Christkindel- oder Striezelmarkt heißen, im wesentlichen ein ähnliches Bild abgaben. Doch hatte auch jeder Markt seine Besonderheiten. Auf dem Berliner Weihnachtsmarkt waren es die Pyramidenverkäufer und Waldteufeljungen, die seit dem Ende des 18. Jahrhunderts in keiner Beschreibung und auf keiner bildlichen Darstellung fehlten und das ganze 19. Jahrhundert hindurch sozusagen als „Markenzeichen" des Berliner Weihnachtsmarktes galten.

Die märkische Pyramide, „Perjamide" oder „Perchtemite", wie die Berliner sagten, war im Unterschied zur kunstvolleren sächsischen ein einfaches mit Grün umwundenes Draht- oder Holzgestell, das sich pyramidenförmig nach oben verjüngte und rundum mit Flitter versehen werden konnte. Sie diente in der häuslichen Weihnachtsfeier als Lichtträger, denn obwohl Weihnachtsbäume schon bekannt waren, hatten die Pyramiden den Vorteil, daß man sie über mehrere Jahre benutzen und vor allem die Lichter in unkomplizierter Weise auf ihnen befestigen konnte.

Die Pyramiden gab es in schlichter wie in kunstgerechter Ausführung, sie wurden in Heimarbeit hergestellt und vom Hersteller selbst

„Walddeibel! Wer kooft? Wer kooft?" Zeichnung von L. Loeffler, 1853

Pyramiden auf dem Berliner Weihnachtsmarkt, 1875

55

In Berlin gehen auf dem Weihnachtsmarkt Knaben umher, welche sogenannte Waldteufel feilbieten; dies sind unten offene Pappzylinder, welche oben mit einigen Pferdshaaren an einem hölzernen Stil befestigt sind und wenn sie geschwungen werden, einen brummenden Ton von sich geben. Auch Holzknarren und Papierfahnen werden um dieselbe Zeit verkauft.

Norddeutsche Sagen, Märchen und Gebräuche. 1848

Auf allen Straßen rufen die Knaben Fahnen, Piramiden (Weihnachtsbäume) und Waldteufel mit lautem Geschrei zum Verkaufe aus, und haben dabei einen ganz eigenthümlichen Ton, den man außer der Weihnachtszeit nicht hört, so viel auch sonst auf den Straßen ausgerufen wird.

C. v. K.: Berlin wie es ist. 1827

Die „Weihnachtsschwalbe", L. Loeffler, Mitte 19. Jahrhundert

oder von einem Familienangehörigen verkauft: an kleineren „Tischchen mit geringen Waren, die irgendein altes Mütterchen feilbietet", stand neben „weiß gefärbten Ruten mit Flinkergold geziert" die Pyramide – ein Bild das die schon erwähnte Zeitschrift „Berlin" beschreibt. Auch die häufig genannten „Buxbäume mit vergoldeten Nüssen beladen" waren nichts anderes als Pyramiden, umwunden mit dem immergrünen Laub der Buchsbäume. In der Mehrzahl wurden die Pyramiden von „Holzhauern" angefertigt, aber da das Material billig und leicht zu beschaffen war, konnten sie von jedermann mit etwas handwerklichem Geschick fabriziert werden. Glaßbrenner läßt Nante bei seiner Weihnachtswanderung 1840 sagen: „Früher habe ick ooch Perchamiden jemacht; einerseits aber habe ick des Jescheft ufjejeben, weil des Jold so niedrig steht, anderntheils seitdem die Künstler un Pupfenfabrikanten in de Spenersche ufgefordert wurden, statt zu Weihnachten Soldaten un ander Spielzeuch, lieber Heilige zu bewerkstelligen."[45]

Zeitweise, besonders in Krisen- und Notzeiten haben außerordentlich viele erwerbslose Handwerker versucht, mit der Herstellung von Pyramiden und Spielzeug ihr „Weihnachten" zu verdienen. 1827 aber blieben von etwa 1000 Pyramiden die meisten unverkauft, was für die Hersteller eine so herbe Enttäuschung war, daß sie die übriggebliebene Ware in die Spree geworfen haben sollen. Dieser Fehlschlag – in seiner Kraßheit eine Ausnahme – hielt die Pyramidenhändler nicht davon ab, jedes Jahr wieder auf ein „günstiges Geschäft" zu hoffen. Auf den Erlös angewiesen, bestimmten sie mit ihrem billigen Artikel noch bis zum Ende des Jahrhunderts das Bild des Weihnachtsmarktes.

Ebenso wie die Pyramiden gehörten auch die „Waldteufel" genannten Lärminstrumente zum weihnachtlichen Markttrubel. Jeder Berliner kannte die „Waldteufeljungen", jene Schuljungen oder „Gassenbuben", die mit viel Geschrei und unermüdlichem Eifer ihren „großen Brummer" drehten, „Aushängeschild für die vielen kleinen, welche sie in Gemeinsamkeit mit roten, blauen und grünen Knarren am Gürtel trugen und mit nie nachlassendem Rufe: ‚Ein Sechser das Stück' an den Mann oder vielmehr an das Kind zu bringen suchten".[46] Auch Ludwig Tieck erinnerte sich an das Geschrei jener „umwandelnden Verkäufer, die sich an keinen festen Platz binden mochten, diese drängen sich durch die dicksten Haufen, und schreien, lärmen, lachen und pfeifen, indem es ihnen weit mehr um diese Lust zu thun ist, als Geld zu lösen. Junge Bursche sind es, die unermüdet ein Viereck von Pappe umschwingen, welches an einem Stecken mit Pferdehaar befestigt, ein seltsam lautes Brummen hervorruft, wozu die Schelme laut: ‚Waldteufel, kauft!' schreien."[47]

Sie prägen auch die Szenen Glaßbrenners aus dem Berliner Volksleben, wo sie, ausgestattet mit witziger Schlagfertigkeit, nicht nur das Kolorit des Weihnachtsmarktes, sondern auch die berlinische Atmosphäre in der ersten Hälfte des 19. Jahrhunderts kennzeichnen.

Dem Schriftsteller Georg Ebers sind aus seiner Kindheit die Erlebnisse mit den Waldteufeln besonders im Gedächtnis geblieben: „Die Christbäume und Pyramiden an der Stechbahn, die bunten Waren, die Pfefferkuchen und das Spielzeug in den Buden boten keineswegs den höchsten Reiz. Anziehender erschienen schon die Jungen mit den brummenden Waldteufeln, Knarren und Fahnen, denn ihnen mußte etwas abgekauft werden, und dabei gab es immer schlechte Witze – das sind die schönsten – zu hören, und welchen Spaß bot es, den ‚Walddeibel‘ mit der eigenen kleinen Hand zu schwingen. Fror es sie beim Drehen, so fühlte man es nicht, denn es war, als brumme, wie mitten im Sommer, eine Bremsenschar um uns her.“[48]

Zu bezweifeln ist, daß bei den so munter erscheinenden Knaben wirklich das Vergnügen im Vordergrund stand; weit häufiger wird der Zwang des Geldverdienens „auf eigene Rechnung“, wie es z.B. Wilhelm Raabe beschrieb oder wie es auch aus den Protokollen des jungen Schweizer Lehrers Grunholzer bekannt ist, das dominierende Motiv gewesen sein.

Sowohl die Pyramidenhändler als auch die Waldteufeljungen waren in der Regel Bewohner der Familienhäuser des „Voigtlandes“, der Vorstadt vor dem Oranienburger und Rosenthaler Tor; sie stellten sozial die unterste Schicht dar. In den Papieren eines Berliner Kriminalbeamten findet sich die folgende Notiz: „. . . Auch die Gewerbe, die Sitten und Gebräuche der Einwohner sind von denen der Residenz völlig verschieden. Denn die Bewohner des Voigtlandes bestehen ihrer Mehrzahl nach nur aus Kesselflickern, Topfflechtern, Torfträgern, Lumpensammlern, Hundehändlern, Schweineschneidern, Knochensammlern, Holzhauern, Webern, Flickschneidern, Bücklingshändlern, Obsthökern, Schuhflickern, Vogelstellern, Pyramidenfabrikanten, Waldteufeljungen und anderem derartigen Gelichter.“[49]

Heinrich Grunholzer traf bei seinen Besuchen im Voigtland mehrere Bewohner an – Invaliden und Arbeitsleute –, die mit der Anfertigung von Kinderspielzeug einige Groschen verdienten. Wohnungselend, Hunger, Krankheit und Mangel – so nahm sich die soziale Situation aus, die hinter dem oft beschriebenen Bild der Pyramidenverkäufer und Waldteufel stand.

18. Dezember: 3 volle Stunden gingen Bekker und ich auf dem Weihnachtsmarkte hin und her. Der Anblick bei Nacht ist köstlich: die vielen Buden mit Allem gefüllt, was sich zu Geschenken für Kinder und Erwachsene eignet, reich beleuchtet; vor der „Stechbahn“ und auf dem Petriplatze Pyramiden von grünem Papier und frische Weihnachtsbäumchen in solcher Anzahl, daß man in einen jungen Wald zu treten glaubt und dabei nun die Menschenmasse! Vom Adel bis zu den Eckenstehern sind alle Stände vertreten. Durch die bunte Menge drücken sich die kleinen Waldteufel-Krämer. Ach wie schön ist es, wenn die Mütter die Puppen und das kleine Küchengeschirr unter dem Mantel verbergen und mitunter ein Vater, dem man auf dem Gesichte lesen kann, daß das Leben keinen Scherz mit ihm treibt, ganz vergnügt eine kleine Trommel oder ein ledernes Pferd und eine Peitsche nach Hause trägt! Die kleinen Kinder kommen vor Entzücken nicht zu sich, wenn sie an den Buden vorbeigeführt werden. O wie gerne hätte ich armen Kleinen, die staunend das prächtige Spielwerk betrachteten, das Beste gekauft. Reich sein hat doch auch seinen Werth: wie manchen Genuß kann man sich durch Wohlthun verschaffen! Mir kaufte ich die Taschen voll Nüsse, ging bummelnd auf und ab, sah nach dem schönsten Mädchen und folgte ihm sachte. – So lange ich in Berlin bin, hat mir nichts so wohl gefallen, wie der Weihnachtsmarkt. Er macht dem Berliner Volkscharakter Ehre.

Aus dem Tagebuch Heinrich Grunholzers, Aufzeichnungen aus der Berliner Zeit 1842/43.

Am gleichen Abend machte ich noch einen Besuch beim Invaliden Bischoff (Stube Nr. 141) dieser hat fünf Blessuren, der linke Arm ist unbrauchbar. Er bezieht aus der Invalidenkasse monatlich 1 Thlr. Dazu verdient er einige Groschen durch Verfertigung von Kinderspielzeug . . .

Heinrich Grunholzer: Erfahrungen eines jungen Schweizers im Voigtlande, 1843

Weihnachtsausstellungen

Mit dem Aufblühen des Weihnachtsmarktes ist eine Weihnachts-Attrak-
tion verbunden, die ebenfalls als typisch für Berlin angesehen werden
kann: die sogenannten weihnachtlichen Kunstausstellungen. Die Ge-
schäftsinhaber reagierten auf den großen Zuspruch, dessen sich der
Weihnachtsmarkt erfreute, mit mehr oder weniger künstlerischen, aber
unbestreitbar originellen und durchaus zeitgemäßen Unterhaltungen.
Ende des 18. Jahrhunderts waren die Weihnachtsausstellungen erstmals öffentlich angepriesen worden, Kaufmann Catel in der Brüderstraße hatte „den diesjährigen Christmarkt“ – gemeint ist hier sein eigenes Weihnachtsangebot 1784 – „mit einer Wasserkunst und alten Ge-

bäuden, welche durch die neue Panserlampe erleuchtet werden wird", eröffnet.[50]

Das Beispiel machte Schule: „Die am Christmarkt, oder in der Nähe wohnenden Konditors und Restaurateurs lassen gleichfalls nichts unversucht, von der Gelegenheit zu profitieren und die wohlhabenden Klassen in ihre Häuser zu ziehen, welches ihnen dann bei der gewöhnlich kalten Witterung eben nicht schwer wird. Man drängt sich in nicht großen Zimmern, trinkt Punsch, ißt Eis, Backwerk und kauft, gibt und nimmt Baise's. – Einige dieser Herren lassen sichs dabei recht angelegen sein, ihre Gäste zu unterhalten."[51] Die Konditoren stellten vor allem Figurengruppen, die aus „Tragant", einer Mischung aus Zucker, Mehl und Tragant als Bindemittel, modelliert waren, zur Schau. Jährlich wurden neue Szenen zusammengestellt und durch Inserate in den Zeitungen bekannt gegeben. Geschickte Zuckerbäcker wetteiferten miteinander, und manch einer durfte sich „akademischer Künstler und Konditor" nennen, wie beispielsweise Konditor Weyde in der Charlottenstraße, der seit der Modellierung der „ersten Mainacht auf dem Brocken" als „Hogarth unter den Konditoren" galt. Seine zierlich geformten und farbig bemalten Figürchen waren nur wenige Zentimeter groß; andere Geschäfte versuchten, mit Zuckerplastiken größeren Formats Zuspruch zu erlangen, etwa mit einer lebensgroßen „Göttin Venus, die dem Meer entsteigt", wie sie Konditor Lange in der Oberwallstraße dem Publikum präsentierte. Zuweilen konnte man unter den Figurenarrangements zum „Berliner Stadtleben", etwa dem Stralauer Fischzug, Karikaturen stadtbekannter Originale finden, die „allemal eine frohlockende Menge" anzogen.[52] Mitten im Gedränge befand sich im Dezember 1821 Heinrich Heine, er gab seiner Verwunderung über die Berliner Weihnachtslustbarkeiten in seinen „Briefen aus Berlin" Ausdruck. Auch Achim von Arnim, E. T. A. Hoffmann und viele andere Zeitgenossen berichten über die Weihnachtsausstellungen. Szenen aus dem Weihnachtsgeschehen waren dort außerordentlich selten zu sehen, häufiger dagegen Ansichten berühmter Städte, etwa Leipzig während der Messe oder die spanische Stadt Tarragona und ihre anmutige Umgebung im Abendlicht, sowie Theaterszenen und Berliner Lokalereignisse.

Nach 1815 waren Darstellungen aus den Befreiungskriegen beliebt, und als 1838 die Potsdamer Bahn eröffnet wurde, war in der Breiten Straße der ganze Potsdamer Bahnhof einschließlich Eisenbahnzug aus lauter Zucker zu bewundern.

Bald reichten die kleinen Schaufenster für die aufwendigen Arrangements, deren theaterhafte Szenerie durch Lichteffekte, Bewegung, mit-

Wenig Schnee und folglich auch fast gar kein Schlittengeklingel und Peitschengeknall hatten wir dieses Jahr. Wie in allen großen protestantischen Städten, spielt hier Weihnachten die Hauptrolle in der großen Winterkomödie. Schon eine Woche vorher ist alles beschäftigt mit Einkauf von Weihnachtsgeschenken. Alle Modemagazine und Bijouterie- und Quinkailleriehandlungen haben ihre schönsten Artikel – wie unsere Stutzer ihre gelehrten Kenntnisse – leuchtend ausgestellt; auf dem Schloßplatze stehen eine Menge hölzerner Buden mit Putz-, Haushaltungs- und Spielsachen; und die beweglichen Berlinerinnen flattern wie Schmetterlinge von Laden zu Laden und kaufen und schwatzen und äugeln und zeigen ihren Geschmack, und zeigen sich selber den lauschenden Anbetern. Aber des Abends geht der Spaß erst recht los; dann sieht man unsere Holden oft mit der ganzen respektiven Familie, mit Vater, Mutter, Tante, Schwesterchen und Brüderchen, von einem Konditorladen nach dem andern wallfahrten, als wären es Passionsstationen. Dort zahlen die lieben Leutchen ihre zwei Kurantgroschen Entrée und besehen sich con amore die „Ausstellung", eine Menge Zucker- oder Dragée-Puppen, die, harmonisch nebeneinander aufgestellt, rings beleuchtet und von vier perspektivisch bemalten Wänden eingepfercht, ein hübsches Gemälde bilden. Der Hauptwitz ist nun, daß diese Zuckerpüppchen zuweilen wirkliche, allgemein bekannte Personen vorstellen.

Ich habe eine Menge dieser Konditorladen mit durchgewandert, da ich nichts Ergötzlicheres kenne, als unbemerkt zuzuschauen, wie sich die Berlinerinnen freuen, wie diese gefühlvollen Busen vor Entzücken stürmisch wallen, und wie diese naiven Seelen himmelhoch aufjauchzen: „Ne, des is schene!" . . . Es war mir unmöglich, von dieser Herrlichkeit bei Fuchs etwas zu sehen, da die holden Damenköpfchen eine undurchdringliche Mauer bildeten vor dem viereckigen Zuckergemälde.

Heinrich Heine: Brief aus Berlin vom 16. März 1822

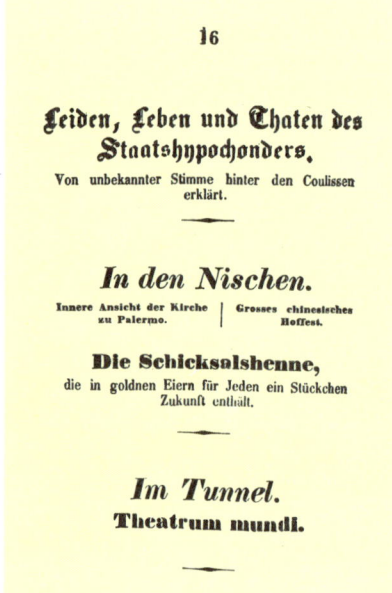

Begleitheft einer Weihnachtsausstellung bei Kroll

Programm der Ausstellung (Ausschnitt)

unter auch durch musikalische Umrahmung noch verstärkt wurde, nicht aus. Gegen ein Eintrittsgeld von 2 bis 4 Silbergroschen wurde das Publikum in die Innenräume geladen. Berühmte Künstler beteiligten sich an den Weihnachtsdekorationen, allen voran Karl Friedrich Schinkel, der seit 1807 jährlich seine „Eigenartigen Weihnachtsausstellungen" im Panorama zeigte: große perspektivisch-optische Prospekte mit beweglichen Staffagefiguren. Auch für das führende Unternehmen des Berliner Ausstellungs- und Schauwesens, die Firma Gropius, lieferte Schinkel Entwürfe. Die Weihnachtsausstellungen der Brüder Gropius fanden ab 1827 im Berliner Diorama statt, dort boten sie 1832 „Wasserfahrten auf dem Golf von Neapel", bei denen der illusionistische Eindruck so stark gewesen sein soll, daß einige Besucher glaubten, seekrank zu werden.

Ein Glanzpunkt der Vorweihnachtszeit war für das wohlhabende Publikum ab 1844 das Krollsche Etablissement. „Dann verwandeln sich die schönen Säle in wahrhafte Feengärten und Zauberreiche . . . Hier ladet uns ein verschwiegener Kiosk mit rauschendem Springbrunnen zum Verweilen und zum Träumen ein, dort ruhen wir in einer Sennhütte aus und genießen den Anblick des Vierwaldstätter Sees. Ein Schritt und wir stehen in einer chinesischen Pagode oder gar im Palaste des himmlischen Kaisers selbst, der von seinem goldenem Throne gnädig nickt. – Im Königssaale wird zur Weihnachtszeit gewöhnlich auf dem Theater eine für diese Gelegenheit eigens geschriebene Zauberposse mit großartiger Ausstattung gegeben, die hauptsächlich für das kleine Publikum der Kinderwelt berechnet ist. – Aber auch im Tunnel ist eine Bühne entstanden, auf der freilich nur Puppen spielen, die sich aber der besonderen Gunst des Publikums erfreuen, da dessen Liebling, der lustige 'Kasperle', hier sein Wesen treibt und durch seine oft derben Späße und politischen Anspielungen die größte Heiterkeit verbreitet."[53]

Die Berliner, stets bereit, sich durch diese Art optischer Vergnügungen – Panorama, Diorama und ähnliches – anregen und mitreißen zu lassen, kamen um die Weihnachtszeit voll auf ihre Kosten. Weitgereiste, vielgerühmte Künstler gaben in gemieteten Sälen „Optische Vorstellungen"; schon für die Zeit um 1800 ist die Kunde von „Geister-Illusionen" überliefert, in welchen ein sachverständiges Publikum jedesmal die Erscheinung Friedrichs des Großen mit Jubel begrüßt haben soll. Die zauberhaften illusionistischen Schaustellungen von C. Enslen oder „Michaults unterhaltende Versuche mit verschiedenen Luftarten" waren sensationell und zugleich ein künstlerisches Ereignis, über das die Zeitungen mehr oder weniger ausführlich berichteten. Dabei gab es nicht nur Zustimmung und Verwunderung, auch an Kritik fehlte es nicht.

Zufällig gaben in diesem Jahre die Vorstellungen des bekannten mechanischen Künstlers Hrn. Enslen um diese Zeit dem schaulustigen Publiko noch eine Unterhaltung mehr. Er hat seinen Schauplatz in dem schönen und geschmackvoll eingerichteten Privattheater im Lichtenauischen Hause unter den Linden aufgeschlagen, und jedesmal so viel Zuschauer, als der Raum faßt. Die Kunststücke, welche ihm diesen Zulauf verschaffen, bestehn gewöhnlich in folgenden:

1. Lassen sich ein paar Automaten hören; ein Spanier bläst auf einer Papageno-Pfeife, und eine Dame schlägt eine Art von Glockenspiel. Wer indeß Vancansons berühmte Automaten, die jetzt der Hr. Hofrath Beireis in Helmstädt besitzt, gesehn hat, kann ohnmöglich diese unbedeutenden Spieler bewundern.

2. Eine redende Figur, auf die gewöhnliche Art eingerichtet.

3. Ein mechanischer Seiltänzer – gleichfalls nach bekannter Einrichtung.

4. Ein aërostatischer Reuter. Pferd und Reuter sind nach schönen Verhältnissen von Goldschlägerhäutchen zusammengesetzt, und machen – nur mit gewöhnlicher Luft gefüllt – manche unterhaltende Bewegung.

5. Die bekannten Geister-Illusionen. Die Erscheinung Friedrichs des Gr. macht dabei einen noch immer sehr lebhaften Eindruck auf die Berliner. Die Erscheinung zeigt sich erst als ein Stern, der näher kommt, und sich zuletzt in eine ähnliche Gestalt des großen Königs verwandelt. Jedesmal wird er mit lautem Jubel empfangen, und die Erscheinung muß wiederholt werden.

Der Christmarkt und andere Weihnachts-Lustbarkeiten. 1800

Der Guckkästner im Lustgarten, um 1850

Vermischte Anzeigen und Bekanntmachungen.

Mit Genehmigung der Herren Direktoren des durch Patriotismus und Menschenliebe vor 4 Jahren errichteten Luisen-Stifts, bin ich bei der Annäherung des diesjährigen Weihnachts-Festes so frei, die edeln und menschenfreundlichen Damen alles Standes und Ranges ganz ergebenst zu ersuchen, dasjenige, was sie an feinen weiblichen Kunst-Arbeiten und Mode-Waaren, den Kindern dieses Stiftes unserer unvergeßlichen Verklärten, als ein diesjähriges Geschenk zugedacht und bestimmt haben mögten, mir, vom 26sten d. M. an, gütigst zuzustellen, um solches bei der bevorstehenden Weihnachts-Ausstellung, deren Eröffnung den 11ten December geschehen wird, mit auslegen zu können. – Den Betrag davon werde ich den Herren Direktoren dieses wohlthätigen Instituts gewissenhaft berechnen und übergeben, so wie ich einem jeden, der an dieser freundlichen Wohlthat Theil nimmt, die Berechnung darüber zu jeder Stunde vorzulegen immer bereit seyn werde. Berlin den 24sten November 1811.

Elisabeth Tietzen, Klosterstraße Nr. 41.
Spenersche Zeitung, 28. Nov. 1811

Die Kinderspielwaaren-Handlung von J. F. Werner u. Sohn, breite Str. 19., empfiehlt unter ihrem reichhaltigen Lager von Kinderspielsachen elegante Puppen, chinesische Billards, Kinderschaukeln, Taschenspieler- und Buchbinder-Apparate, sämmtliche Armaturen für Kinder und sehr schöne Spielsachen in Blech.

Spenersche Zeitung, Dezember 1844

Die Bescherung im Weihnachtstempel, 1844

Besonders die Spenersche Zeitung warf sowohl den Organisatoren als auch den begeisterten Besuchern Mangel an Kunstverständnis vor und klagte bitter über die Geschmacklosigkeit der Zeit.

Wesentlich stiller mochte es in jenen Ausstellungen zugegangen sein, deren Auslagen zum Zwecke der Wohltätigkeit gestiftet worden waren, sie zogen kaum ihre Besucher in Bann. Die Wohltätigkeitsausstellungen waren ursprünglich durch die Notzeiten während der französischen Besatzung veranlaßt worden; sie offerierten gewöhnlich „von zarter Hand gefertigte Arbeiten", deren Ertrag „verschämten Armen"

zugute kommen sollte. Zeitungsinserate versuchten, auf die bescheidenen Basare aufmerksam zu machen und appellierten – gerade zu Weihnachten – an die Mildtätigkeit der Leser. „Möge der zahlreiche Zuspruch, dessen man sich im vergangenen Jahre erfreute, auch in diesem Jahre Veranlassung geben, den Waisen eine frohe Weihnachts-Feier zu bereiten."[54]

Aber noch etwas ist Berlin zur Weihnachtszeit ganz besonders eigenthümlich, und zwar die Ausstellungen bei den Konditorn. . . Sämmtliche komische Figuren Berlins, welche die ganze Stadt kennt, sind auch auf diesen Ausstellungen unter den Miniaturgestalten, aus Thon gebildet, aber größtentheils sehr getroffen, zu finden, und ergötzen die Zuschauer, welche sie auf den ersten Blick erkennen, oft weidlich.
Eines dieser kopirten Originale fand sich einst auch auf einer solchen Ausstellung. Es verdroß ihn, und er kaufte die Puppe, kaum aber war er aus dem Laden, so war sein Konterfei schon wieder da. Er erfuhr dies, kaufte sich am andern Tage noch einmal, und so auch ein drittes und ein viertes Mal. Aber der Konditor hatte Vorrath, und ergänzte das verkaufte Püppchen sogleich wieder. Bald ward dies bekannt, und nun wollte Jeder ein solches Männchen haben. Der Konditor lachte sich ins Fäustchen, und der Kopirte schäumte vor Wuth, daß er ein verkehrtes Mittel ergriffen, und dadurch das Uebel nur ärger gemacht habe, denn vorher lachte man über sein Bild, jetzt aber über ihn selbst.

C. v. K.: Berlin wie es ist. 1827

Einige Firmen wiesen auch noch in der 2. Hälfte des 19. Jahrhunderts mit Inseraten zur „Weihnachtsausstellung" auf ihr Warenangebot hin.

Bei Fiocati und Ratti . . . stehn die Zofen und Kammerkätzchen neben Bürgerstöchterchen, Fräulein und noch höher hinauf, und alle hätten gar zu gern etwas. Der Leser weiß aber vielleicht gar nicht wer Fiocati und Ratti sind? Italiäner, – das hört man – Galeriehändler, – das läßt sich errathen – die Dardanellen des Weihnachtsmarktes! Oho! Was soll das bedeuten? – Der Weihnachtsmarkt – ich schreibe das für die Theile Europas die nicht an der Spree und dem Schaafgraben liegen – hat eine breite Hauptgasse und etliche schmale Queergäßchen. Am Eingang der Hauptgasse, gerade wo die Queergäßchen einschneiden, liegen, einander schräg gegenüber, . . . zwei Prachtgebäude von Buden, den berühmten Galeriehändlern Ratti und Fiocati zugehörig. Ihre Waaren kreuzen die blitzenden Strahlen von Juwelen, Ringen, Armbändern, Ketten, Uhren, Dosen, gefährlicher wie die Schlösser des Bosporus ihre Kanonenblitze.

Ludwig Rellstab: Weihnachtsschau. 1837

Lehmannais (vor seinem Tische mit wundertätigen kleinen Flaschen und Schachteln auf und ab gehend und Käufer anlockend). A Meßjees, je suis le berühmte Faberkante von die unjeheure Wunderjeschichten, die alles aus die Kleider und Habite bringen, was ein Mensch 'rein macht. Flecke un Panster von Öl, Fett, Talg, Wachs, Teer un überhaupt Jucks und Schmuz de toute qualitées! Aben Sie la Bongté näher ßu spazieren an mein Magaßeng extraordineer un einzig in seiner Art. Hier haben Sie „Esprit de Sultan Mahmud!" Sie öffnen de la Putellje, jießen einen Tropp auf Fleck – futsch, is Fleck wech! Der verstorbene Sultan hat es selbst erfunden, und alle den alten Jucks aus seinen Diwan damit fortjeschafft. Kommen Sie her, Mußjee la Päysang! (Er zieht einen Landmann an seinen Tisch.) Sie haben hier einen furchtbaren Panster auf wotter Mateng. Hier is Putellch; hier jieß' ich zwei
(Forts. S. 65)

64

Weihnachtsmarkt im biedermeierlichen Berlin

Die erste Hälfte des 19. Jahrhunderts war eine Blütezeit für den Weihnachtsmarkt, er brachte den Besuchern gleichermaßen Nutzen und Vergnügen.

Einer, der über mehr als drei Jahrzehnte – von 1826 an – alljährlich „Weihnachtswanderungen" unternahm, um in der Vossischen Zeitung sowohl begeistert als auch kritisch darüber zu berichten, war der schon mehrfach zitierte Ludwig Rellstab. Er ließ sich von den großartigen Ausstellungen beeindrucken, wußte aber auch über kleine Dinge, vom Waldteufel bis zum Holzsoldaten, von der Meerschaumpfeife bis zum eleganten Häubchen etwas mitzuteilen. Die Puppenbuden mit den „nackten Puppenbalgen", die zu Dutzenden aufgehängt im Winde klapperten, fesselten sein Interesse ebenso wie die „Trommelbuden" mit Pauken und Trompeten: „Trommeln, von unten bis oben, von hinten bis vorn, eine Trommellegion, ein Trommelschwarm, ein Trommelvolk!" Er fand Buden, die mit „kleinen Waffen, Säbeln, Pistolen, Gewehren, Schwerdtern, Speeren, Dolchen, Fähnlein, Drommeten und anderen kriegerischen Instrumenten" gefüllt waren, auch solche mit Zinn- und Bleifiguren, „alle Regimenter der preußischen Armee samt den Kanonen, Fahnen und Standarten", wie sie etwa von G. Söhlke hergestellt wurden, der, ursprünglich Zinngießer, sich seit 1835 Zinn- und Blechspielwarenfabrikant nannte.

Der Herrenwelt empfahl Rellstab die Pfeifenbuden, „je die siebente Bude. . ., wo ihrer hunderte in Reih' und Glied hängen"; die Berlinerinnen forderte er auf, die Tricot-, Kamisol- und Hosenträgerbuden, an denen ein „wahrer ueberfluß an Erwärmungsmaterial" herrsche, zu inspizieren. Besonders reizend erschienen ihm die „Hauben- und Mützchenbuden", in denen sich Wolken von Tüll und Mousseline, an Fädchen aufgehängt, im „dünnen Lampenlicht" bewegten. Die Berlinerinnen – die jungen wie die alten – beim Kauf dieser zarten Waren zu beobachten, bot nach seiner Meinung unbeschreibliches Vergnügen.[55]

Auch Willibald Alexis fand den Weihnachtsmarkt ergötzlich, nicht nur für die Kinderwelt, sondern auch für die „ärmeren diensttuenden Klassen". „Eine Herrschaft, welche ihren Domestiken den Gang nach dem Markte abends verweigern wollte, übte eine unerhörte Tyrannei."[56] Die Dienstmädchen nutzten die Gelegenheit, sich untereinander oder mit ihrem Liebsten zu treffen, Studenten und Schulbuben trieben Schabernack, Handwerksburschen und, wie Rellstab sie nannte,

(Forts. v. S. 64)
Tropp auf den Fleck; ich reib' un peu, ich nehm' Bürschte, voyez: futsch is Fleck, voyez!

Adolf Glaßbrenner: Der Weihnachtsmarkt. 1847

Viele junge Leute, oft aus den ersten Familien, treiben sich des Abends stundenlang auf dem Weihnachtsmarkte umher, allerhand Ränke und Schwänke auszuführen, oder Abenteuer aufzusuchen. Acht bis zehn dieser jungen Wüstlinge gehen, dicht in ihre Mäntel gewickelt, mit einander, denn oft leistet ihre größere Zahl ihnen die ersprießlichsten Dienste. Einer von ihnen tritt zufällig hinter die Buden, da stehen zwei Verliebte, und plaudern emsig mit einander . . .

Doch jetzt haben die oben erwähnten jungen Leute ihren Witz (denn in Berlin heißt alles Witz) vorbereitet, und unbemerkt das Pärchen von allen Seiten umstellt. Rasch ziehen sie die Knarren, Trompeten, Pfeifen und Waldteufel, die sie unter den Mänteln verborgen hielten, hervor, und tanzen unter wahrhaft teuflischer Musik und lautem Lachen und Jubeln eine Ronde um die Liebenden. Erschrocken fahren diese aus einander, und Er will Ruhe gebieten, aber ein Blick auf die Zahl der lockern Spaßvögel überzeugt ihn, daß es hier räthlicher sei, zu schweigen . . . Während der Zeit hat der infernalische Lärm eine Menge Zuschauer herbeigelockt, und die Absicht der Spaßvögel ist erreicht. Laut lachend sprengen sie nach allen Richtungen aus einander, und theils wüthend, theils beschämt, schleicht auch das Liebespaar sich davon.

C. v. K.: Berlin wie es ist. 1827

Weihnachtsmarkt, H. Scherenberg, 1859

65

Spielwarenhändler Knipfke (steht sehr bunt und auffallend gekleidet in seiner Bude, lockt die Vorübergehenden an und unterhält die Anschauer seiner Waren, indem er so viel wie möglich witzig zu sein strebt):

Nun, meine schwerdgewetzten Herren und Damen, haben Sie die Güte gegen sofortige bare Bezahlung nach Belieben zuzulangen. Mein erst Gefühl sei Preuß'sch Courant, mein zweites kleene Münze. Wie wär' es, mein Fräulein, wenn Sie sich in Ermangelung eines andern Mannes diesen Nußknacker zulegten; er hat zwar ein häßliches Äußere, aber sein Inneres doogt nischt. Immer heran, meine Herrschaften: die Manigfaltigkeit ist außerordentlich und die Auswahl ist verschieden. De Kinder erfreuen ist einer der schönsten Genüsse des elterlichen Daseins! Zähren des Dankes werden die Lichter der Perjemite erlöschen und das Jubelgeschrei eines kindischen Gemüts wird auch Ihre verehrte Augen anfeuchten. Schachteln zu drei Silbergroschen mit zwanzig Stück diversen stehen jederzeit zu Diensten; Archen Noah's mit mehr Tieren als in der Wirklichkeit existieren, vom heißen Elefanten an bis herunter zum Karnickel, Schornsteinfejer, Windmüller, Windmühlen mit Jeklapfer, Trommeln in jeder Größe und in jeder Kleine, Schafe mit Boomwolle, Laternen majeka's die mit einem Dreierlicht die Geisterwelt erschließen, mechanische Schlangen, Soldatenscheren, Pferde, Schweine, Tiger, Löwen, Ochsen, Esel, Adler, neun größere Tiere, Hunde, Katzen, Reinicke Fuchs und andere Tiere in der natürlichsten Bekleidung und der täuschendsten Familienähnlichkeit. Na, was ist Ihnen gefällig, beste Madamme? Kaufen Sie mir für ein paar hundert Taler ab; es ist das schönste Fest der Liebe und dieses ist nur einmal im Jahre!

A. Glaßbrenner: Der Weihnachtsmarkt. 1847

„Ladenschwengeljugend" ebenso wie die „Militärjugend" zog lärmend auf den „Gassen des Bazars" umher, weniger, um etwas zu erstehen als vielmehr, um ihre Schlagfertigkeit in Rededuellen mit Händlern und Passanten zu erproben, wozu der Berliner Wortschatz, mit Ausdrücken aus dem Französischen, Jiddischen und Plattdeutschen angereichert, sich als besonders geeignet erwies. Der dem „typischen Berliner" dieser Zeit zugeschriebene Witz, die amüsante Mehrdeutigkeit der Wortformen als Ausdruck spitzer Kritik und ungenierter Selbstironie ist von Zeitgenossen oft genug hervorgehoben worden. Nirgends war die Zahl der geflügelten Worte so groß wie in der Sprache der Berliner, und nicht nur Glaßbrenner sah im Witz der Marktweiber, Droschkenkutscher und der Berliner Jungen ein ausdrückliches Zeichen des „souveränen Geistes" der Bevölkerung.

Je nach Lust und Laune, vor allem aber nach den finanziellen Verhältnissen, konnte der Weihnachtsmarkt mit der Kutsche besucht werden. Ein Bericht aus dem Jahre 1827 mutet indessen wenig glaubhaft an: „Des Abends, besonders die letzten Tage vor dem heiligen Abende, wird der Weihnachtsmarkt befahren, und selbst die ärmsten Familien würden sich nicht glücklich fühlen, machten sie dies Vergnügen nicht wenigstens ein Mal. Die Miethswagen sind übrigens in Berlin so wohlfeil, daß sie sich diesen Genuß wohl gewähren können, ohne deshalb der Verschwendung beschuldigt werden zu dürfen."[57]

Die Wagen der Droschkenanstalt in Berlin fuhren seit 1814 für 2 Sgr. (1/12 Taler), was allgemein als billig galt. Seit 1825 gab es die bequemeren Mietwagen von Kremser, mit denen eine Fahrt das Doppelte (1/6 Taler) kostete. Der durchschnittliche Tagesverdienst eines Arbeiters lag bei 3 bis 4 Sgr., es scheint unwahrscheinlich, daß dieses karge Einkommen für eine Fahrt über den Weihnachtsmarkt verwendet worden sein soll. Und wenn hier der Berichterstatter von den „ärmsten Familien" spricht, so sind doch nicht die wirklich Ärmsten gemeint, nämlich jene, die als „Berliner Pöbel" abgetan wurden und außerhalb der Betrachtung lagen.

Der Weihnachtsbaum

Der Begriff „Weihnachtsbaum" wurde erst in der zweiten Hälfte des 19. Jahrhunderts allgemein gebräuchlich, vorher sprach man meist vom „Tannenbaum". Allerdings sind die aus dem Mittelalter bekannten „gryen tann risz", die als Zeichen des Lebens in der Winternacht Haus und Hof vor Unheil beschützen sollten, nicht in direktem Zusammenhang mit dem späteren Weihnachtsbaum zu sehen. Seine Herkunft ist eher aus dem nachreformatorischen Brauch der Handwerkerzünfte abzuleiten, die einen mit „Äpfeln, Oblaten, Zischgolt, Zucker" geschmückten „Gabenbaum" in ihren „Gesellschaftsstuben" aufstellten.

Neben dem entstehenden Bürgertum griffen im 18. Jahrhundert die Fürstenhöfe diese Sitte auf, die ansonsten auf eine kleine soziale Schicht im städtischen Bereich beschränkt blieb. Um die Mitte des 18. Jahrhunderts findet sich in einer Berliner Zeitung die Erwähnung, daß „manche Leute um die Weihnachtszeit grüne Fichten in die Stube bringen". Um diese Zeit trugen die Bäume noch keine Lichter. Die erste Kunde von einem lichtergeschmückten Tannenbaum in Berlin geht auf einen Brief Caroline von Humboldts zurück, den sie 1815 an Wilhelm von Humboldt schrieb: „An zwei Enden eines langen Tisches brannten zwei kleine Weihnachtsbäume. . ."[58] Die Bezeichnung „Christbaum" wurde von E. T. A. Hoffmann 1816 in dem Märchen „Nußknacker und Mausekönig" in die Literatur eingeführt, zu einer Zeit, als in Berlin der Tannenbaum zum Weihnachtsfest sehr wohl bekannt war.

Folgt man zeitgenössischen Darstellungen um 1800, so bürgerten sich Weihnachtsbaum und -pyramide in Berlin zugleich ein; sprachlich wurde oftmals nicht einmal ein Unterschied zwischen beiden gemacht. 1827 ist im „Taschenbuch von Berlin" zu lesen, daß die Weihnachtsbäume „hier wegen der Ähnlichkeit in der Form allgemein Pyramiden genannt"[59] wurden, und Glaßbrenner spricht noch zwanzig Jahre später (1847) von „künstlichen und natürlichen" Pyramiden.[60] Die hölzernen Pyramiden hatten vor allem den Vorteil, preisgünstig zu sein, denn selbst für wohlhabende Bürger waren Tannenbäume durch den Transport aus waldreichen Gegenden in die Stadt recht kostspielig. Erst nach Fertigstellung der Eisenbahnlinien nach Elsterwerda und in den Harz (1851) konnten größere Mengen Weihnachtsbäume „ebenso billig wie schön" angeboten werden.

Bis zu diesem Zeitpunkt war der Weihnachtsmarkt der einzige Ort, an welchem der Baum für das Fest erworben werden konnte. Die Weihnachtsbaumhändler hatten zusammen mit den Pyramidenhändlern

Da der Petriplatz zum Marktverkehr ferner nicht benutzt werden kann, so sollen die Verkaufsstellen für die Weihnachtsbäume von dort und von der Stechbahn, wo sie die Passage beengten, nach dem Lustgarten und zwar nach der Wasserseite zwischen der Schloßbrücke und dem Packhofe verlegt werden.

Vossische Zeitung, 8. Dez. 1849

Billige schöne große Tannenbäume von Finsterwalde sind beim Platz an der Börse angekommen.

F. Kallenbach
Vossische Zeitung, 19. Dez. 1851

ihren bevorzugten Standplatz an der Stechbahn. Aber „auch zwischen den Buden durch, rechts und links, hier und dort, werden die erwartungsvollen Kinder von grünen Bäumen angelächelt",[60] berichtet Glaßbrenner. Die Stechbahn soll den Promenierenden „einen höchst lebendigen Anblick" gewährt haben. „Pyramiden von grünem Papier und frische Weihnachtsbäumchen in solcher Menge, daß man in einen jungen Wald zu treten glaubt", schrieb H. Grunholzer 1841 in sein Tagebuch. Dieser Eindruck konnte schon entstehen, denn die Bäume waren einer neben dem anderen mittels einfacher hölzerner Ständer aufgestellt.

Ab Mitte des Jahrhunderts reichte der Platz auf der Stechbahn für die vielen Verkäufer nicht mehr aus, so daß nach der 1851 herausgegebenen „Markt-Instruction"[61] die Christbaum- und Pyramidenhändler ihre Standplätze auf dem „mit Bäumen bepflanzten Theil des Lustgartens nach dem Wasser zu" angewiesen bekamen. Etwa zehn Jahre später wurden zusätzlich Weihnachtsbäume auf dem Gendarmenmarkt verkauft, daneben auch auf dem Alexanderplatz, dem Dönhoffplatz und „auf verschiedenen kleinen Plätzen".

Wie populär gerade der Gendarmenmarkt in bezug auf den Weihnachtsbaumhandel war, zeigen einige „dem Berliner Leben" abgelauschte Weihnachtserzählungen", die in den achtziger Jahren des vorigen Jahrhunderts in Berliner Zeitschriften erschienen sind. Da betreibt eine arme Witwe das Geschäft ihres Mannes weiter und bietet alle Jahre am „linken Flügel des Schauspielhauses" einen „Wald von Christbäumen", gruppiert um den großen Gaskandelaber, an. Oder ein Familienvater holt am Heiligen Abend in letzter Minute schnell „einen kleinen Baum vom Gendarmenmarkt". Deutlicher noch ist ein anderes Beispiel: ein 1879 in der „Gartenlaube" erschienener Holzstich „Christbaummarkt auf dem Augustusplatz in Leipzig" wurde 50 Jahre später kurzerhand als „Verkauf von Weihnachtsbäumen auf dem Berliner Weihnachtsmarkt auf dem Gendarmenmarkt" ausgewiesen.

Die zunehmende Beliebtheit des Weihnachtsbaumes läßt sich nicht allein mit der „Sehnsucht des Städters nach der Natur" erklären oder als romantischen Rückgriff auf altbekannte magische Symbolik deuten. Der Weihnachtsbaum entsprach vielmehr als Element ausgesprochen bürgerlicher Festkultur ganz dem Empfinden und dem Geschmack der Großbourgeoisie des „pompösen Zeitalters". Als Mittelpunkt der bürgerlichen Weihnachtsfeier wurde er zunehmend zum Symbol des deutschen Weihnachtsfestes. „Eine allgemeine Verbreitung des Weihnachtsbaumes als ‚echt deutsches' Festsymbol brachte zuerst der deutsch-französische Krieg 1870/71. Am Heiligabend dieses Kriegswinters waren auf Wunsch der aristokratischen

„. . . nu stekt wi noch'n mal unsen Dann' boom an!" Zeichnung von C. W. Allers, 1890

Seite 68
Weihnachten 1863 in einer Berliner Familie. Inmitten der Geschenke steht die große lichtergeschmückte Pyramide.
Foto: Jamrath

Auch bei uns gab es Weihnachtsgeschenke. Aber für Menschen, die immer arbeiten und sich plagen, ist das Empfangen von Wohltaten für ihre Kinder ein drückendes und auch erbitterndes Gefühl. Die von wohltätigen Damenhänden erzeugten Pulswärmer und Wollsachen können zwar vor Kälte schützen, aber sie erzeugen keine innerliche Wärme.

Daher hatte auch ich erst dann die ersten reinen und unverfälschten Weihnachtsfreuden, als ich sie mir von dem selbstverdienten Lohne bereiten konnte. Ich war siebzehn Jahre alt, als ich mir den ersten Weihnachtsbaum anzündete, aber ich freute mich, als wäre ich noch ein Kind. Wochenlang kaufte ich an jedem Sonnabend für den Weihnachtsbaum ein. Silber, Gold, buntes Papier, Nüsse, Zuckerwaren. Mit seligen Gefühlen trug ich „meinen Weihnachtsbaum" nach Hause, und mit reiner Freude schmückte ich ihn! . . . die Arbeit hatte mir Gelegenheit gegeben, teilzunehmen an den Freuden, von welchen ich bis dahin ausgeschlossen war.

Adelheid Popp; Erinnerungen. 1915.

Heerführer in den Lazaretten, Quartieren und Unterständen Weihnachtsbäume entzündet worden, in deren Kerzenschein eine Fülle von Emotionen schimmerte. Heimweh und Familiengefühl, Friedenssehnsucht und nationaler Stolz, ja: deutscher Chauvinismus, das alles waberte nun im weihnachtlichen Lichterglanz. Und die heimgekehrten Sieger sorgten dafür, daß bald in jedem deutschen Haus ebenso ein Weihnachtsbaum erstrahlte wie im Schloß des Kaisers. So wurde er in jener Zeit eine Art Symbol für deutschen Sieg und Frieden, für deutsches Wesen, verbunden mit der bürgerlichen Utopie von der heilen Welt."[62]

Das Tannenbäumchen im Lichterglanz, seit Jahrzehnten als „allerliebst" gepriesen, mußte nun in den großbürgerlichen Etagenwohnungen und in den Fabrikantenvillen am Stadtrand dem „überaus prachtvoll glänzenden" Repräsentationsbaum weichen.

„Die Flämmchen der Kerzen, die dort hinten zwischen den dunkelrot verhängten Fenstern den gewaltigen Tannenbaum bedeckten, welcher, geschmückt mit Silberflitter und großen weißen Lilien, einen schimmernden Engel an seiner Spitze und ein plastisches Krippenarrangement zu seinen Füßen, fast bis zur Decke emporragte, flimmerte in der allgemeinen Lichtflut wie ferne Sterne."[63]

Die häusliche Zeremonie wurde durch zusätzliche Dekors und Schnörkel „verschönt", die keine andere Funktion als die der Repräsentation hatten. Höhepunkt des Festes blieb die Heilig-Abend-Bescherung, wobei sich feste Verhaltensweisen innerhalb der „patriarchalisch-geordneten" Familie einspielten. Um die geheimnisvolle Spannung zu erhöhen, trat in Familien mit Kindern häufig der Weihnachtsmann „persönlich" auf, stets die unvermeidliche Frage nach dem Gehorsam stellend. Außerdem erhielten, wenn auch ein wenig abseits und unauffällig, die „Hausarmen" und Hausangestellten ihre Weihnachtsgeschenke, durchweg praktische und nützliche Gegenstände, für die sie gerührt dankten: „Auch Maruschka – sie hatte ein schönes, rotes Kopftuch und eine ebensolche Schürze erhalten – war hochbeglückt."[64]

Zum Ablauf des Abends gehörte das gemeinsame Singen von Weihnachtsliedern, weniger religiösen als vielmehr gemütvollen Inhalts, möglichst von einem Familienmitglied auf dem Klavier begleitet. Mit der Serienfabrikation des Klaviers kam eine Fülle populärer Noten „für höhere Töchter" auf den Markt, und das „Weihnachtsliederpotpourri" gehörte zum Repertoire jeder Klavierschülerin.[65]

Ansonsten war man in die Kirche gegangen, hatte gemeinsam ein üppiges Mahl eingenommen und verlebte den Abend in schönster familiärer Harmonie und allgemeiner Freude.

Das Bild des bürgerlichen Weihnachtsfestes mit dem Tannenbaum war beispielgebend auch für viele Arbeiterfamilien, die den Norden und Osten Berlins bevölkerten. Ein großer Teil von ihnen waren Zuwanderer aus Schlesien, die sich gezwungen sahen, ihre heimatlichen Traditionen aufzugeben oder sie der neuen Umwelt anzupassen. Sie standen den städtischen Festgewohnheiten aufgeschlossen gegenüber und versuchten, diese zu übernehmen, wenngleich sie kaum die Mittel für ein noch so bescheidenes Fest aufzubringen vermochten.

Die Ärmsten, die zu Hause weder auf „fröhliche Weihnachten" noch auf einen Tannenbaum hoffen konnten, wurden, vor allem, wenn sie zu den Kriegsinvaliden oder – waisen gehörten, auf Wohltätigkeitsveran-

Aus dem „Ersten Bilderbuch für kleine artige Kinder", 2. Hälfte 19. Jahrhundert

Staatssekretär von Stephan wies darauf hin, wie die Elektrizität, nachdem sie im wissenschaftlichen Leben eine vollberechtigte Stellung sich erobert habe, nun auch in das Familienleben eindringe, wie der elektrisch erleuchtete Christbaum erkennen lasse.

Elektrotechnische Zeitschrift. 1886

staltungen geladen. Hier konnten sie unter einem kerzengeschmückten Weihnachtsbaum salbungsvolle und vaterländische Reden anhören und durften nach dem gemeinsamen Gesang von „Stille Nacht" milde Gaben, von hohen Damen gestiftet, entgegennehmen, wobei sich so mancher eher beschämt als beschert vorgekommen ist. „Anstatt daß man den bedürftigen Eltern die Gabe still ins Haus gibt, damit sie sich selbst eine häusliche Feier bereiten und ihren Kindern als Geber gegenübertreten können, führt man Eltern und Kinder in eine Massenversammlung und zu einem Riesenbaum, vor dem das häusliche Bäumchen ärmlich aussieht."[66]

Auch andere öffentliche Weihnachtsfeiern machten von sich reden. Zahlreiche Berliner Vereine gaben den Dezemberversammlungen weihnachtlichen Charakter. Aus solchem Anlaß präsentierte der Elektrotechnische Verein 1885 in Berlin erstmals einen elektrisch erleuchteten Christbaum „in einem Lichtmeere von einigen 90 Glühlichtern".[67] Selbst die Arbeiter, die seit den siebziger Jahren eigene Formen der organisierten Geselligkeit auszubilden begannen, pflegten gesellige weihnachtliche Zusammenkünfte, bei denen der Weihnachtsbaum nicht fehlen durfte. Doch stand die Beteiligung daran anderen Vereinsfeierlichkeiten um einiges nach, denn Weihnachten galt eben auch den Arbeitern als Fest der Familie.

Welch feste Einrichtung der Weihnachtsbaum für die gesellschaftliche Öffentlichkeit geworden war, zeigt die Tatsache seiner Aufnahme in die kirchlichen Weihnachtsgottesdienste. 1885 stellte der Prediger der Dorotheenstädtischen Kirche zusammen mit dem Stadtrat Friedel den Antrag, im evangelischen Gemeindekirchenrat am Heiligabend des Jahres „in Wiederbelebung einer alten berlinischen Sitte neben dem Altar rechts und links einen brennenden Christbaum aufzustellen".[68] (Die Berufung auf eine alte Berliner Sitte hatte vermutlich taktische Gründe, begünstigt durch die Unkenntnis der historischen Details.)

Dem Antrag wurde stattgegeben, und ein paar Jahre später übernahm auch die katholische Geistlichkeit den „lutherischen Weihnachtsbaum", wie er unter Hinweis auf die zunehmende Anerkennung durch die evangelische Kirche oft genannt wurde. Gegen Ende des 19. Jahrhunderts war der Weihnachtsbaum in Berlin wie in anderen Städten unentbehrliches Festrequisit in allen Bevölkerungsschichten geworden.

Weihnachtsbaum mit selbstgefertigtem Christbaumschmuck, aus dem „Goldenen Weihnachtsbuch", 1876

Christbaumschmuck

„Der große Tannenbaum in der Mitte trug viele goldne und silberne Äpfel und wie Knospen und Blüthen keimten Zuckermandeln und bunte Bonbons und was es sonst für schönes Naschwerk gibt, aus allen Ästen." Mit diesen Worten beschreibt E. T. A. Hoffmann in seinem Weihnachtsmärchen „Nußknacker und Mausekönig" einen geschmückten Christbaum. Auch in den wenigen vorhandenen Berichten aus früherer Zeit werden stets vergoldete Früchte und Süßigkeiten erwähnt, unabhängig davon, ob es sich um einen „Dannenbaum" in den Zunftstuben oder im Festsaal am Hofe handelte. In Berlin waren 1755 angeblich sogar – vermutlich in Ermangelung anderer Früchte – „vergoldete Erdäpfel" zwischen die Zweige gehängt worden.

Der eßbare Zierat, Äpfel, Nüsse, Zuckerkringel und Kleingebäck verschiedener Art konnte auf dem Weihnachtsmarkt erworben werden, wenn es auch keine Händler gab, die ausschließlich „Christbaumschmuck" verkauften. Das Angebot der Obsthändler, Pfefferküchler und Zuckerbäcker war ausreichend. Wer es sich leisten konnte, befestigte kleine buntglasierte Lebkuchen – sie sind später als „Christbaumkonfekt" bekannt geworden – sowie zierliche Körbchen oder Netze mit den recht kostspieligen Marzipanfrüchten in den Zweigen. Nach 1800 wurden die farbigen Figürchen aus Tragant- oder Zuckermasse, die durch die Weihnachtsausstellungen populär geworden waren, in Mengen für den Verkauf hergestellt. Heinrich Seidel, bekannt durch seine Schilderungen aus dem Kleinbürgerleben, erinnerte sich an den Weih-

Die Erdäpfel (= Kartoffeln) genießen allhier die Menschen mit großem Appetit und richten selbige auf vielerlei Arten zu. Der gemeine Mann wird sie mehrenteils gesotten mit Salz, teils mit, teils ohne Brot essen. Ja, man pflegt solche unter das Brot zu backen. Ich könnte auch Exempel anführen, daß Leute zu etlichen Wochen, ohne Brot zu haben, allein von Erdäpfeln gelebt und sich frisch und gesund dabei befunden . . . Als ein lächerlicher Nutzen der Erdäpfel wird beigefügt, daß in hiesigen Gegenden manche Leute um die Weihnachtszeit grüne Fichten in die Stuben bringen und selbige mit vergoldeten Erdäpfeln putzen lassen, um den Kindern eine Gestalt von Paradiesäpfeln vorzuspiegeln.

Berlinisch-privilegirte wöchentliche Relation der merkwürdigen Sachen aus dem Reiche der Natur vom 30. Juni 1755

Schöne weiße Wachslichte zu 5 und 6 Stück aufs Pfund, sind nebst einem Reste sup. f. dunkelbraunes Tuch, zu einem sehr billigen Preise zu haben, in der Spandauerstraße Nr. 75, parterre
Spenersche Zeitung, 14. Dez. 1811

Bild auf einer Pappschachtel für Baumkerzen

73

Die Sammlung auserlesener Wachsfiguren, welche am Schloßplatz Nr. 3 (im Hause des Herrn Juwelier Hanff) zu sehen ist, zeigt außer mehreren Figuren von Gelehrten, die Geburt Christi, umgeben von den Weisen des Morgenlandes, welche Geschenke darbringen. Entreé 4 Gr., Kinder und Dienstboten 2 Gr.

Die Oeffnung geschieht von Morgens 9 bis Abends 9 Uhr.

Spenersche Zeitung, 17. Dez. 1811

– Grünes Wachspapier – zu Pyramiden – Gold – und Silberpapier-Goldschaum Rauschgold, so wie einfarbiges Glanzpapier von 2 thlr. 20 sgr. das Rieß an empfiehlt
die Bunt-Papier-Fabrik
von F. L. Flesche
Königstraße No 43

Vossische Zeitung, 1. Dez. 1849

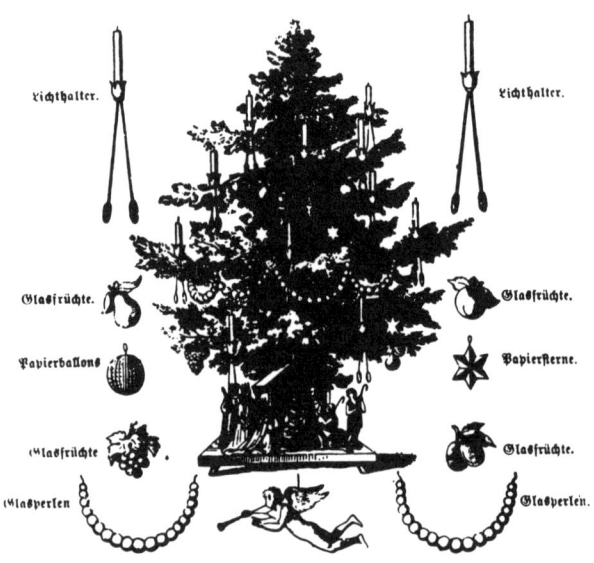

Anzeige, 2. Hälfte 19. Jahrhundert

nachtsbaum seiner Kinderzeit, dieser war „außer mit Aepfeln, Nüssen und Pfefferkuchen nur noch mit etwas billigem Naschwerk und mit einigen großen Zuckerpuppen" – die über viele Jahre die Bewunderung der Kinder erregten – behangen.[69]

Obwohl ein solcher Schmuck nicht gerade vielfältig erscheinen mag, vermittelten die Bäume, wie aus Beschreibungen und Abbildungen zu ersehen ist, durchaus kein eintöniges Bild, denn in der Phase der Emanzipation des Bürgertums waren die Formen der weihnachtlichen Ausschmückungen noch nicht festgelegt und ließen Raum für spielerische Varianten. Zum Beispiel gab es im Hause der Familie Parthey in der Brüderstraße 1822 einen „ägyptischen" Tannen- und Weihnachtsbaum, geschmückt „mit Mandeln, Rosinen, Datteln und Feigen – Schlangen, Pyramiden, Obelisken, Thieren der Wüste, ägyptischen Gefäßen usw."; ein Jahr später „mit vielen Lichtern und zwei großen brennenden Herzen von Buchsbaum (Myrthen) mit einer großen Krone."[70]

Bis in die zweite Hälfte des 19. Jahrhunderts war der Weihnachtsbaum in erster Linie ein Gaben- oder „Zuckerbaum" für die Kinder.[71] Später kam die Funktion eines „ästhetischen Renommierstückes" hinzu, und damit stieg die Nachfrage nach Christbaumschmuck aus unverderblichen Materialien. Wachs bot sich als naheliegend an. „. . .Eine Ausstellung wahrhaft täuschenden Obstes,. . .aus Wachs künstlich geformt", hatte es schon im 18. Jahrhundert auf dem Weihnachtsmarkt gegeben. Zu Beginn des 19. Jahrhunderts benutzte man vereinzelt Wachsreliefs als Baumzierat, und nur wenig später erschienen schwebende Engelchen in etlichen Varianten auf dem Markt. Diese „Wachsengel" stammten überwiegend aus der Thüringer Spielzeugproduktion; sie bestanden im wesentlichen aus Pappmaché oder ähnlichem, überzogen mit einer dünnen Wachsschicht. Manche hatten Flügel aus Glas, hielten eine Posaune oder einen Ölzweig in den Händen oder trugen als Zeichen ihrer „vaterländischen Gesinnung" eine schwarz-weiß-rote Schärpe quer über der Brust.

An Beliebtheit wurden diese Engelchen nur noch vom gläsernen Christbaumschmuck übertroffen. Anstelle der blanken Äpfel, vergoldeten Nüsse und bunt eingewickelten Zuckersachen kam Glas für den Weihnachtsbaum in Gebrauch – „reizvoll übersponnen", mattschillernd oder glanzvoll, aber immer „prachtvoll zierend". Die Herstellung von Christbaumschmuck aus Glas wurde in der zweiten Jahrhunderthälfte der Haupterwerbszweig der Thüringer Glasfabrikation in der Gegend um Lauscha. Die Einführung der Lampenbläserei, mit deren Hilfe man große dünnwandige Kugeln blasen konnte, ermöglichte eine Fabrikation in Massen, die im Rahmen der Heimindustrie betrieben wurde.

Die Kugeln konnten in Farbe und Dekor variiert werden. Sie wurden eingedrückt, gefärbt, bemalt, mit Gold- oder Silberstaub besprüht, mit winzigen Glasperlen – „venezianischer Tau" – oder mit „leonischen" Drähten belegt. Diese Drähte konnten spiralig, gewellt, gekraust oder plattgedrückt sein und darüber hinaus zu allerhand filigranen Figuren, wie Körbchen oder Schmetterlingen, geformt werden. In Formen geblasen, ergaben sich Tannenzapfen und Vögel. Seit Mitte der siebziger Jahre konnten die Figuren mit Silbernitrat verspiegelt wer-

Wer von uns Aelteren hätte wohl in seiner Jugend geglaubt, daß man seinen Christbaum anders schmücken könnte als mit vergoldeten Aepfeln und Nüssen, denen man selbst ihr glänzendes Gewand angezogen hatte, oder mit bunten Ketten und Netzen, die man mit mehr oder weniger kunstfertiger Hand selbst geschnitten, oder mit Marzipan- und Pfefferkuchen, den die Mutter selbst gebacken? Heutzutage ist das alles anders. Der Baum muß glänzen, glitzern, funkeln, blenden, daß einem die Augen übergehen. Da giebt es goldig und grün schillernde Kerzenhalter, blitzende Eiszapfen, silbern schimmernde Blüthen, in deren Kelchen die Lichter ihren Strahl tausendfach brechen, blau blinkende Sterne mit silbernen Kometenstreifen, goldiges und farbiges Engelshaar, Eisgirlanden aus Lametta, dazwischen farbenglühende Schmetterlinge und gaukelnde Kolibris, weiße Täubchen, schwarze Schwalben und zierliche Sammetäffchen mit Schirmen, bunte Glaskugeln, Glöckchen und unzählig bunte entzückende Nichtigkeiten, die den Christbaum zu einem Feengeschenk stempeln, das sinnverwirrend berauschend wirkt. Und das alles ist fix und fertig zu haben. Da liegt es in den Läden vor unseren erstaunten Augen.

Gartenlaube, Dez. 1893

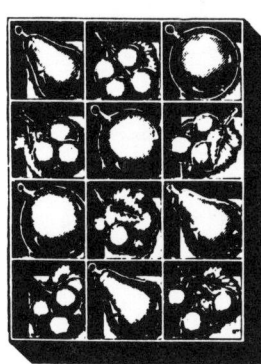

Nr. 11665. Aepfel-, Birnen- und Traubensortiment, täuschend natürlich bemalt. Die Früchte sind 7-8 cm groß. **Karton mit 12 Stück 60 Pf.**

Wenn wir in ein bestimmtes Alter gekommen waren, durften wir vergolden helfen und Netze schneiden. Die langen schmalen Streifen Rauschgold wurden freilich nur von unserem Vater geschnitten, mit seiner großen alten Papierscheere, die ich so deutlich vor mir sehe. –

Morgen ist heute geworden und Vater nimmt uns mit in seine Studierstube. Die dunkle Holztäfelung der Decke, die tiefrote behagliche Färbung der Wände, an denen rings herum die Bücherregale laufen, und über dem Tische die helle leuchtende Lampe schauen uns behaglich und gar verheißungsvoll an. Auf dem Tisch ausgebreitet liegen Nüsse, Tannenzapfen, Eier und Schaumgold. Wir setzen uns alle um den Tisch und beginnen nach Vaters Anordnung Watte in Eiweiß zu tauchen, mit der wir vorsichtig die Nüsse und Tannenzapfen betupfen. Dann wird ein Stück Schaumgold auf die befeuchtete Stelle gelegt und vorsichtig mit Watte angetupft. Nun werden zwölf Netze vom feinsten weißen Konzeptpapier geschnitten. Uns Kindern klopft das Herz dabei: „wenn wir nun die Spitzen abschneiden!" In die Netze kommen große, viereckige Bonbons, die wir alter Tradition gemäß in farbige Papiere wickeln, die durchaus die Farben: grün, gold und hausrot haben müssen.

Gertrud Storm: Weihnachten bei Theodor Storm.

den. Die Verschiedenartigkeit des Glasschmuckes garantierte laut Bericht der Sonneberger Handwerkskammer eine „jährlich wachsende beifällige Aufnahme". Neben dem Christbaumschmuck aus Glas, heute noch der Weihnachtsbaumschmuck schlechthin, stand Zierat aus Zinn, gepreßtem Papier und Watte zur Verfügung. Insbesondere für Rad- und Ozeandampfer, Fahrräder, Lokomotiven und Zeppeline en miniature aus gepreßtem und lackiertem, somit als geprägtes Blech erscheinendem Papier, entwickelte man im Zuge der allgemeinen Begeisterung für technische Dinge gegen Ende des Jahrhunderts eine Vorliebe.

Um 1880 erregte als Neuheit Lametta besonderes Aufsehen. Theodor Storm schrieb in einem Brief 1884: „Freund Petersen brachte am Sonntag vor Weihnachten eine Tüte märchenhafter Silberfäden. Mit diesen feinen Silberfäden wurde der Baum umsponnen, daß er aussah wie fliegender Sommer."[72]

Das Schmücken des Baumes war ein besonderes Ritual. Nicht nur in der Familie, auch in Schulen und anderen pädagogischen Anstalten strebte man an, den Tannenbaum zu einem „geschmackvoll geordneten Ganzen" herzurichten.

Aber erst die brennenden Lichter – „Wunder der Illumination" – ließen den Tannenbaum zum Weihnachtsbaum werden.

In der vorindustriellen Zeit hatte man versucht, die Lichter direkt auf den Zweigen zu befestigen, indem kleine Wachsstöcke um die Äste gewickelt wurden. Es hatte auch nicht an weiteren Experimenten gefehlt, zum Beispiel mit ölgefüllten Nußschalen, die aber zu kompliziert waren, um sich durchzusetzen. In den siebziger Jahren gab es „Tüllen mit Stift", die auf die Zweige gesteckt wurden, später wurden sinnreiche, industriell gefertigte „Lichthalter" entwickelt: zum Anklemmen oder „balancierend auf den Zweigen", im Gleichgewicht gehalten durch dekorative Gewichte, „weiß, gold und farbig von 10 Pf. an".

Um 1800 war bereits eine Vielzahl verschiedenster Illuminationsmittel angeboten worden: vom Wachsstock, „auf künstliche Weise gewunden, bemalt, graviert und en haut relief verziert, mit Devisen, auch belegt mit Porträts", bis zu „Petersburger Wachslichten" – weiße, gegossene und gezogene Kerzen. Daneben wurden Elbinger Glanzlichte und billigere westfälische Talglichte annonciert, und nach der Erfindung des Stearins um 1830 waren amerikanische Wallratlichte und Pyramiden-Palmenwachslichte in weiß, gelb, rosa und grün das Neueste.

Eine Fülle von Ratschlägen („Schmücken mit Geschmack") präsentierte das 1878 erschienene „Goldene Weihnachtsbuch". Weder die Anzahl der Kerzen noch das Arrangement der Kugeln durften diesem zufolge dem Zufall überlassen werden, und insbesondere die Spitze des Baumes verlangte Beachtung: „Auf der Spitze des stehenden Baumes bringt man gewöhnlich einen großen Stern aus mit Goldpapier überzogener Pappe an, in dessen Oval man entweder einen selbstgemalten oder fertig gekauften Weihnachtsengel einklebt. Prächtig nimmt sich auch ein breites Atlasband mit Goldfransen aus, welches in altgothischer Schrift den hehren Weihnachtsspruch ‚Ehre sei Gott in der Höhe' trägt."[73] Etwas später mußte es unbedingt die gläserne, an die preußische Pickelhaube erinnernde Christbaumspitze mit Lamettaschweif sein, die den krönenden Abschluß bildete.

Auch die Baumständer sollten eine Zierde sein. Wer es sich leisten konnte, verzichtete auf die bislang üblichen einfachen hölzernen Gestelle bzw. auf die gefüllte Sandbütte und entschied sich für einen Gußeisenständer mit reich verzierten Formen oder für jenen komplizierten Mechanismus, den die Firma Söhlke 1893 für 45 Mark – das entsprach fast dem Monatslohn eines Arbeiters – inserierte: „Christbaumfüße von Nickel, 4 Weihnachtslieder spielend und sich drehend."[74]

Der Weihnachtsbaum sollte vom Fuß bis zur Spitze „glänzen, glitzern, funkeln, blenden". Er hatte nicht nur die Kinder zu beeindrucken – das Ritual ließ nicht zu, daß sie beim Schmücken halfen –, sondern auch den Gästen einen erhebenden Anblick zu bieten.

Als Zugeständnis an die Kinder kam um die Jahrhundertwende auch wieder eßbarer Baumschmuck in Gebrauch, und zwar Pfefferkuchen in allen Größen, die mit farbig glänzenden Prägebildern beklebt waren.

Auffallend ist, daß im Christbaumschmuck kaum religiöse Motive Aufnahme gefunden haben. Sieht man von einem Krippenarrangement am Fuße des Baumes ab, finden sich lediglich Engel verschiedener Art – einschließlich kleiner Raffaelengel, die Ellenbogen auf eine Wolke gestützt – am Weihnachtsbaum. Ansonsten gab es neben den schon erwähnten „technischen Geräten" allerlei Getier, wie Vögel, Schmetterlinge, und vor allem Kugeln und Früchte. Die beliebten Sterne stammten keinesfalls aus Bethlehem, sondern wie Sonne und Mond vom Himmelszelt, und die Prägebilder auf den Pfefferkuchen zeigten Weihnachtsmänner und Nikoläuse, Kinderfiguren mit Tannenbäumchen, Husaren zu Pferde und diverse Märchengestalten.

War der handelsübliche Christbaumschmuck „für den Geldbeutel der Hausfrau . . . zu teuer", konnte man sich der ausführlichen Bastelanleitungen, die die Familienzeitschriften lieferten, bedienen. Doch die „Menge hübscher kleiner Gegenstände zum Schmücken des Baumes, die man mit wenig Mühe und Geschick" selbst anfertigen konnte, war um 1900 von den hundert Jahre früher empfohlenen „Rosen, aus viel-

Anzeige zur Zeit der Jahrhundertwende

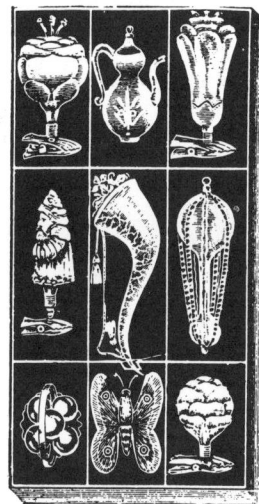

Nr. 3253. Apartes Dekorationssortiment, bestehend aus 9 Schmuckstücken von seltener Farbenpracht; einzelne Stücke mit Befestigungsklammern versehen, wodurch die Schmuckstücke aufrechtstehend angebracht werden können. Karton mit 9 Stück 90 Pf.

Aus einem Sortimentskatalog, 1912

Das Basteln war nicht auf Christbaumschmuck beschränkt, das heimliche Anfertigen kleiner Geschenke erhöhte die weihnachtliche Stimmung. Während die Mädchen sich mit „typisch weiblichen" Handarbeiten beschäftigen, werkeln die Jungen
mit Hammer und Säge.

rechts oben
Schmuck für den Weihnachtsbaum, aus
„Herzblättchens Zeitvertreib", 1885

Seite 79
Weihnachtsmarkt in Berlin, Rechlin, 1865

farbigem Papier geschnitten", weit entfernt. Nunmehr ließ man aus den
Blüten Goldspiralen und Rauschgoldfäden quellen, flocht kunstvolle
Körbchen und komplizierte Sterne aus Goldpapier, schnitt Netze, Ket-
ten und durchbrochene Bänder als Girlanden.

Alle diese Zeit und Mühe fordernden Basteleien füllten die Mußestun-
den der Knaben und Mädchen „besserer" Familien oder waren in den
Ablauf der Adventszeit der Internatszöglinge und Pensionatstöchter
einbezogen. Für Arbeiterfamilien dürften sie kaum in Betracht gekommen sein. Weder die tägliche Fabrikarbeit, geschweige denn die Heimarbeit ließen Zeit, die über das Versorgen des Haushalts und der Kinder
hinaus für diese Art vorweihnachtlicher Freuden genutzt werden
konnte. Wenn in diesen Haushalten gebastelt wurde, dann wahrscheinlich Kinderspielzeug – sowohl für den Verkauf wie für die eigenen Kinder. Aber auch hier wurde versucht, mit dem Aufstellen eines Bäum-
chens das Weihnachtsfest aus der täglichen Mühsal herauszuheben,
die Art des Baumschmuckes jedoch war nebensächlich.

Einfluß der Industrialisierung

Während der zweiten Hälfte des 19. Jahrhunderts erreichte die industrielle Revolution ihren Höhepunkt; die manuelle Arbeit wurde mehr und mehr durch maschinelle Fertigung abgelöst. Um die Mitte des Jahrhunderts bis etwa in die sechziger Jahre hinein entsprach der Weihnachtsmarkt mit seinem Angebot der kleinen Warenproduzenten den Bedürfnissen fast aller Schichten der Bevölkerung. Vor allem diejenigen Berliner, die den Mittelstand bildeten, deckten dort fast den gesamten Bedarf an weihnachtlichen Geschenkartikeln und genossen obendrein den aus der Kindheit gewohnten Trubel.

„Im ununterbrochenen Zuge strömte das Volk an uns vorbei: Väter, auf jedem Arme und an jedem Rockschoß ein Kind; Handwerksgesellen mit dem Schatz, den sie aus der Küche der ‚Gnädigen‘ weggestohlen hatten; ehrliche, unbeschreiblich gutmütige und dumm lächelnde Dragoner und ‚klobige‘ Artillerie. – Hier und da wandten sich junge Mädchen zierlich durch das Getümmel; jedes Alter, jeder Stand war vertreten, ja sogar die vornehmste Welt überschritt einmal ihre närrischen Grenzen und zeigte ihren Kindern die Freude des Volks.“
W. Raabe, Chronik der Sperlingsgasse

Französische und ordinaire Puppenköpfe, geschmackvoll angekleidete Puppen, überwachste, frisirte- und Porzellan-Köpfe, Bälge, Aerme, Füße, Schuhe, seidene Camaschen-Stiefeln, empfiehlt an Wiederverkäufer zum billigsten Fabrikpreis

A. E. Bahn, Molkenmarkt 5
Vossische Zeitung, 23. Nov. 1851

✧

Weihnachtsmarkt, A. Menzel, 1866

In der zweiten Jahrhunderthälfte entstanden in Berlin Geschäfte, die den Kunden fertige Waren in größerer Auswahl boten; Magazine, in denen nicht mehr – wie zuvor – Waren gleichen Materials oder gleicher Herkunft angeboten wurden, sondern Erzeugnisse, die nach ihrem Gebrauchszweck geordnet waren. Die Handwerkergeschäfte verschwanden zusehends, und aus dem Eisenwarenhandel wurde das Haus- und Küchenwarengeschäft mit Artikeln aus Metall, Holz und Glas. Ebenso entstanden Konfektionsgeschäfte, die Kleider, Wäsche, Hüte und Modewaren verkauften, sowie Spielzeugläden, die Bilderbücher, Holzspielzeug und Puppen im Angebot führten.

Gleichzeitig fand die Reklame Verbreitung. Bescheidene Ankündigungen in den Tageszeitungen schienen nicht mehr zu genügen, um einen großen Kundenkreis zu erreichen, Schauauslagen begannen allmählich eine Rolle zu spielen.

Die vergleichsweise einfachen, auf vielfache Weise amüsanten Weihnachtsdekorationen in den Konditoreien oder in den Papier- und Buchhandlungen waren dem Fortschritt nicht gewachsen, sie verloren an Bedeutung oder wurden in repräsentativere Reklameauslagen umgewandelt.

Seit 1855 konnten die Berliner von etwa einhundert Litfaßsäulen nicht nur erfahren, „wat heute los is" oder „wat jejeben wird", sondern auch, „wo man Geld sparen" konnte, wenn man Kleider kaufte.

Wohlhabende Bürger begannen, ihre Weihnachtsgeschenke in den neuen noblen Läden zu kaufen, wo sowohl das Angebot als auch die Atmosphäre ihren nunmehr gehobenen Ansprüchen mehr zusagte als der Einkaufsbummel auf dem Weihnachtsmarkt, wo man dem Gedränge des einfachen Volkes ausgesetzt war und Gefahr lief, von stimmgewaltigen Marktweibern oder Waldteufeljungen belästigt zu werden.

Dennoch hatte der Weihnachtsmarkt sich ausgedehnt, wie überhaupt die ganze Stadt sich gewaltig vergrößerte. Die Bevölkerungszahl stieg sprunghaft an, während 1862 noch 570000 Einwohner gezählt worden waren, wurden bis 1885 schon 1,5 Millionen erreicht. Durch die neuen Einwohner, die zu Tausenden aus den östlichen Provinzen des Reiches in die aufstrebende Industriestadt strömten, wuchs vor allem die Zahl der ungelernten Arbeitskräfte. Nirgends in Deutschland wurden die sich in den letzten Jahrzehnten des Jahrhunderts verschärfenden Gegensätze so deutlich sichtbar wie in Berlin. Hier, in der Metropole des Kaiserreiches, standen sich Glanz und Elend am krassesten gegenüber. Nach der Volkszählung 1871 waren etwa 75 % der Berliner in der Industrie tätig, fast 195000 davon als Fabrikarbeiter oder Gehilfe, 17 % waren in Handel und Verkehr beschäftigt, jeder zehnte leistete „persönliche Dienste", die Beamten machten 3,7 und das Militär 2,6 % der Bevölkerung aus.[75]

Auch das Stadtbild wurde vom technischen Fortschritt geprägt. Die Gaslaternen wurden durch elektrische Beleuchtung ersetzt, und neben der Pumpe konnte der Wasserhahn benutzt werden. Die Bedürfnisse der Großstadt verlangten den Ausbau des innerstädtischen Verkehrs ebenso wie ein Massenangebot an Waren jeder Art. 1886 wurden die ersten Markthallen eingeweiht, die öffentlichen Wochenmärkte unter freiem Himmel erschienen nicht mehr zeitgemäß, überhaupt war „die Richtung der Zeit für die Beseitigung der Märkte", wie die Presse verlauten ließ. Die großen Warenhäuser – „Allerweltskaufhäuser" – lockten mit reich geschmückten Verkaufsständen, warben mit „vollendeter Ausstattung und geschmackvollster Einrichtung" und ließen die Wahl der

Der Vorstand der Klempner-Innung macht sämmtliche Klempnermeister Berlins darauf aufmerksam, daß eine Weihnachts-Ausstellung in den Räumen des Dioramas, dem Herrn Gropius gehörend, unter Oberleitung der Direktion der Gewerbehalle veranstaltet werden soll, an der sich jeder Klempnermeister betheiligen kann. Bis zum 26. d. M. ist Näheres zu erfragen beim Unterzeichneten, im Bureau der Gewerbehalle, Jägerstraße 32, und im Diorama; im letzteren von 10 bis 4 Uhr

Schira Oberältester der Klempner-Innung
Vossische Zeitung, 22. Nov. 1851

Die Meister der Seidenwirker-Innung die sich bei der Weihnachts-Ausstellung im Gropiusschen Lokal durch Aufstellung von Seidenwaaren zum Verkauf betheiligen wollen, haben sich bis zum 26. d. M. beim Vorstand der Gewerbehalle zu melden.

Der Vorstand der Seidenwirker-Innung
Vossische Zeitung, 22. Nov. 1851

Von einem Böhmischen Glaswaaren-fabrikanten, dem es nicht gestattet wurde auf dem hiesigen Weihnachtsmarkt sein Glaslager zum Verkauf auszustellen, bin ich beauftragt worden dasselbe, bestehend in Punschbowlen, Wasser- u. Schnapsserien, Schaalen, Leuchter, Gläser aller Art bedeutend unter dem Fabrikpreise zu verkaufen.

Vossische Zeitung, 16. Dez. 1851

Aus der „Instruction für die Markt-Polizei-Beamten bei Anweisung der Verkaufsstellen auf den Jahrmärkten und auf dem Weihnachtsmarkte", 1851

Geschenke zu „einer wirklich schwierigen schönen Aufgabe" werden.[76]

Von dieser Entwicklung konnte der Weihnachtsmarkt nicht unberührt bleiben. Hinzu kam der Umstand, daß das harmlose Vergnügen, das Dienstmädchen, kleine Angestellte, Studenten, Tagelöhner und nun auch Industriearbeiter auf dem Weihnachtsmarkt gesucht und gefunden hatten, durch neue, sensationellere Freizeitangebote seinen Reiz verlor. Tingel-Tangel, „Spezialitätenbühnen" mit Gummimenschen und dressierten Tieren, „Vergnügungsgärten" mit Rutschbahnen und Glücksbuden wurden zu täglich verfügbaren Genüssen für ein buntgemischtes Publikum.

Neue Verordnungen

Um die Mitte des Jahrhunderts hatten sich bedeutend mehr Verkäufer beworben, als der Marktbezirk fassen konnte, deshalb wurde festgelegt, daß „diejenigen Verkäufer, die mit ihren Buden, Schragen gg. auf dem Schloßplatze und in der Breitenstraße nicht untergebracht werden können, ... gegenüber den Baumverkäufern oder längs der Umzäunung des Lustgartens mit der Front nach dem Königlichen Schlosse oder bei großer Anzahl auch nach dem Dom zu" plaziert werden sollten. Die Nachfrage nach Marktstellen war so groß, daß der Polizeipräsident verfügen konnte: „Wer den Weihnachtsmarkt nur ein einziges Mal ohne den Nachweis entschuldbarer Abhaltung nicht bezieht, geht seiner Stelle verlustig."[77]

Von morgens 9 Uhr bis abends 10 Uhr konnten die Buden geöffnet bleiben, an Sonn- und Feiertagen sogar bis Mitternacht. Allerdings mußte der Markt an den Feiertagen zu den Zeiten der Gottesdienste im Dom geschlossen bleiben, um den Kirchenbesuch des kaiserlichen Hauses nicht zu stören.

Die Bittschriften einiger Händler, die tägliche Verkaufszeit von 8 Uhr morgens bis 11 Uhr abends auszudehnen, bezeichnete der Polizeipräsident als „reinen Unfug", weil dadurch die „dienende sowie die Arbeiterklasse nur zu Ausschweifungen aller Art verleitet"[78] würde. Die Dauer des Weihnachtsmarktes war in jenen Jahren unterschiedlich. 1857 wurde „wegen der bestehenden Geldcalamitäten" nur bis zum 27. Dezember geöffnet, was aber eine Reihe von Eingaben, besonders der Pfefferkuchenhändler, zur Folge hatte. Dabei war die Lage der Pfefferküchler noch relativ günstig, einmal konnten sie Verkaufsbuden auch außerhalb des Marktbezirks beziehen und zum anderen verkauften mehrere von ihnen „auf Rechnung an Frauen und Mädchen zum Weiterverkauf".[79] Die Situation „der armen Leute, welche mit selbstgefertigten Artikeln, größtentheils Spielsachen" handelten, war ungleich härter. In Zeiten der Arbeitslosigkeit lagen die Einnahmen noch unter den ohnehin nicht hoch angesetzten Erwartungen; die Budenbesitzer sahen sich immer häufiger zu Bittgesuchen veranlaßt: sie baten z. B. um Verlängerung der Standzeit, „da der diesjährige Weihnachtsmarkt wegen des anfallenden Regenwetters so sehr traurig für uns Budenbesitzer ausgefallen ist".[80]

Ab 1872 war die Dauer des Weihnachtsmarktes endgültig vom 11. bis zum 27. Dezember festgelegt. Der Polizeipräsident hatte eine Öffnungszeit bis Neujahr ausdrücklich untersagt, „da sonst in der Sylve-

Deckblatt der Polizeiakten zum Berliner Weihnachtsmarkt

ster Nacht bei Tumulten Teile der Buden und Pflastersteine, welche beim Aufstellen benutzt wurden, als Verteidigung mit der Polizei gebraucht werden".[81]

Auswärtige Händler, die „Fieranten" – wie man sie nannte – konnten ohne zusätzliche polizeiliche Genehmigung, d.h. nur mit ihrer Gewerbeerlaubnis „offene Verkaufslokale mieten in den Häusern des Marktbereiches zum Feilhalten ihrer Waaren".[82]

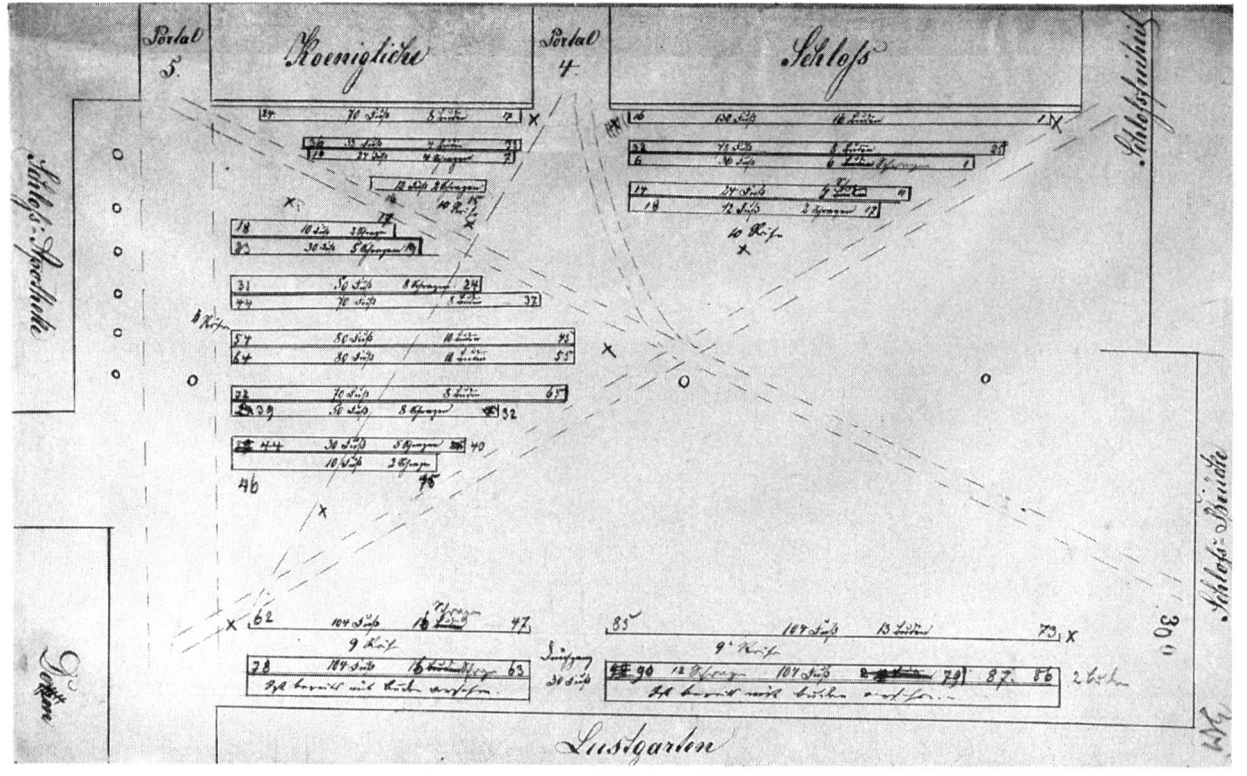

Berlin, den 27. Oktober 1858

Allerdurchlauchtigster Prinz-Regent!

Allergnädigster Prinz und Herr

Seit Friedrich des Großen Zeiten und bis zum vorigen Jahre war die Dauer des Weihnachts Marktes auf vier Wochen ausgedehnt – erst im vorigen Jahre fand sich das Polizei Präsidium veranlasst die erstern auf vierzehn Tage zu beschränken, welche Maaßregel sich indess sowohl für uns Pfefferküchler als auch für die kleineren Verkäufer von selbstgefertigten Spielwaaren etc. besonders nachtheilig gezeigt hat.

Da auch in diesem Jahre jene Beschränkung eintritt, so wagen wir Eure Königliche Hoheit die Nachtheile der gedachten polizeilichen Beschränkung allerunterthänigst vorzuführen: Die Mehrzahl der kleinen Krämer des Weihnachtsmarktes besteht aus armen Leuten welche all ihre Bedürfnisse für den Winter die Weihnachts- und Neujahrszeit auf Rechnung ihrer Einnahme für die während des erstern zum Verkauf gestellten und selbstgefertigten Artikel gestellt, und nicht ohne Mühe ein kleines Auslage-Capital durch Versatz ihrer Habe oder auf Borg erlangt haben, um das letztere selbst nach beendigtem Weihnachtsmarkt rückerstatten um die zu Neujahr fällige Miethe decken zu können. Aber auch wir haben gerade in der Festwoche bis zum Sylvester Abend stets einen befriedigenden Absatz unserer Waaren erzielt, was alles bei der eingetretenen Beschränkung eine merkliche Minderung des Ertrages hervorgerufen hat, welche noch größer wird, wenn während der Zeit vor dem Feste ungünstiges Wetter eintritt.

Möge der Weihnachtsmarkt auch mit dem Beginn des Neuen Jahres seine Endschaft haben, doch bis dahin ist die Fortdauer desselben in der Festwoche sowohl für uns, als jene vielen armen Verkäufer zu wichtig, als daß wir nicht die Milde und Humanität Eurer Königlichen Hoheit deshalb anrufen und allerunterthänigst bitten sollten: die Dauer des Weihnachtsmarktes fortan auf drei Wochen allergnädigst bestehen zu lassen.

In tiefster Ehrfurcht ersterben

Euer Königliche Hoheit

aller unterthänigste Diener und Beauftragte des Pfefferküchler-Gewerbes

Hoflieferant Sr. Königlichen Hoheit des Prinzen Friedrich von Preußen

Altmeister Hollnack

Lindenstr. No 122

Aus der Polizei-Verordnung betreffend den Verkehr auf den Berliner Jahr- und Weihnachtsmärkten

. . . § 2

Gegenstände des Jahrmarkt-Verkehrs sind . . . Fabrikate aller Art, als die Waaren der Klempner, Korbmacher, Kupferschmiede, Messerschmiede, Gelb- und Zinngießer, Horn- und Holzdrechsler, Stellmacher, der Schuh- und Pantoffelmacher, Seiler, Riemer, Böttcher, der Garn-, Woll- und Leinweber, der Handschuhmacher, Kürschner, Pelz-Waarenhändler, Eisenkrämer, Bürstenmacher, Kammacher, Pfefferküchler, ferner: Kurze, Schnitt-, Galanterie-, Posamentier-, Glas-, Porzellan-, Bijouterie-Waaren, Parfümerien, Fabrikate der Seifensieder und Wachslicht-Fabrikanten, Putz-, Mode- und Spielwaaren.

§ 4

Der Verkauf von Getränken, insonderheit Bier und Branntweine, sowohl in den Buden, Schragen oder sonstigen Verkaufs-Vorrichtungen, als auch im Umhertragen ist untersagt. Zur Bequemlichkeit der Marktbesucher jedoch ist der Handel mit gekochtem Kaffee gestattet, sofern der Kaffee nicht auf dem Markte zubereitet, sondern bereits gekocht dorthin gebracht und in Körben umhergetragen wird.

§ 5

Mit Ausnahme der Waaren der Pfefferküchler, Schmalzkuchen- u. Waffelbäcker, so wie des Obstes, dürfen . . . keine Speisen zum Genuß auf der Stelle aus Buden oder sonstigen Verkaufsvorrichtungen verkauft werden. . . . Im Umhertragen dürfen . . . Bäckerwaaren und Würstchen . . . verkauft werden.

Berliner Intelligenz-Blatt, 20. Nov. 1851

85

Die Bemühungen des Herrn Rudolf Hertzog, den seinem Geschäfte nachtheiligen Weihnachtsmarkt aus der Breiten Straße und dem Schloßplatz zu verdrängen, scheinen nach der Volks Ztg leider von Erfolg gekrönt zu sein. Polizei und Magistrat sind für Verlegung des Marktes und die armen Marktleute setzen ihre Hoffnung noch auf eine an Se. Majestät den Kaiser zu richtende Petition. Der Kaiser soll, so heißt es, früher geäußert haben, daß, so lange er lebe, der Weihnachtsmarkt an seinem alten Platze bleiben solle. – Wir sind der Meinung, daß man, ehe von Aufhebung des Weihnachtsmarktes die Rede sein kann, die Jahrmärkte aufhebe. Mit diesen zusammen möge dann auch selbstverständlich der Weihnachtsmarkt fallen und zwar auf Grund des Prinzips, daß derartige Krammärkte überhaupt für eine große Stadt nicht passen. Den Weihnachtsmarkt aber allein zu Gunsten einiger wohl situierter Kaufleute aufzuheben und damit dem Weihnachtsfeste den letzten Zauber eines deutschen, christlichen Haupt- und Volksfestes zu nehmen, halten wir für unrathsam. W a s ist das Weihnachtsfest für das arme Volk dann noch, ohne den Weihnachtsmarkt. Es wird dann dasselbe ebenso blasiert begehen, wie die Reichen, welche darin eben nur noch einen Austausch reicher Geschenke, das Arrangement eines Festtagsdiners nach gutem Weihnachtsgeschäft erblicken. Ungemüthlich ist die Hauptstadt schon genug geworden, man lasse uns daher diese kleinstädtische Überlieferung solange, bis alle Krammärkte fallen.

Berliner Fremden- und Anzeigenblatt,
7. Dez. 1872

Der Kampf um die Verlegung des Weihnachtsmarktes

Bis Anfang der 70er Jahre änderte sich an Ort, Zeit und Durchführung des Weihnachtsmarktes im wesentlichen nichts. Die häufigen Beschwerden von Bewohnern des Schloßplatzes und der Breiten Straße, für die der Weihnachtsmarkt „eine große Unbequemlichkeit" darstellte, zeigten zunächst keine Wirkung. Der behinderte Zugang und die versperrten Zufahrten zu Wohnungen und Geschäften schienen nicht dringlich genug, um eine Verlegung des Weihnachtsmarktes vorzunehmen. Zwar hatte der Magistrat vorgeschlagen, den Weihnachtsmarkt auf „zwei oder drei andere von Verkehr entfernt liegenden Plätze" umziehen zu lassen, doch die betroffenen Händler gaben zu bedenken, daß damit das „gemütliche Interesse des Publikums und das Interesse der auf dem Weihnachtsmarkt vertretenen Verkäufer empfindlich berührt", und vor allem das „dem Publikum liebgewordene Vorkommen mit seinem volksfestähnlichen Charakter in Frage gestellt" wäre.[83]

Entschieden stärkeren Einfluß auf den Polizeipräsidenten hatten die großen Geschäfte, die zur Zeit der Reichsgründung immer mehr an Macht und Stimme gewannen. Das größte Manufakturgeschäft Berlins lag in der Breiten Straße, und sein Inhaber, Rudolph Hertzog, nutzte nicht nur Schaufensterreklame und regelmäßige Inserate in hohem Maße, sondern steigerte seinen Absatz durch eine kolossale Repräsentationsreklame, die ganz im Sinne der Großbourgeoisie war. Ihn störte die Budenstadt vor der Tür, vor allem der „tumultarische Charakter, welcher gesteigert wird durch das unausgesetzte Probiren der verschiedensten Toninstrumente".[84] 1870 beschwerte er sich über zwei Buden mit Holzspielzeug, die verhinderten, daß die Kunden mit ihren Equipagen direkt vor dem Eingang seines Geschäftes halten konnten. Nur ein Jahr danach schrieb eine Berliner Zeitung sarkastisch: „H. Hertzog in der Breitenstraße hat zwar die Verlegung des Weihnachtsmarktes nicht durchgesetzt, doch er hat es dahin gebracht, daß vor seinem Verkaufslokale keine Buden aufgebaut sind, und wenn bei starkem Andrange des Publikums die Marktstrasse gesperrt wird, so werden gleichwohl die Equipagen, die bei Hertzog vorfahren sollen, von dem Aufsichtsbeamten durchgelassen. Eine hübsche Illustration zu dem schönen Spruch: ,Alle Preußen sind vor dem Gesetz gleich'."[85]

Kurze Zeit später, 1873, hatten die wiederholten Anträge und Petitionen dieses finanzkräftigen Unternehmers ihre Wirkung getan:

Rache der Waldteufeljungens

Bekanntlich hat der Kaufmann Hertzog in der Breitenstraße am meisten Propaganda für die Aufhebung des Weihnachtsmarktes gemacht, sogar diese Frage zuerst angeregt. Die fahrenden Händler dieses Marktes, nämlich die Waldteufel und Knarrenjungens, die Hampenmännerhändler und dergl. rächen sich in diesen Tagen nun dadurch, daß sie massenhaft vor dem Lager des Herrn Hertzog Posto faßten und dort in der bekannten brummenden, knarrenden, pfeifenden und schreienden Manier ihre Waren anboten. Das Magazin mußte schon um 8 Uhr geschlossen werden.

Berliner Fremden- und Anzeigenblatt,
14. Dez. 1872

✧

„Wundervoll sah er aus. Im Knopfloche baumelte ein gewaltiger Hampelmann, in der rechten Hand hatte er eine große Knarre, die er energisch schwenkte; während auf seinem linken Arm Alfred mit aller Macht auf eine Trommel paukte."
W. Raabe, Chronik der Sperlingsgasse, Illustration von E. Bosch

In Folge der außerordentlich schlechten Weihnachtsgeschäfte, welche diejenigen Budenbesitzer des von der Breiten Straße nach dem Lustgarten verlegten Weihnachtsmarktes auf diesem Platze vorige Weihnachten gemacht haben, hat der Vorstand des Berliner Marktvereins in seiner kürzlich abgehaltenen Sitzung eine Petition wegen der Wiederherstellung des früheren Weihnachtsmarktes in der Breitenstraße an den Handelsminister Herrn Dr. Achenbach berathen und beschlossen. Als Hauptgründe für ihr Gesuch werden in der bereits abgesandten Petition von den Petenten aufgeführt: daß der Wagenverkehr zwischen der Schloßbrücke und dem Königlichen Dom schon am zweiten Tage des Weihnachtsmarktes dem Publikum so gefährlich geworden sei, daß Polizeimannschaften requirirt werden mußten, um Abhülfe zu schaffen; daß die hintangelegenen und nach dem Museum gerichteten Budenreihen so enge Passagen hatten, daß die Käufer fortwährend in der Gefahr, gestoßen resp. erdrückt zu werden, schwebten, ferner, daß hierdurch nicht nur die besser situirten Budenbesitzer financiell schwer geschädigt worden sind, sondern daß auch Hunderte der ärmeren Verkäufer in diesem Jahre fast gänzlich um eine Einnahme gekommen seien, welche ihnen jedes Weihnachtsfest als eine Stütze für den übrigen Theil des Jahres hinterließ, durch die sie sich ihre Weiterexistenz fristen konnten. Außerdem sei die Passage in der Breitenstraße durch die Aufhebung des Weihnachtsmarktes durchaus nicht freigelegt, da sowohl am Schloßplatze durch die Buden, wie am Köllnischen Fischmarkt durch den großen Verkehr dieselbe vollständig gesperrt sei. Schließlich führen die Petenten noch aus, daß die Verlegung überhaupt nur eine versuchsweise gewesen sei und da dieser Versuch sich nicht bewährt habe, wohl eine Zurückverlegung zu erwarten sein dürfte.

Tribüne, 2. Apr. 1874

der Polizeipräsident entschied, den Weihnachtsmarkt aus der Breiten Straße zu entfernen. Es wurde „zur öffentlichen Kenntniß gebracht, daß die seitherigen Verkaufsstellen in der Breitenstraße in diesem Jahre nicht wieder angewiesen werden, und dieselben versuchsweise nach dem Platze zwischen dem Königlichen Schlosse und dem Lustgarten werden verlegt werden".[86]

Ein „außerordentlich schlechtes Weihnachtsgeschäft" – laut Polizeibericht – war die Folge. Zwar sei der Weihnachtsmarkt „von den Verkäufern zahlreich bezogen", doch von den Käufern wenig besucht worden. Die geringe Kauflust schob man auf ungünstige Witterung und finanzielle Verhältnisse, nicht aber auf die Verlegung.

Der Vorstand des Berliner Marktvereins schrieb noch im gleichen Jahr eine Petition an den Handelsminister, um die Wiederherstellung des Marktes in der Breiten Straße zu erwirken. Berliner Zeitungen unterstützten dieses Anliegen. Das „Tageblatt" stellte 1874 die Frage, „ob der Weihnachtsmarkt . . . nicht an den Stellen abzuhalten sei, auf die er so zu sagen ein historisches Recht hat". Die „Ansprüche der kleinen Leute, die in den anderthalb Wochen des Weihnachtsmarkts die Ueberarbeit einer Jahresfrist verwerthen wollen", sollten „ungleich höher stehen, als die Forderung der großen Interessenten, welche den Kram der Bedürftigen von ihrer Ladenthür fern halten wollen".[87] Doch gegen den großen finanzschweren Konkurrenten konnten die vielen kleinen Händler nichts ausrichten. Minister und Polizei lehnten das Gesuch ab. „Zu hoffen ist, daß das Publikum sich daran gewöhnen wird", kommentierte der Polizeipräsident.

36/1707

Dreierschäfchen und Hampelmann

Kinder bestimmten das Bild des Weihnachtsmarktes sehr nachhaltig, und nicht nur das Bild, auch seine akustische Atmosphäre. Sie fanden sich als Publikum ein, und sie waren als Händler anzutreffen. Die minderjährigen Verkäufer galten nach wie vor als Eigentümlichkeit des Berliner Weihnachtsmarktes und wurden als „malerische Poesie der Armut" beschrieben. „Kleine Kerle, denen an einem Bande ein Brettchen vorgebunden war, worauf aus Gips geformte, mit Watte und Goldschaum bedeckte Schäfchen paradierten", hatten schon während der gemütlichen Biedermeierzeit „durch ihre ärmliche und fröstelnde Erscheinung das Mitleid der Wandernden" erregt.[88]

Der Handel der Kinder mit selbstgefertigtem Spielzeug war eine Form der Kinderarbeit, und diese war in den Augen der Bürger nichts Verwerfliches, zumal auch die als fortschrittlich geltende preußische Gewerbeordnung von 1869 die Kinderarbeit nicht untersagt, sondern

Kinder verkaufen Pyramiden, Dreierschäfchen und Waldteufel.
Zeichnung von Th. Hosemann, 1869

Die „Verkäufer auf dem Weihnachtsmarkt" von L. Burger waren als eine der Szenen aus dem Berliner Leben zunächst als Wandbild für die Weißbierstube der Berliner Gewerbeausstellung bestimmt.

§ 135

Kinder unter 13 Jahren dürfen nicht beschäftigt werden. Kinder über 13 Jahren dürfen nur beschäftigt werden, wenn sie nicht noch zum Besuch der Volksschule verpflichtet sind. Die Beschäftigung von Kindern unter 14 Jahren darf die Dauer von sechs Stunden täglich nicht überschreiten. Junge Leute zwischen 14 und 16 Jahren dürfen nicht länger als zehn Stunden täglich beschäftigt werden.

§ 136

Die Arbeitsstunden der jugendlichen Arbeiter dürfen nicht vor 6 Uhr morgens beginnen und nicht über 8 Uhr abends dauern . . .

An Sonn- und Feiertagen . . . dürfen jugendliche Arbeiter nicht beschäftigt werden.

Aus der Novelle der Gewerbeordnung „Arbeiterschutzgesetz"

Der Mann mit dem Hampelmann, H. Henseler, 1880

lediglich das Mindestalter auf 12 Jahre heraufgesetzt hatte. Nicht wenige Familien waren auf den Erwerb, den ihre Kinder einbrachten, angewiesen, gerade um die Weihnachtszeit, denn der Winter bedeutete für die Saisonarbeiter, wie z. B. Bauhandwerker, eine Zeit ohne Arbeit und Verdienst. Die wenigen Pfennige, die die Kinder vom Markt oder von der Straße mitbrachten, wurden notwendig gebraucht.

Jene Schäfchen bildeten die bescheidensten aller Waren: „von der Armut gefertigt und von der Armut gekauft". Eine Zeitschrift beschrieb sie gegen Ende des Jahrhunderts als „wahre Ungethüme, aus Holz und Watte zusammengekleistert". Sie wurden meist von kleinen Mädchen angeboten. Ihre Rufe „Een Dreier det Schäfken" erklangen auch noch nach 1871 im Gewoge des Weihnachtsmarktes, als gar nicht mehr nach Dreiern und Sechsern, sondern nach Pfennigen gerechnet wurde.

Die einst so beliebten Waldteufel und Knarren scheinen seit der Verlegung des Weihnachtsmarktes nicht mehr so gefragt gewesen zu sein, immer häufiger wurden Hampelmänner, Pick- oder Nickvögel, Radauflöten, künstliche Nachtigallen und laufende Mäuse erwähnt, die noch lange nach der Jahrhundertwende – bis zum ersten Weltkrieg – von Straßenhändlern vertrieben wurden. Namentlich die ihre Hampelmänner ausrufenden Jungen trugen zum „Lokalkolorit" bei. „Dort, wo die Budenreihen ein Ende hatten, dicht an der Kaiser-Wilhelms-Brücke wurde das Getriebe nur noch dichter", schrieb ein Berichterstatter in der Zeitschrift „Der Bär" 1892. „Ein ganzes Heer von fliegenden Händlern hatte hier Aufstellung genommen und führte den Kampf ums Dasein gegen die Konkurrenz mit großen Eifer . . . Ein halbes Dutzend Jungen mit Ziehfiguren stürzte auf einmal gegen mich zu, jeder wußte Wunderdinge von seinem Springkünstler zu erzählen, und mit ihrer eingefrorenen Stimme sangen sie den neuesten Gassenhauer: ‚Seht doch nur den Hampelmann, Wie der Hampel hampeln kann'!"[89] Im allgemeinen hielten sich die Kinder am Rande des Marktbezirkes auf, wo sie der kontrollierenden Marktpolizei eher entgehen konnten – die wenigsten besaßen einen Gewerbeschein – was insofern Aussicht auf Erfolg hatte, da die polizeiliche Aufsicht trotz des „unverhältnismäßig großen Aufwandes von Beamten und Büro-Kosten" auf dem zersplitterten Markt „bis an die äußerste Grenze der Zulässigkeit"[90] erschwert war.

Aber nicht nur im Marktbezirk und in dessen Nähe, sondern auch in Berlins Geschäftsstraßen gehörte der Anblick bettelarmer handelnder Kinder, ärmliches Spielzeug, Lametta, bunte Kerzen und anderen Krimskrams feilbietend, zum Straßenbild und rührte vorübergehend das bürgerliche Empfinden. Eine mildtätige Geste inmitten des weihnachtlichen Einkaufsgeschehens tat dem Gewissen der Bemittelten wohl oder dämpfte zumindest das Unbehagen, das sie angesichts so offensichtlicher Armut empfinden mochten. Also kauften sie den Tand, auch wenn sie ihn nicht brauchten. „Als wir wieder frei atmen konnten, und uns in unzerdrücktem Zustand wieder vorfanden, mußten wir eine lange Reihe von kleinen Verkäufern passieren. ‚Hier wird gekauft‘, sagte Onkel Fritz, ‚ich gebrauche allerlei, und Ihr werdet gewiß auch in Eurer Nachbarschaft Leute kennen, die wohl Kinder, aber sonst nichts übrig haben. Denkt nur nach.‘ Und merkwürdig, jeder von uns konnte sich besinnen. Wie das Geschäft blühte, als wir alle miteinander in die Portemonnaies griffen, das war vergnüglich. Onkel Fritz ramschte gleich ganze Reste, und ein Junge schrie: ‚Hurrah, reeller Ausverkauf, wird meine Mutter abersch kieken!‘ Für ein paar Nickel solche Freude.“[91]

Wer niemanden wußte, an den er das erworbene Billigzeug verschenken konnte, kaufte dennoch einige „Dreierschäfchen“ und versteckte sie, ob ihrer mangelhaften Gestalt diskret im dichten Laub des Weihnachtsbaumes, gerade noch sichtbar, so daß sie als Zeichen von Mildtätigkeit zur Kenntnis genommen werden konnten.

Doch auch die schönen bunten Spielsachen, deren sich die wohlbehüteten Kinter unter dem glanzvoll geschmückten Weihnachtsbaum bemächtigen durften, kamen aus Verhältnissen, in denen das Elend zu Hause war. Seine Hersteller waren Heimarbeiterfamilien in den landwirtschaftlich unergiebigen Gebieten im Thüringer Wald, im Erzgebirge, in Südtirol und im Berchtesgadener Land. Im Laufe des 19. Jahrhunderts hatten sich diese Gegenden infolge der großen Nachfrage zu Zentren der Spielzeugproduktion entwickelt. Doch der Lohn der im Verlagssystem arbeitenden Schachteldrechsler und Puppenhersteller war so gering, daß sie ihren ärmlichen Lebensunterhalt nur sichern konnten, wenn alle Familienmitglieder, auch die Kinder mitarbeiteten.

Ende des Jahrhunderts mehrten sich die Stimmen, die die Öffentlichkeit auf die verzweifelte Lage der Heimarbeiterfamilien und auf das schwere Geschick ihrer Kinder aufmerksam machten. Doch wer dachte schon bei dem Anblick einer mit vielen kleinen Tieren gefüllten Spielzeugschachtel aus der Seiffener Gegend daran, daß diese preiswerten reifengedrehten Tierfigürchen von denen, die sie herstellten, „Elendsvieh“ genannt wurden.

In der Puppenausstellung, A. v. Rößler, 1886

Der Morgen graut. Ein fahler Schein
Stiehlt sich in's dumpfe Kämmerlein,
Als fühlt' er ein menschlich Erbarmen.
Da sitzt bei der Lampe, die Augen rot,
Auf den hohlen Wangen den blassen Tod,
Das hüstelnde Kind des Armen.

Es hat gewacht die ganze Nacht,
Spielsachen den Kindern der Reichen
gemacht.
O Gott! Wie schön ist's auf Erden!
Und zitternd umspannt die magere Hand
Den buntbemalten Flittertand,
Die Puppe muß fertig werden.

Die schöne Puppe muß zur Stadt,
Wo jedes Kind seine Puppe hat
Und Zeit, mit ihr zu spielen!
O könnt' ich doch die Puppe sein!
Da ging ich spazieren im Sonnenschein
Und schliefe des Nachts im Kühlen!

Thüringer Bote, 1902

Der Weihnachtsmarkt der Weltstadt

Bereits zu jener Zeit, da die Berliner noch zur Breiten Straße strömten, um die „Wunder der Kleinindustrie" in Augenschein zu nehmen, war vorauszusehen, daß der Weihnachtsmarkt, „wenngleich eigentlich auf einen bestimmten Bezirk beschränkt, nach allen Richtungen Vorposten" aussenden würde. „Es wird vielleicht nicht lange dauern", meldete die Chronik Berlins 1837, „daß die sämtlichen industriösen Straßen unserer Hauptstadt ... auch nach außen hin einen Widerschein des Festes zurückwerfen werden".[92] Ein Menschenalter später bildeten die Geschäftsstraßen im Stadtzentrum nicht nur das konkurrierende Gegengewicht zu der weihnachtlichen Budenstadt, sondern sie wurden für das zahlungskräftige Publikum zunehmend anziehender.

„Vor 50 Jahren, als die Residenz noch ohne große Läden war, kaufte ganz Berlin die Spielsachen auf dem Christmarkt, heute bieten die glänzenden Läden der Leipziger-, Charlotten-, Markgrafen-, Friedrichstraße und der Linden und aller ihrer Querstraßen, ferner die Potsdamer-, Königs-, Prinzen- und Oranienstraße, des Alexanderplatzes mit seiner Umgebung einen Festmarkt, wie ihn glänzender keine andere Stadt besitzt ... Die Weltstadt Berlin, die Residenz des deutschen Kaisers, hat ein glänzenderes Gewand anlegen müssen, die größte Industriestadt Deutschlands bedarf großartigerer Auslagen als die alte Königstadt sie hatte, denn die Wohlhabenden aus ganz Deutschland kaufen heute in den glänzenden Läden von Berlin C. und West, auf dem ‚Weihnachtsmarkt der Weltstadt'".[93] Dies ist das Fazit, das 1882 in der Zeitschrift „Der Bär" gezogen wurde.

Große renommierte Häuser hatten seit Mitte des Jahrhunderts „ohne Verlust und Schaden" den Weihnachtsmarkthandel aufgegeben; sie zogen es vor, ihre Waren nicht den Unbilden der Witterung auszusetzen, sondern ihre „bestrickend schönen Arrangements" in festen Häusern auszulegen.

Zusätzlich nutzten sie die Möglichkeit der „Weihnachtsbazare", einer Art Gewerbemesse, die in den siebziger Jahren aufkam und immer mehr Zuspruch fand. Hier war der Preis für die Waren festgelegt und wurde nicht mehr zwischen Käufer und Verkäufer ausgehandelt, wodurch sich der weihnachtliche Einkauf schneller abwickeln ließ. (Buden „a prix fixes" gab es schon vor der Märzrevolution 1848, doch waren das seinerzeit noch vielbesprochene Ausnahmen.) Die „Bazare", deren Zusammenhang mit Industrie- und Gewerbeausstellungen unverkennbar ist, stellten vor allem Erzeugnisse der Industrie – nicht die des Handwerks – zur Auswahl. Der Reiz bestand darin, daß sie in Mengen, in vielen Varianten und stets nach der neuesten Mode fabriziert waren. „Kunstgewerbliche Weihnachtsmessen", „Spezial-Magazine für Hauswirthschaftliche und Küchen-Einrichtungen" und „Spielzeug-Institute" aller Art boten den großstädtischen Berlinern eine unerschöpfliche Fülle von Sehenswertem. Die Unternehmen legten Wert auf geschmackvollste Schaufensterdekorationen, um sie zu Anziehungspunkten für alle Vorübergehenden zu machen.

Sämtliche bei den „Weihnachtswanderungen" 1882 bedachten „Geschäftslokale" betrieben keine Verkaufsbude mehr auf dem Weihachtsmarkt; sie bedienten einen Kundenkreis, der lieber das benötigte Spielzeug bei Söhlke, die Honigkuchen und das Marzipan bei Hildebrandt, die Äpfel und Nüsse in den böhmischen Obsthandlungen und nur den Christbaum von der Straße[94] kaufte.

Vorweihnachtszeit, Berlin Ecke Friedrichstraße, F. Stahl, 1889

*Berliner Weihnachtstage, Serie von
G. Schöbel*

*Zündholzverkäufer in der Friedrichstraße,
C. W. Allers, 1889*

Auch als Ort der Kommunikation kam der Weihnachtsmarkt für diese Kreise immer weniger in Betracht, da in der Reichshauptstadt längst eine Vielzahl anderer Möglichkeiten geselligen Vergnügens, bei denen man auch „unter sich" sein konnte, zur Auswahl stand. Mit der fortschreitenden Industrialisierung hatte sich die Besucherstruktur auf dem Weihnachtsmarkt verändert. Die „ärmeren diensttuenden" und die „arbeitenden Klassen", für die der Markt schon immer eine Anziehungskraft besessen hatte, bestimmten zunehmend das Bild.

Auch ein Teil des „bescheidenen Bürgertums" blieb dem Markt noch treu, während das noble herrschaftliche Publikum zwischen den Budenreihen kaum noch zu finden war. „Dienstmädchen . . ., Studenten, kleine niedliche Berlinerinnen, Schulbuben, ganze Familien, von denen alle Augenblicke ein Mitglied verloren geht und mit großer Umständlichkeit wiedergefunden wird, dann und wann ein im Bewußtsein seiner obrigkeitlichen Würde majestätisch dreinschauender Schutzmann, Arbeiter, Handwerker, Fünfgroschen-Rentiers, kleine Beamte mit großer Familie und dito Appetit, das alles wogt und webt planlos durcheinander, prüft vieles und kauft herzlich wenig."[95]

Kurz vor dem Fest war das Gedränge besonders dicht. An diesen Tagen nämlich gingen die Händler mit den Verkaufspreisen herunter, selbst auf die Gefahr hin, nicht viel mehr als die 20 RM Budenzins einzunehmen. Das Angebot – „Immer billig, billig" – umfaßte längst nicht mehr jene Dinge, die den Ansprüchen des bürgerlichen Geschmacks

entsprochen hätten; die polizeilich gestatteten „Fabrikartikel aller Art"
waren weitgehend dem Bedarf und den Möglichkeiten der veränderten
Käuferschichten angemessen. Eine ironische Schilderung zählt auf:
„Leinewand aus Schlesien und lange Schäftestiefel aus Kalau, Puppen
mit blödsinnigen Gesichtern und einhenkelige Porzellanvasen zu inti-
men Zwecken, klug karierte Bettbezüge und taubstumme Kanarienvö-
gel, Nippesfiguren und echte Nerzpelzmützen aus Lampes edlem Fell,
Bratpfannen und Rückerts ‚Liebesfrühling', Seife, die nach gebratenen

Je mehr wir glücklicher Weise in der Ausstattung unserer Wohnungen die deutsche Renaissance pflegen, befleißigt sich auch die
Glas-, Porzellan- und Majolika-Fabrikation,
dieser Richtung sich anzupassen. Das aus-
gebreitete Geschäft der Hoflieferanten
C. Harsch u. Comp. (Unter den Linden 66)
legt hiervon beredtes Zeugniß ab. All' die reizenden Sachen und Sächelchen, von denen
schon die Schauläden eine reiche Auswahl
enthalten, zeichnen sich durch ihre anmu-
thige, oft geradezu überraschend bestrik-
kende Form aus und bilden den besten Zim-
merschmuck. Dasselbe Lob müssen wir den
Bronce- und Metall-Gegenständen von
R. Bellair u. Comp. (Friedrichstraße 182) zol-
len . . .

Der Bär, Dez. 1882

Berliner Straßenleben 1891, Zeichnung von
W. Meitzen

95

„Weit mehr wie irgendwo, daß Weihnachten vor der Thür steht, beobachten wir dies auf den Straßen. Da haben sich schon in ganzen Schaaren die bekannten Vorboten eingefunden, und kaum sind Abends die Laternen angezündet, vernimmt man die oft zudringlichen und lauten, oft zarten und flehenden Stimmen der frierenden und hungernden Kinder: . . . ‚Hampelmänner, kauft Hampelmänner, . . . unzerreißbar, die allerschönsten Hampelmänner!'"
Eine Weihnachtswanderung durch Berlins Geschäftslokale

Heringen roch, und Heringe, die nach Seife schmeckten, gestrickte Hosenträger, mit der in Wolle gestickten ernsten Mahnung ‚Bleib mich treu'."[96]

Gingen in den Geschäften und Magazinen gepflegte „Ladies" auf die Wünsche ihrer Kunden ein, so wurden die Besucher des Weihnachtsmarktes auch noch in der zweiten Hälfte des Jahrhunderts von Händlern in typisch „Berlinischer Art" bedient: „Na scheenet Freilein, wat for'n Schatz?" Die Männer und Frauen, in zahllose Umschlagtücher gehüllt, „das glimmende Kohlenbecken rechts und die dampfende Kaffeekanne links, schwadronierten und schmeichelten, feilschten und schimpften".[96]

Appetitliche „Atmosphäre" verbreiteten jene Händler, die direkt an Ort und Stelle irgendeine „Spezialität" zum sofortigen Verzehr brutzelten. An der Ecke des Schloßplatzes wurden „Salzwedeler Waffeln", dicht daneben „Eberswalder Spritzkuchen" ausgerufen. Von den herzhafteren Genüssen waren die berühmten „Frankfurter Würstchen" ebenso beliebt wie die typische Berliner „Wurst mit Schrippe". Den Kindern hingegen schmeckten kleine klebrige Stückchen einer Mohnmischung mit Sirup oder Honig, die als „Naute" bezeichnet wurde.

In den Spielzeugbuden wurden noch immer Festungen, Zinnsoldaten, Puppenstuben und Spiele aller Art gehandelt, daneben diverse Neuheiten: optisches Spielzeug und eine Eisenbahn „für ganze 5 Groschen", die endlos denselben Kreis fuhr, Zauberkästen und die ersten „blanken" Schlittschuhe, „Amerikaner" genannt. Die in den Buden erhältlichen Puppen waren allerdings selten die neuesten Modelle, doch standen sie sorgfältig in Reih und Glied: „Vorn in der Mitte die mit dem blauseidenen Hut, umgeben von einigen gleich ‚fein' ausstaffierten Genossinnen, an den Seiten in allmählicher, nach dem Preise geordneter Abstufung die einfachen und billigen, deren man schon eine für wenige Groschen erstehen konnte."[97]

Die Zahlungsunfähigkeit des Publikums – Polizeiberichte sprechen von „Zahlungsunwilligen" – bereitete den Budenbesitzern mehr und mehr Probleme. „Unter den Marktleuten war denn auch des Klagens und Jammerns kein Ende und die ‚schlechten Zeiten' mußten es sich wieder einmal gefallen lassen, für allen Mißerfolg verantwortlich gemacht zu werden", so heißt es in einer rührseligen Weihnachtsgeschichte, die ein Berliner Wochenblatt 1891 veröffentlichte.[97]

Straßenszene während der Adventszeit, O. Marcus, 1893

Die Aufhebung des Weihnachtsmarktes

Auch nach der Verlegung des Weihnachtsmarktes aus der Breiten Straße verstummten jene Stimmen nicht, die, ihr geschäftliches Interesse mit dem „guten Ruf" der Reichshauptstadt bemäntelnd, seine gänzliche Aufhebung forderten. Sie sahen in dem Weihnachtsmarkt eine „in der That gänzlich veraltete, den Verhältnissen und der Würde der Reichs-Hauptstadt in keiner Weise mehr entsprechende Krämerei-einrichtung".[98]

Der Polizeipräsident wandte sich in den achtziger Jahren mehrmals in dieser Angelegenheit an den Magistrat. Er teilte die Ansicht, daß diese Art Handel der zu Glanz gekommenen Hauptstadt nicht mehr anstand, doch trieben ihn noch andere, polizeispezifische Sorgen. Diese betrafen kaum jene etwa 3000 Budeninhaber, die sich alljährlich den Geschäften direkt vor die Tür setzten. Diese kleinen Gewerbetreibenden entrichteten regelmäßig ihre Steuern und boten der Polizei in den seltensten Fällen Anlaß zur Klage. Die fliegenden Händler dagegen waren den Hütern der öffentlichen Ordnung immer wieder ein Ärgernis. Ihre Zahl nahm ständig zu: Kriegsinvaliden und Erwerbslose bzw. sai-

Straßenszene, G. Lührig, 1896

„Die Physiognomie der Straßen ist in kürzester Frist eine lebhaft veränderte geworden. Der Verkehr ist ein weit regerer und lärmender wie sonst und wohin das Auge schweift, trifft es auf hastig dahineilende Menschen, welche sorgsam ein oder mehrere Pakete im Arm tragen und auf deren Mienen ein eigener fröhlicher Schein ausgeprägt ist . . ."
Eine Wanderung durch Berlins Geschäftslokale

Bekanntmachung
Der diesjährige Weihnachtsmarkt beginnt
am 12. und dauert bis zum 27. Dezember
einschließlich mit der Maßgabe, daß am
28. Dezember d. J., früh 8 Uhr, sämmtliche
Buden und Verkaufsvorrichtungen von den
betreffenden Straßen und Plätzen fortge-
schafft sein müssen. Im Anschlusse hieran
wird nochmals zur öffentlichen Kenntniß gebracht, daß der früher auf dem Schloßplatz
und im vorigen Jahre in der Oranienburger-
straße abgehaltene Theil des Weihnachtsmarktes in diesem Jahre nach der Großen
Frankfurterstraße, bzw. nach der Promenade der Friedenstraße verlegt wird.
Berlin, den 21. November 1892
Der Polizei-Präsident

Auch der Jahrmarktshandel teilt das Schicksal des Kleinhandels, er ist gegenüber der
Entwicklung des modernen Waren-Austau-
sches mehr und mehr in's Hintertreffen geraten und wirft kaum noch so viel ab, daß der
Budenbesitzer einen kleinen Überschuß be-
hält. Der poetische Zauber, der einst das
buntscheckige Treiben des Berliner Weihnachtsmarktes umgab, ist wie alle Poesie
aus vergangenen Tagen von dem rauhen
Hauch einer neuen Ordnung der Dinge ver-
wischt worden. Was sich jetzt noch dem
Auge des Beschauers als Weihnachtsmarkt
bietet, spricht zwar für den guten Willen jener
braven Geschäftsleute, die Wind und Wetter
trotzen, aber es gleicht einem Rückzug,
einer Auflösung.
„Komet", Jan. 1897

sonbedingte Erwerbslose wie Schausteller oder Bauhandwerker sahen
sich gezwungen, „durch den Verkauf von Puppenstuben, Küchen und
anderen Spielsachen, welche dieselben selbst anfertigen, einen kleinen Verdienst, den sie nothgedrungen zur Erhaltung ihrer Familie gebrauchen",[99] auf dem Weihnachtsmarkt zu erlangen. Es schien der
Polizei daher „dringend wünschenswerth", nur noch „den Handel mit
Weihnachtsbäumen zuzulassen", dieser würde nach ihrem Ermessen
den „zeitweise arbeitslosen Personen genügend Gelegenheit zu einem
vorübergehenden Erwerbe"[100] bieten.

Darüber hinaus waren es das Publikum und der lärmende Trubel, die
der Polizeipräsident als unpassend und störend empfand – so ganz in
der Nähe von Berlins Prachtstraße Unter den Linden sowie in der Bann-
meile des Schlosses. Laut Polizeibericht von 1889 war die Weihnachts-
poesie sowieso längst dahin, ihre Reste erschöpften sich „im Unfugtrei-
ben und im Anpreisen unflätiger Scherzartikel", dergleichen sollte nach
dem Dafürhalten des Polizeipräsidenten verschwinden; wenn dann in
allen Stadtteilen mit Weihnachtsbäumen gehandelt werden würde, sei
dies „bei Weitem mehr dazu geeignet, bei Groß und Klein weihnachtliche Stimmung" hervorzurufen „als der Anblick der meist erbärmlichen
Buden und Schragen und der mit dem Marktverkehr verbundene wüste
Lärm".[101]

Der Magistrat verteidigte gegenüber dem Polizeipräsidenten den
Weihnachtsmarkt, der aus „fröhlichem Merkantilismus" entstanden sei
und schon auf Grund seiner langen Tradition wert wäre, in Gang gehalten zu werden. „Die ärmere Bevölkerung", so hieß es in einem Schreiben 1889, „kauft lieber auf dem Weihnachtsmarkte als in den Läden, in
welchen schon wegen der räumlichen Beschränkung der ungehinderte
Zutritt und die Auswahl für sie erschwert ist und in welchen Seitens der
Verkäufer natürlich die besser situierten Einkäufer lieber gesehen und
schneller abgefertigt werden".[102]

Für den Polizeipräsidenten war das kein Argument: „Mit Einführung
der sogenannten Bazare mit bestimmten Preisen, jetzt schon von 5 Pf.
an wird von der ärmeren Klasse gerade in diesen recht lebhaft gekauft,
auch ist die ärmere Bevölkerung Berlins schon lange nicht mehr so bescheiden, daß sie sich in den Läden, in welchen sie ihre Einkäufe machen will, von den besser Situierten zurückdrängen ließe, im Gegen-
theil lernt der gebildete Theil der Bevölkerung das rücksichtslose Bahn-
brechen der Armen bei solcher Gelegenheit oft recht empfindlich kennen". Und: Ganz zu schweigen davon, daß „die einheimische Industrie zum
Theil nicht unerheblich" heruntergebracht würde, sei auch der öffentliche Verkehr in ärgster Weise gefährdet.[103]

Hatte der Magistrat zu bedenken gegeben, „daß der ungehinderte Anblick der dort ausgestellten Spielsachen für viele arme Kinder fast die einzige Weihnachtsfreude" bilde; so empfahl der Polizeipräsident zynisch einen Schaufensterbummel: „Die Schaulust solcher Personen, welche zu arm sind, um Einkäufe machen zu können, wird gegenwärtig durch zahllose reich ausgestattete Schaufenster vollauf befriedigt."[104]

Nicht zu leugnen allerdings war, daß der Weihnachtsmarkt die baulichen Aktivitäten behinderte: auf dem Schloßplatz liefen die Vorbereitungen zum Aufstellen des Begas'schen Neptunbrunnens, im Lustgarten sollte der Dom, der den Ansprüchen des Wilhelminischen Kaiserhauses auf Repräsentation nicht mehr genügte, umgebaut werden. Verschiedene städtische Plätze wurden als möglicher Ort für den Weihnachtsmarkt in Betracht gezogen, aber was man auch erwog, es kam immer dasselbe heraus: in allen besseren Vierteln wirkte ein weihnachtlicher Markt störend.

Der Bau mehrerer Markthallen, mittels derer dem Massenbedarf einer Großstadt entgegengekommen wurde, hatte dazu geführt, daß 1886 per Verordnung die Wochenmärkte Berlins bis auf wenige Ausnahmen verschwanden. Auch die Jahrmärkte, die als veraltet für modernes großstädtisches Leben galten, wurden nicht mehr abgehalten. Es war abzusehen, daß dem Weihnachtsmarkt das gleiche Schicksal bestimmt war.

Der erste Schlag wurde 1891 geführt: in diesem Jahr wurde der neuen Brunnenanlage wegen ein Teil des Schloßplatzes von Buden freigehalten und die Händler in die Oranienburger Straße verwiesen.

Der „Verein selbstständiger Händler zu Berlin" wandte sich in dieser Not 1892 mit einer Bittschrift an den „Allergnädigsten Kaiser, König und Herrn" und erinnerte an dessen „erlauchte Vorfahren", die „stets eine Vorliebe für den Berliner Weihnachtsmarkt gezeigt" hätten.[105]

Der Bittbrief landete in den Akten des Polizeipräsidenten und beeinflußte die fällige Entscheidung nicht. Dem Kaiser, seinem Minister und dem Polizeipräsidenten war es gleichgültig, ob „in besser situierten Kreisen . . . die Aufhebung einer seit so altem bestehenden und mit der Feier des Weihnachtsfestes verknüpften Einrichtung . . . vielfach Anstoß" erregen und erst recht, „daß in den ärmeren Kreisen der Bevölkerung ein recht übler Eindruck" entstehen könnte.

In der Tat konnte vom Standpunkt des bürgerlichen Erwerbslebens dem Weihnachtsmarkt kaum noch eine wirtschaftliche Bedeutung zugestanden werden. Der Magistrat gab nach; er bedauerte, daß der Weihnachtsmarkt durch die Verlegung 1873 des „historischen Interes-

Ich habe auf weiten Reisen, die mich durch Deutschland und Italien, durch Frankreich und Griechenland führten, zahllose Volksfeste gesehen . . ., etwas Liebenswürdigeres, Heimlicheres, echt Volkstümlicheres als den Berliner Weihnachtsmarkt habe ich trotz der Unfreundlichkeit des nördlichen Klimas und trotz aller Grämlichkeit des Himmels nie wieder gefunden. Schneegestöber, grimmige Kälte oder matschiges Tauwetter spielten keine Rolle. Die letzten vierzehn Tage vor dem Feste, namentlich nachmittags nach Schulschluß, drängte und drängelte sich, schob sich und flutete durch diesen riesigen Jahrmarkt eine unabsehbare, fröhliche, erwartungsvolle und kauflustige Menge. In dieser Budenstadt, obwohl ganz manierlich in Straßen eingeteilt, konnte man sich schon leicht verirren; sie umfaßte den ganzen Schloßplatz, und auf der anderen Seite des Schlosses den großen Lustgarten. Hier reihte sich Bude an Bude, manche reell gezimmert, viele nur luftig mit einem Plan bespannt; große Öllampen gossen ihr rötlich-schummriges Licht über all die Herrlichkeiten, die da fein säuberlich ausgebreitet, alt und jung, reich und arm, hoch und niedrig in Entzücken versetzten . . . und die ganze duftige, luftige und lustige Stadt durchdrängt und durchflutet von seligen Kindern und glücklichen Eltern, und von der Parochial-, der Gertraudten- und Nikolaikirche tönen feierlich und doch fröhlich die Glocken herüber in den kalten Winterabend . . .

Felix Philippi, Erinnerungen aus der Jugendzeit

VEREIN FRAUEN-ERWERB
GEGRÜNDET 1899

ses entkleidet" worden sei und „den Charakter eines gewöhnlichen Jahrmarktes angenommen" habe, er wollte sich „deshalb gegen die gänzliche Beseitigung . . . nicht ferner mehr ablehnend verhalten".[106]

So war es folgerichtig, daß die Aufhebung „einhellig" beschlossen wurde. Am 10. September 1893 erschien im Amtlichen Anzeiger eine kurze Meldung: „Der bisher im Lustgarten abgehaltene Teil des Weihnachtsmarktes wird bis auf Weiteres nach dem Arkonaplatz und den benachbarten Straßen und Plätzen verlegt."

Die offizielle Version der Verlegung konnte weder Händler noch Publikum über den wahren Sachverhalt hinwegtäuschen: der Weihnachtsmarkt war aufgelöst, das Marktgeschehen aus der Innenstadt verbannt. Zwar sind den Händlern in der Folgezeit an verschiedenen peripheren Orten der Stadt Stellplätze angewiesen worden, doch was sich in den Außenbezirken des Nordens und Ostens, den Arbeiterbezirken, an ambulantem Handel etablieren durfte, waren zersprengte Reste – auch wenn sie unter der Bezeichnung „Weihnachtsmarkt" auftraten.

Versteigerung von Weihnachtsbäumen auf dem Anhalter Bahnhof

100

Weihnachten um 1900
zwischen Tradition und Reform

Um die Jahrhundertwende war aus den geistigen und sozialen Spannungen der „belle époque" des Wilhelminischen Kaiserreiches eine Erneuerungsbewegung hervorgegangen, die von einem Teil der bürgerlichen Jugend getragen wurde und die Orientierung auf neue Werte, den „Bezug auf das Wesentliche" verkündete. Man rebellierte gegen die Anbetung des Geldes, gegen die Heim-Idylle, die nur noch Schein war, ebenso wie gegen die versnobte Salonkultur. In diesem Rahmen suchte man unter anderem auch das Weihnachtsfest zu erneuern. Die bunte Veräußerlichung des Festes wurde abgelehnt; sein eigentlicher Sinn in weit zurückliegender Vergangenheit gesucht. Die Richtung wurde zum einen durch den 1881 gegründeten Deutschen Freidenkerbund bestimmt, der auf die Wintersonnenwendfeier der Germanen zurückgriff, zum anderen durch restaurative Kräfte, die sich auf die schlichten Christgeburtsfeiern der Reformationszeit beriefen. (Die Hinwendung zum Neugermanentum und der nationalistisch gefärbte Bezug auf die Märchen- und Historienwelt bildeten die Ansätze für irrational-mystische Germanisierungsgedanken, die später in der Blut-

Nun ist das Fest der Weihenacht,
das Fest, das alle glücklich macht,
wo sich mit reichen Festgeschenken
Mann, Weib und Greis und Kind bedenken,
wo aller Hader wird vergessen
beim Christbaum und beim Karpfenessen;
und groß und klein und arm und reich –
an diesem Tag ist alles gleich.
So steht's in vielerlei Varianten
in deutschen Blättern. Alten Tanten
und Wickelkindern rollt die Zähre
ins Taschentuch ob dieser Märe.
Papa liest's der Familie vor,
und alle lauschen und sind Ohr . . .
Ich sah, wie so ein Zeitungsblatt
ein armer Kerl gelesen hat.
Er hob es auf aus einer Pfütze,
daß es ihm hinterm Zaune nütze.

    Erich Mühsam, 1909

Der letzte Baum steht wie im Schneegestöber, das an unsichtbaren Fäden über die Zweige spielt. Um ihn recht naturalistisch zu halten, deckt man eine Seite der Zweige ganz besonders stark mit der imprägnierten Watte. Jeder Zweig erhält eine Reihe gläserner Eiszapfen, die im Kerzenlicht reizend funkeln. Versilberte und weiße Tannenzapfen werden angehängt, und auf jedem Zweig wird (stehend) ein silberner Weihnachtsstern befestigt. Feenhaar, die Neuheit vom Jahre, wird zu einem dünnen Wolkenschleier auseinandergezupft, und dieser in die Spitze des Baumes gelegt, daß sie wie verschleiert erscheint. In dieser Wolke schwebt ein wächsernes Weihnachtsengelein. So steht der Baum in glitzernder, weißer Feierlichkeit vor uns.

Dies Blatt gehört der Hausfrau, 1904

Weihnachten 1914. In die Familienrunde ist auch das Dienstmädchen einbezogen.

und-Boden-Ideologie des faschistischen Reiches eine Rolle spielten.)

Träger der sich zwischen Jahrhundertwende und erstem Weltkrieg formierenden Bewegung waren vor allem Intellektuelle und Künstler, die sich von der Trivialität der bürgerlichen Weihnachtsfeiern abgestoßen fühlten. Jene Talmiwaren, die im Dezember massenhaft durch Märkte und Warenhäuser vertrieben würden, hätten mit dem Wesen des Festes nichts zu tun. Wer das „Leben und die Gepflogenheiten der Altvordern" suche, könne für das bunte Gewimmel vor Trödelbuden nur Verachtung empfinden.

Auch die sich ihrer Klasse bewußten Arbeiter standen dem bürgerlichen Weihnachtsgebaren argwöhnisch gegenüber. Weder die Bezeugung bürgerlich-christlicher Nächstenliebe in Form von Wohltätigkeitsveranstaltungen noch die von den Kanzeln verkündete Botschaft „Friede auf Erden" vermochten sie über die Tatsache einer Welt der sozialen Gegensätze hinwegzutäuschen. Unter dem Einfluß der Freidenkerbewegung, aus deren Reihen 1908 der proletarische „Zentralverband deutscher Freidenkervereine" hervorgegangen war, wurde der „ehrliche" Anlaß des Festes in der Wintersonnenwende gesehen.

Der größte Teil der Berliner war aber keineswegs geneigt, auf Glitzerbaum und Kinderglück zu verzichten. Man wollte sich von dem bürgerlich-behaglichen Weihnachtsbild, das angesichts der sozialen Unterschiede in der Reichshauptstadt immer zweifelhafter wurde, nicht trennen, was nicht zuletzt die steigende Zahl der Wohltätigkeitsveranstaltungen verdeutlicht.

Man hing – mochten die Freidenker getrost ihr Sonnenwendfest begehen – an Heimlichkeit und Geschenken unterm geschmückten Baum. Dabei zeigte man sich keinesfalls dem Modernen verschlossen: der kunterbunte Baumschmuck war einer weißen Pracht gewichen. Und man hing an den bewährten Liedern von Weihnachtsbaum, Engeln und gnadenbringender Weihnachtszeit, ungeachtet der Herkunft oder Konfession der Feiernden. Auch die gutsituierten jüdischen Familien, aufgeklärt und eingebürgert, schmückten ihren Weihnachtsbaum, den sie vielmehr als „deutsch" denn als „christlich" empfanden. Nur die aus Osteuropa eingewanderten kleinen jüdischen Händler und Handwerker des „Scheunenviertels" bildeten eine Ausnahme. Sie, die dem Glauben ihrer Väter stärker verhaftet waren, hatten schon durch ihren sozialen Status keine Beziehung zu diesem Fest.

Die Weihnachtszeit belebte die Industrie ganz außerordentlich. Diese hatte sich inzwischen auch des öffentlichen Vergnügens und der „Stimmung" bemächtigt. Mit Schallplatten konnte man sich weihnachtliche Klänge ins Haus holen und auf bunten oder weißglitzernden Postkarten Freunden und Bekannten Weihnachtsglückwünsche senden.

Die weihnachtlichen Darbietungen in der Öffentlichkeit – nach dem Geschmack der Großbourgeoisie – trugen deren Vorliebe für das Pompöse Rechnung. Söhne und Töchter aus „gutem Hause" ließen sich von Engelbert von Humperdincks spätromantischer Märchenoper „Hänsel und Gretel" faszinieren, die seit der Jahrhundertwende zum festen weihnachtlichen Repertoire jedes Opernhauses gehört. Humperdincks Hexenhaus aus Pfefferkuchen fand übrigens so viel Anklang,

Weihnachtsbetrachtung

. . .

So treten wir unter den Weihnachtsbaum
– sofern wir einen haben;
denn vielen bleibt ein frommer Traum
das Fest mit seinen Gaben.

Und mancher steht am Straßenrand,
von aller Welt verlassen,
und blickt auf der Reichen Lichtertand –
und ins Herz zieht ihm grimmiges Hassen.

Indes bei Gebet und Litanei
die Kirchenglocken erschallen;
man predigt, daß Friede auf Erden sei
und den Menschen ein Wohlgefallen!

Erich Mühsam, 1904

Werbung für elektrische Baumbeleuchtung,
1915

103

Auch der Chefredakteur Etzel kriegte kein Gehalt, und als der Weihnachtsabend da war, saßen wir zu dritt bei ihm auf der Bude, ohne einen Bissen im Magen und recht kläglich bei Laune. Das Mädel heulte schrecklich, weil nicht einmal ein kleiner Weihnachtsbaum auf dem Tisch stand, und so holten wir denn aus dem nahen Wald einen Föhrenzweig, der in einen Lampenzylinder gepreßt und alsdann in einem Stiefel auf den Tisch gestellt wurde. Da dieser Zynismus die Tränenflut nur noch heftiger entfesselte, beschlossen wir, die Weihe einer Familienfeier zu stören und zu sehen, ob wir nicht wenigstens zu einem Abendbrot kämen.

Um neun Uhr abends drangen wir bei Bölsche ein und erläuterten die Situation. Was uns Frau Bölsche an diesem Heiligen Abend an Braten, Äpfeln, Pfefferkuchen, Bowle und anderen Genüssen eingeflößt hat, läßt sich nicht schildern. Ein goldenes Zwanzigmarkstück setzte uns überdies in die Lage, noch mit der ganzen Friedrichshagener Kolonie beider Fakultäten in der Klause weiterzufeiern, bis wir am Vormittag des ersten Feiertags ins Bett sanken.

Erich Mühsam,
Unpolitische Erinnerungen

daß es recht schnell den Weg von der Bühne in die Schaufensterdekoration der Bäckerläden antrat.

Das Fluidum des Märchens – vor allem Motive aus dem „deutschen Märchenschatz" – machte einen Teil der Weihnachtsatmosphäre aus. Doch wurden auch neue Weihnachtsmärchen und -geschichten geschrieben, die zum großen Teil der Trivialliteratur zuzurechnen sind. Ihre sentimentalen Beschreibungen unrealistischer Begebenheiten, vom armen, aber „braven" Mann, dem unverhofft ein Wunder von einem reichen Gönner zuteil wird, vermittelten Rührseligkeit und wollten noch immer eine „heile Weihnachtswelt" glauben machen.

Gross-Stadt-Weihnachten

Nun senkt sich wieder auf die heim'schen Fluren
die Weihenacht! die Weihenacht!
Was die Mamas bepackt nach Hause fuhren,
wir kriegens jetzo freundlich dargebracht.

Der Asphalt glitscht. Kann Emil das gebrauchen?
Die Braut kramt schämig in dem Portemonnaie.
Sie schenkt ihm, teils zum Schmuck und teils zum Rauchen
den Aschenbecher aus Emalchglase.

Das Christkind kommt. Wir jungen Leute lauschen
auf einen stillen heiligen Grammophon.
Das Christkind kommt und ist bereit zu tauschen
den Schlips, die Puppe und das Lexikohn.

Und sitzt der wackre Bürger bei den Seinen,
voll Karpfen still im Stuhl, um halber zehn,
dann ist er mit sich selbst zufrieden und im reinen:
„Ach ja, son Christfest is doch ooch janz scheen!"

Und frohgelaunt spricht er vom ,Weihnachtswetter',
mag es nun regnen oder mag es schnein.
Jovial und schmauchend liest er seine Morgenblätter,
die trächtig sind von süßen Plaudereien.

So trifft denn nur auf eitel Glück hienieden
in dieser Residenz Christkindleins Flug?
Mein Gott, sie mimen eben Weihnachtsfrieden.
„Wir spielen alle. Wer es weiß, ist klug."

Kurt Tucholsky, 1913

Arkonaplatz und anderswo

Nach der Aufhebung des Weihnachtsmarktes 1893 bestimmte der Polizeipräsident für Händler, die im Besitz einer gültigen Gewerbeerlaubnis waren, als neue Standorte in erster Linie die Warschauer Straße, die Gneisenaustraße und den Arkonaplatz. Was die Gneisenaustraße betrifft, so hatten die Berliner keine Zeit, sich an diesen Ort zu gewöhnen, weil schon nach wenigen Jahren die Marktbuden gärtnerischen Anlagen sowie einem „auch im Winter vom 2. Garde-Dragoner-Regiment benutzten Reitweg"[107] weichen mußten. Auf dem Arkonaplatz aber

Der diesjährige Weihnachtsmarkt findet wiederum in der Hauptsache auf dem Arkonaplatz und dessen Umgebung und in der Warschauer Straße (vor der Revaler Straße bis zur Frankfurter Allee) sowie in der Petersburger Straße in der Zeit vom 11. bis einschl. den 27. Dezember unter Aufsicht und Leitung der Gewerbestelle statt. Für die übrigen Straßen und Plätze des Stadtgebietes erteilen die betreffenden Polizeireviere die Genehmigung zur Einnahme von Verkaufsstellen und überwachen auch den Marktverkehr daselbst.

. . .

Da während des Krieges der Verkehr auf den beiden der diesseitigen Aufsicht unterstellten Weihnachtsmärkten wesentlich zurückgegangen ist und eine Änderung der Verhältnisse auch für dieses Jahr nicht zu erwarten ist, wird der Aufsichtsdienst daselbst entsprechend, wie im Vorjahr unbedenklich eingeschränkt werden können . . .

. . .

In Anbetracht der schwierigen Erwerbsverhältnisse ist den Marktbeziehern durch Zuweisung vorteilhaft gelegener Stellen entgegen zu kommen, soweit die Verkehrsverhältnisse es gestatten. Bei der Anweisung von Plätzen für die Aufstellung von Weihnachtsbäumen ist auf die Haltestellen der Straßenbahn sowie auf die Schaufenster der Ladenbesitzer Rücksicht zu nehmen.

. . .

Aus den Akten der Gewerbestelle
Berlin, 1918

Weihnachtsmarkt auf dem Arkonaplatz,
H. Zille, 1912

Amtliche Bekanntmachung
Zur Lagerung und z. Verkauf v. Weihnachtsbäumen werden vom 1.–31. Dezember d. J.
auf d. Hamburger Innenbahnhof (zu erreichen von der Anfahrt z. Güterabfertigung
H. u. L.) ungefähr 1000 qm vermietet. Angebote sind mit der Aufschrift „Angebote auf
Weihnachtsbaumlagerung" bis zum 20. d. M.
früh hierher einzureichen. Bedingungen sind
i. d. Kanzlei hier (Zimmer 33) v. 9–13 Uhr für
50 Pf. zu haben.
Berlin NW 40, Invalidenstr. 51,
im Oktober 1915
Königliches Eisenbahnbetriebsamt 3

*Zur Weihnachtszeit auf dem Alexander-
platz, H. Zille, 1905*

*Auf dem Arkonaplatz, Kalenderblatt 1910
von H. Baluschek*

standen nunmehr die Buden über zwanzig Jahre, hier blieb von der „alten Sitte und Gepflogenheit" einiges erhalten. Die altvertrauten Töne
der Knarren und Waldteufel waren zu hören, und immer noch wurden
Dreierschäfchen (für 5 Pf.) angepriesen. Hampelmänner, „Spaßvögel"
und Berliner Sägemänner sahen fast so aus wie damals im Lustgarten,
und zumindest kindliche Besucher zeigten ebenso viel Spaß an den
bunten Sächelchen, an „Nauten" und an Pfefferkuchen wie einst ihre
Großeltern und Eltern.

Aber nicht einmal der Arkonaplatz, geschweige denn der Dönhoffplatz oder einer der vielen anderen Orte der Stadt, auf denen ein paar
Marktbuden aufgebaut werden durften, konnte als Anziehungspunkt
gelten, wie es der alte, zentral gelegene Weihnachtsmarkt bis zuletzt
gewesen war.

Somit ist es erklärlich, daß die Händler immer wieder die Verkehrs-
knotenpunkte der Innenstadt aufsuchten, wie die Leipziger Straße und
den Potsdamer Platz, denn dort lagen ihre Verkaufschancen wesentlich höher. Mit einer Verfügung von 1913 untersagte der Polizeipräsident die Errichtung von Buden an diesen Orten. Daraufhin legten der
„Zentralverband des Deutschen Händler-Verbandes" und der „Reichs-
verband reisender Gewerbetreibender" empört Protest gegen diese
„willkürliche Einschränkung" ihres Berufes ein. Ihr Einspruch hatte so
gut wie keinen Erfolg. Hinweise der Gewerbepolizei, auf andere Straßen, z. B. die Chausseestraße oder die Reinickendorfer Straße, auszu-
weichen, stießen bei den Händlern auf wenig Gegenliebe, da diese

106

Straßen nicht im Geschäftszentrum lagen. Man sehnte sich nach dem alten Weihnachtsmarkt zurück, der so vielen Händlern Arbeit und zusätzlich Vergnügen verschafft hatte. Der Historikerverein betonte die immerwährende „Jugendkraft des alten Weihnachtszaubers" und wies 1907 erfreut darauf hin, daß der Schuster Voigt, der Hauptmann von Köpenick, auf allen Weihnachtsmarktplätzen als neues Berliner Original – in Holz, Zinn, Porzellan oder Zucker – angeboten werde.

Ansonsten war in dieser oder jener Bude auf dem Arkonaplatz oder anderswo auch modernes Spielzeug zu finden, wenn auch nicht in teuerster Ausführung. Zu einer Zeit, als technische Sensationen im Mittelpunkt des öffentlichen Interesses standen, durften Spielzeug-Flieger, Ein- und Doppeldecker, Ballons und Segler nicht fehlen. Clou des technischen Spielzeugs war die Dampfmaschine mit den dazu gehörenden „Betriebsmodellen" – Schmiede, Mühlen, Riesenräder, Reckturner –, die durch die Dampfkraft in Bewegung gesetzt wurden. Auch Malspiele, die „Kaiserliche Kinderpost", Kinderdruckereien und die „Tivolispiele", eine Art Spielautomaten im Tischformat, sind typisches Spielzeug dieser Zeit.

Die Händler mit ihrem Krimskrams und der offene laute Handel waren nach wie vor Anlaß für bürgerliche Empörung: als „Rückkehr in die Kleinstadtallüren" bezeichnete sie eine Zeitung 1912. Sie wies zugleich auf die Konkurrenz hin, die den Geschäften und Läden der Warschauer Straße damit erwuchs und fand offene Ohren. Die an Warenhauswunder gewöhnten Anwohner der Petersburger Straße zum Beispiel empfanden den Weihnachtsmarkt vor ihrer Tür als „Jammerbild". Sie beschwerten sich bei der Polizei. Das Angebot reiche über Trödel und Plunder nicht hinaus. Der sozialdemokratische „Vorwärts" nahm Partei für die kleinen Händler und das proletarische Publikum. Er berichtete 1914, es herrsche „ein Drängen und Schieben als ob sich der größte Teil der proletarischen Bewohner des Ostens, alt und jung, hier ein Stelldichein" gegeben hätte. Dennoch kam der „Vorwärts" nicht umhin zu bemerken: „Freilich: der eigenartige, muntere Trubel, der ehedem in der Budenstadt auf dem Schloßplatz und im Lustgarten herrschte, gehört der Vergangenheit an. Nur die ältere Generation kennt ihn noch aus eigener Anschauung."[108]

„Erst zwee Hampelmänner vakooft heute. Die Menschheit hat keen' Sinn mehr for det Harmlose." H. Zille (Ausschnitt)

Zeichnung von H. Zille

Straßenhändler

„Weihnachtssträußchen gefällig?"

Unterzeichneter erlaubt sich höflich anzufragen, ob Sie ihm den Verkauf von „Fussbodenschonern" auf dem 17tägigen Weihnachtsmarkt zu Berlin gestatten. Ein System des Fussbodenschoners ist mein eigenes Gebrauchsmuster, doch habe ich infolge der Kriegszeit noch keinen Absatz an Warenhäuser etc. gefunden.

Sie haben wohl die Liebenswürdigkeit, mir mit Ihrem gefälligen Rückbescheid gleichzeitig die evtl. Unkosten bekanntzugeben. Ich danke im Voraus bestens für einen diesbezüglichen Bescheid und zeichne

hochachtungsvoll
Kurt Seyffert
Aus den Akten des Polizeipräsidenten
Berlin, 1915

Um die Weihnachtszeit verkaufen Kinder
Spielzeug in der Leipziger Straße.
Foto: W. Römer, 1904

Zwischen Jahrhundertwende und erstem Weltkrieg sind Darstellungen vom „Weihnachtsmarkt" in erster Linie Straßenszenen; eine polizeiliche Verfügung erlaubte den Straßenhandel auch „außerhalb der Marktbezirke". Im Interesse ihres Geschäfts, ihrer Existenz, zog es die Händler stets in die verkehrsreichen Straßen der Innenstadt. Hier verengten die Buden zwar die Gehsteige, die am Rinnstein verharrenden Händler mit ihren Bauchläden, Kästen und Körben hemmten den Lauf der Passanten – aber hier standen sie mitten im Getriebe der Weltstadt, wo feineres Publikum und Touristen vorbeiflanierten. Slowaken mit Mausefallen und Flederwischen, alte Frauen mit Küchengeräten und Obst, jüdische Händler mit Bändern und Knöpfen, Halbwüchsige mit

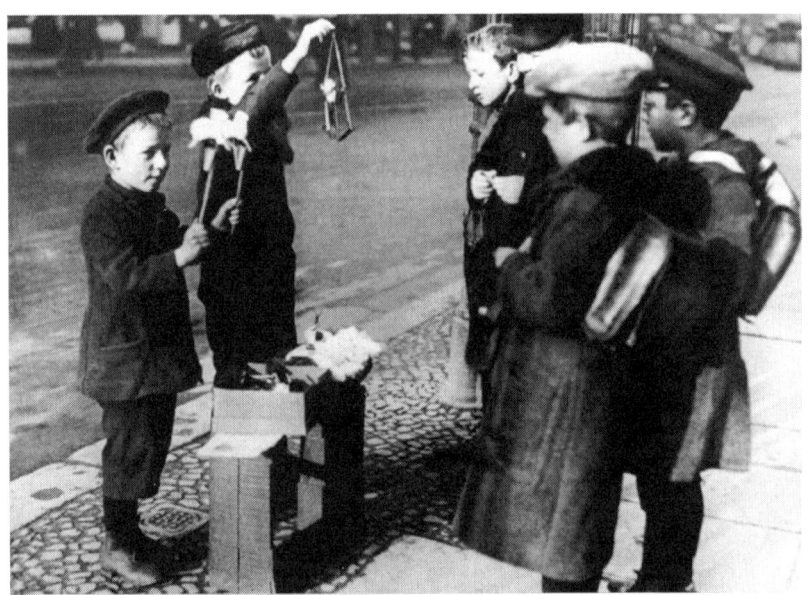

Heftchen und Liedtexten, fliegende Buchläden, Zeitungsverkäufer, Blumenfrauen, Patentwasser- und Wundermittelverkäufer und viele andere belebten die Szenerie der Straßen durch ihr „malerisches" Aussehen und durch ihre Ausrufe – von kratzig bis melodisch.

Händler, mit mehr oder weniger patenten Sächelchen ausgerüstet, versuchten, diese an den Mann zu bringen, indem sie ihren Pfiff, ihren Wert als amüsante Kuriosa herausstrichen. Mitunter bedienten sie sich auch kleiner Tricks:

Da fesselt den Kauflustigen „ein eigenartiges Spielzeug, das ein etwas wüst aussehender Mensch auf den Deckel seines Korbes zur Schau stellt: Ein kleiner plumper, aus billigem schwarzen Pelz gefertigter Hund an einem Schlauch mit Gummiball. Sobald der Händler auf den Ball drückt, springt der Hund vermöge des Luftdrucks quietschend nach vorwärts. Dadurch angelockt, legt der Käufer ein Fünfzigpfennigstück auf den Korbdeckel, nimmt das Spielzeug und entfernt sich seelenvergnügt, um seinem Jüngsten daheim eine rechte Freude zu machen. Der Hund tritt sogleich in Aktion, springt nach jedem Druck auf dem Tisch herum – aber er quietscht nicht. ‚Woran liegt das bloß?' sagt der Mann ärgerlich und zerbricht sich den Kopf. Er konnte freilich nicht ahnen, daß der biedere Händler ein rundes Blechstück mit Einschnitt im Munde hatte und bei jedem Druck auf den Ball den quietschenden Laut selbst hervorbrachte."[109]

Weihnachtlicher Straßenhandel in Berlin, 1909

Erwerbslosenfürsorge   29. Dez. 1920
Groß-Berlin
Wir rechnen damit, daß auch in diesem Jahr wieder viele Erwerbslosenunterstützungsempfänger Handel mit Weihnachtsbäumen usw. getrieben haben, ohne uns davon in Kenntnis zu setzen. Einem unserer Beamten, der in dieser Angelegenheit dort vorsprach, wurde erklärt, auf unser Ersuchen würden uns alle Händler bezeichnet werden, welchen in diesem Jahre die Erlaubnis zum Weihnachtshandel erteilt wurde.

Wir bitten, uns die betreffenden Händler namhaft zu machen, damit wir unsere Interessen rechtzeitig wahrnehmen können. Da die Angelegenheit dringlich ist, bitten wir um möglichste Beschleunigung unseres Ersuchens.

„Die Leute, die mit den neuesten Blech- und Wackelfiguren um die Weihnachtszeit erscheinen, wissen ihre Ware wirksam und echt berlinisch zu inszenieren. Im vorigen Jahr standen die Blechpuppen natürlich im Zeichen des Tango."
Spreeathener, 1914

All die Spielzeug-, Patent- und Wunderverkäufer erschienen um die Weihnachtszeit noch zahlreicher in der Innenstadt als sonst, darunter jene ärmlichen Gestalten – oftmals Invaliden –, für die der Verkauf von Schwedischen Zündhölzern oder Wachsstreichhölzern kaum noch Erwerb, sondern vielmehr unvollkommen verhülltes Betteln bedeutete. Die bürgerlichen Journale machten sich den Umgang mit dem Elend leicht: „Das monotone ‚Wachsstreichhölzer' verfolgt die Passanten der Friedrichstadt auf Schritt und Tritt. Kläglich kommt es über die blutleeren Lippen eines zerlumpten, kleinen Mädchens, rauh und aufdringlich schreit es ein halbwüchsiger Bengel, man hört es leise und zitternd von einer blassen Frau, einer wahren Jammergestalt, die im zerfetzten Umschlagetuch ihren Säugling auf dem Arme hält. Wer käme wohl auf den Gedanken, daß . . . die ‚natürliche' Mutter des Würmchens . . . es jener anderen abvermietet, die bei der schlechtesten Witterung mit diesem ‚Zugmittel' gute Geschäfte macht."[110]

Laut Straßenordnung von 1909 war der Straßenhandel „solchen Personen, welche zum stehenden Handel befugt sind", am Rande der Straße, am Rinnstein erlaubt, allerdings „ohne Zuhilfenahme von Fuhr-

werken aller Art"; Behältnisse wie Körbe, Kästen usw. durften nur so
groß sein, „daß sie von einer Person bequem getragen werden" konnten.[111]

    Diese Einschränkung erschwerte das Los der Händler beträchtlich;
noch schwerer aber wog die Tatsache, daß immer mehr Gebiete der Innenstadt für den Straßenhandel generell gesperrt wurden. Wie sehr damit die Existenz der Händler bedroht war, geht aus der Flut von Bittschriften und Beschwerden hervor, die an den Polizeipräsidenten gerichtet wurden. Dieser nahm sie nicht gerade gnädig auf. Die Händler

Händler am Potsdamer Platz

Anzeige, 1916

wurden in der Regel in Gegenden verwiesen, wo sie das weltstädtische Image weniger beeinträchtigten, wo aber ihre Verdienstmöglichkeiten gering waren. Die Leute, die hier wohnten, hatten für Pfefferkuchen, kleine Geschenke, Spielsachen und „Pariser Neuheiten", auch wenn sie nur eine Kleinigkeit kosteten, kein Geld übrig. „Ich kann in einem anderen Revier nicht verkaufen", schrieb eine Händlerin in ihrem Gesuch, „denn arme Leute sind zufrieden, wenn sie etwas zu essen haben."[112]

Weihnachtsfeier im Städtischen Obdach-losenasyl in der Fröbelstraße nach dem ersten Weltkrieg

Arbeiters Weihnachten

Nach dem ersten Weltkrieg erfaßte die Freidenkerbewegung breitere Kreise; die Kirchenaustritte häuften sich, auch innerhalb der Arbeiterklasse.

Aus der Verschmelzung des „Zentralverbandes proletarischer Freidenker" mit kleineren Vereinen entstand 1922 die „Gemeinschaft proletarischer Freidenker". Unter ihrem Einfluß verbreitete sich die Auffassung vom Weihnachtsfest als ursprünglich germanischem Mittwinterfest „Jul". Die Wende von einer Zeit des Dunkels zu einer Zeit des Lichtes legte ein Gleichnis nahe: die Wende zu einer neuen Gesellschaft. „Weihnachtssehnsucht" wurde als gleichbedeutend mit der Sehnsucht nach gesellschaftlichen Veränderungen empfunden und interpretiert.

Die Heilsarmee verteilt Weihnachtsgaben in den Arbeitervierteln Berlins, 1921

Zeichnung von O. Nagel für die AIZ, 1927

Programm einer Weihnachtsfeier proletarischer Freidenker

Postkarte

„Weihnachtssehnsucht, das ist der Sozialismus; Sehnsucht nach einem Weihnachtstag, dessen Baum dem ganzen Volk erstrahlt, dessen Gaben allen werden. Weihnachtsarbeit soll unser Tagewerk sein", hatte die „Arbeiter-Zeitung" schon 1913 geschrieben.[113]

Die Novemberrevolution leitete eine neue Phase der Arbeiterbewegung und damit auch der Arbeiterkulturbewegung ein. In der Auseinandersetzung mit Konterrevolution, Spießertum, Klassenjustiz und Militarismus wurde versucht, eigene Ansätze auszubauen.

In dieser Zeit des Umbruchs wurden die traditionellen Feste nach den gewonnenen Einsichten über Vergangenheit und Zukunft der gesellschaftlichen Entwicklung kritisch beleuchtet. Insbesondere das Weihnachtsfest erfuhr eine Wandlung: die weihnachtliche Rührseligkeit wurde als bürgerlich verworfen. Nicht nur die proletarischen Freidenker, auch sozialdemokratische Arbeitervereine begingen das Fest der Jahreswende sachlich und argwöhnisch gegen Kitsch, aber mit dem lichterglänzenden Baum als festlichem Mittelpunkt – kein „Christbaum", sondern schlicht ein „Tannenbaum".

Eine Reihe von Kulturprogrammen mit Ansprachen, Gesangsanleitungen und Theateraufführungen bezeugt das Bemühen um Alternativen zum bürgerlichen Weihnachtsfest. Dichtungen, die den neuen Inhalt in mehr oder weniger pathetischen Tönen proklamierten, kamen zum Vortrag: „Die Sonne will sich wenden und geben neuen Glanz. Alldunkelheit muß enden, bald tragt ihr in den Händen des Frühlings bunten Kranz."[114]

In kleinen Schriften (z. B. in der Reihe Neue Soziale Weihnachtsbühne) wurden Weihnachtsstücke herausgegeben, die sich an die Agitprop-Bewegung anlehnen. Weihnachtsmärchen für Kinder entwarfen mit vertrauten Figuren ein zukünftiges Bild von Gerechtigkeit und Glück in einem imaginären „Weihnachtsland":[115] Knecht Ruprecht und eine Fee, die die Gestalt des lichtstrahlenden Christkindes übernommen hat, treten zum Beispiel als „Wegefinder" auf, und im „Zukunftsland" treffen die „Kinder aus der Gegenwart" auf die personifizierte Arbeit, auf die „Freude und den Frieden", die sie am Ende mit pathetischen „Frei-Heil"-Rufen begrüßen.

Die sich ihrer Klassenzugehörigkeit bewußten Arbeiter, denen die bürgerlich-sentimentale Unaufrichtigkeit verhaßt war, rangen um die „Ehrlichkeit" des Weihnachtsgedankens, dennoch blieben die in der Kindheit aufgenommenen Vorstellungen vom Lichterbaum, von ersehnten Geschenken, leckerem Backwerk und leisen Gesängen, obgleich immer mangelhaft oder gar nicht erfüllt, für viele, besonders aber für die Frauen, erstrebenswertes Leitbild.

Die vielgelesene kommunistische Arbeiter Illustrierte Zeitung (AIZ) propagierte auf ihrer Kinderseite ein sachliches, vom Ballast des Alten freies Fest. In der Ausgabe vom Januar 1930 erzählt ein Junge einem Mädchen von einer Sonnenwendfeier: „Unser Lehrer ist Weihnachten mit uns hinausgefahren. Da haben wir ein großes Feuer gemacht, sind darüber gesprungen und auf dem großen Teich sind wir Schlittschuh gelaufen. Das war viel schöner, als der alte Rummel mit Weihnachten und so."[116]

Die sozialdemokratische „Frauenwelt" huldigt dem traditionellen Weihnachtsbild: „Mögen wir noch so ,kühl bis ans Herz hinan' sein – das bloße Wort Weihnacht, der Duft der Tannen in den Straßen, die besonders bunten Schaufenster erregen uns. Wir alle wünschen uns ein ‚frohes Fest', wünschen uns und allen, ein paar Minuten unter dem Weihnachtsbaum sitzen zu können, vor Liebesgaben, vor duftenden Kuchen, im Kreis lieber Leute."[117] Wie schwer es war, in der Flut der publizierten Berichte die Orientierung nicht zu verlieren, läßt ein Artikel der „Neuen preußischen Kreuzzeitung", erschienen im Dezember 1929, ahnen: Eine Szenerie wird beschrieben, „ein Hinterhof, nicht weit vom Alexanderplatz . . . wo in der Bevölkerung der Arbeiter überwiegt", wo das helle Mondlicht „die Wände der hohen Mietskasernen" mit einem „gespenstischen Licht" übergießt. „Plötzlich klingt zag und fein ein Lied in das Dunkel hinein . . . Und aus dem Dunkel heraus tritt ein bärtiger Mann. Und er beginnt zu reden. Von der stillen, von der heiligen Nacht spricht er, die nun angebrochen ist." Der bärtige Mann, ein Pfar-

Lackbild, Anfang 20. Jahrhundert

Weihnachtsfeier des Bezirksamtes Prenzlauer Berg für Unterstützungsempfänger
Im Saalbau Friedrichshain sitzen eintausendzweihundert fröhlich plaudernde Menschen und lassen sich einen guten Happenpappen wohlschmecken. – . . . Bei Musik und künstlerischen Darbietungen erhellen sich die zerquälten Gesichter, das schmackhafte reichliche Essen tut dem arg vernachlässigten Magen unendlich wohl, das Festtagskleid, das Jahrzehnte einsam im Schrank hängt, ward heute herausgeholt. Freudige Stimmung liegt über den Menschen . . . Sie sind dankbar, daß man sie einmal wenigstens ihrer trostlosen Einsamkeit entreißt. In schlichten schönen Worten sprach Genosse Stadtrat Rosemann vom Fest der Freude, dann sang der Arbeitersängerverein „Lyrania" die Weisen der Weihnachtszeit.

Vorwärts, 22. Dez. 1929

Im Städtischen Altersheim wird auch Weihnachten „gefeiert". Seit langem haben die alten, ausgedienten, siechen Proletarierinnen darauf gewartet. Weniger allerdings auf Weihnachten als vielmehr auf den Kartoffelsalat mit Würstchen, der ihnen an Stelle der Kohlsuppe als Mittagessen verabreicht wird. Daneben tritt sogar die Weihnachtsstolle und der „bunte Teller", den jede bekommt, zurück. – Auch ein Weihnachtsbaum für jede Station, also für drei bis vier Zimmer, wird aufgestellt.

Abends dürfen die Frauen eine Stunde länger aufbleiben.

. . . O du fröhliche . . .

Otto Nagel, AIZ, Dez. 1927

Weihnachten in der Pennerkneipe, O. Nagel, 1927

„. . . Himmel auf der Ä-ärde"

So, jetzt kann die Bescherung losgehen. Du kannst die Kinder reinholen, habe ich gesagt. Achtung, stillgestanden! Wir singen als erstes: „Stille Nacht, heilige Nacht" (Grammophon, „Ihr Kinderlein kommet"). Wer hat denn nun wieder die falsche Platte aufgelegt? Jedesmal passiert dieselbe Schweinerei! Die ganze Weihnachtsstimmung ist futsch. Sie brauchen die Platte bloß umdrehen, Minna! – Jawohl, „Stille Nacht" ist auf der Rückseite. – So, Hans-Heinz, jetzt kannst du mal dein Gedicht aufsagen! – Na? „Nieder" heißt es, du Schafskopf! Auf die Erde nieder mit „N" und nicht mit „W". Wenn du in der ersten Zeile gesagt hast, daß das Christuskind alle Jahre wieder kommt, darfst du in der zweiten Zeile nicht nochmal dasselbe sagen! Nochmal von vorn! – Ein Gedächtnis hat der Junge, aber das hat er von dir! – Na, mach schon Schluß, die ganze Weihe ist hin. – Jetzt rede ich, verstanden? – Weihnachten 1925! Deutsche Weihnacht! (Forts. S. 117)

rer, verkündet den Hausbewohnern „die Botschaft des Heils", und alle hören „sichtlich ergriffen" und getröstet zu: „Klangen hier im Hinterhof je schon solche Worte, Worte die Frieden bringen und Trost . . . Von neuem klingen Lieder auf. Melancholisch und unendlich süß . . .". Und um das Maß der Gefühlsseligkeit voll zu machen, folgt ein gemeinsamer Gesang von „Stille Nacht, heilige Nacht". Der Bericht schließt: „Wie schön war diese Weihnachtsfeier im Hinterhof!"[118]

Wenige Tage später kam es in einem Stadtviertel der Reichen zu einer „Anti-Weihnachts-Demonstration". Die „Neue preußische Kreuzzeitung" vergaß ihr Herz für die Arbeiter und empörte sich: „So recht als Auftakt zum Weihnachtsfeste haben sich die Berliner Kommunisten, durch eine wüste Pressehetze aufgeputscht, darin gefallen, am Heiligabend im Westen der Stadt, in der Gegend des Wittenbergplatzes, der Tauentzienstraße und des Kurfürstendamms, gegen das Weihnachtsfest zu ‚demonstrieren'."[119] Die „Rote Fahne" hingegen schrieb: „Die Elendsviertel brachen ein in die Straßen der Millionäre. Sie kündeten den satten Nichtstuhern den Tag, an dem das Proletariat endgültig von den Fabriken und Banken, von allem Grund und Boden und auch von diesen Straßen des Westens Besitz ergreifen wird . . ."[120]

Der 5. Stand, wie Zille ihn nannte, beging Weihnachten auf seine Weise. Otto Nagel beschrieb das Bild dieser trostlosen „Feiern" in der AIZ, 1927: „. . . in der ‚Radiokneipe', in der Obdachlose und Stoßbrüder (Bettler) verkehren, ist wie immer Betrieb. In der Ecke steht der Baum, den der Wirt, ein ehemaliger Kriminalbeamter, spendiert.

Sonst ist's hier wie an jedem anderen Abend. Man sitzt an den Tischen, raucht schlechten Tabak, spielt um Pfennige Karten und trinkt für'n Groschen seinen Lepinenschnaps."[121]

(Forts. v. S. 116)
Wenn draußen die Flocken rieseln, wenn der rauhe Wintersturm durch die Gassen faucht, feiern wir Christenmenschen im trauten Heim unterm Weihnachtsbaum bei strahlendem Kerzenschein den Geburtstag unseres Heilandes. Nicht alle Kinder sind in der glücklichen Lage, Eltern zu besitzen, die imstande sind, ihnen eine freudige Überraschung zu bereiten. Wenn der Vater keine Arbeit hat und so. Deswegen müßt ihr euren Eltern dankbar sein, solange ihr uns noch habt. Die Stunde kommt, die Stunde kommt, wo ihr an Gräbern steht und klagt! –

So, nu seht euch mal eure Geschenke an! Lecke nich an die Finger, Hans-Heinz! Bleisoldaten sind giftig. Na, Mama, habe ich das richtige getroffen? – Herrgott, wenn dir die Farbe nicht paßt, können wir ja umtauschen. Ich find es aber höchst unpassend, an Weihnachtsgaben herumzumäkeln. – Was? Das soll für mich sein? – Hübsch, sehr hübsch. In Unkosten hast du dich ja nicht gerade gestürzt. – Nu fange nur nicht gleich an zu flennen, du siehst doch, wie ich mich über die kleine Aufmerksamkeit freue! – Probier mal deinen Stahlhelm auf, Hans-Heinz. –

Zu groß? Was soll das heißen? Dein Kopf wird schon noch reinwachsen, wenn du später mal für deinen Kaiser ins Feld ziehst. Wo ist denn das Mädchen? Das hockt natürlich wieder in der Küche. An so einem Tage, unglaublich! Wo soll dieses Volk auch seine Herzensbildung herhaben. Holt sie rein! – Na, Minna? Was sagen Sie nun? Sie äußern sich ja gar nicht? Ob Ihnen die Strickjacke gefällt? Was denken Sie wohl, was die jetzt kostet! Wir haben extra etwas praktisches herausgesucht für Sie. Wo Sie doch sowieso den ganzen Tag in der ungeheizten Küche herumhocken.

Slang
Aus: „Rote Fahne", Weihnachtsnummer 1925

„Ein trautes Heim, ein herzig Kind, das ist mein Himmel auf der Erde", G. Grosz, 1922

Weihnachtslied, chemisch gereinigt
(Nach der Melodie: „Morgen, Kinder, wird's
was geben!")

Morgen, Kinder, wird's nichts geben!
Nur wer hat, kriegt noch geschenkt.
Mutter schenkte euch das Leben.
Das genügt, wenn man's bedenkt.
Einmal kommt auch eure Zeit.
Morgen ist's noch nicht so weit.

Doch ihr dürft nicht traurig werden.
Reiche haben Armut gern.
Gänsebraten macht Beschwerden.
Puppen sind nicht mehr modern.
Morgen kommt der Weihnachtsmann.
Allerdings nur nebenan.

Lauft ein bißchen durch die Straßen!
Dort gibt's Weihnachtsfest genug.
Christentum, vom Turm geblasen,
macht die kleinsten Kinder klug.
Kopf gut schütteln vor Gebrauch!
Ohne Christbaum geht es auch.

Tannengrün mit Osrambirnen –
lernt drauf pfeifen! Werdet stolz!
Reißt die Bretter von den Stirnen,
denn im Ofen fehlt's an Holz!
Stille Nacht und heil'ge Nacht –
weint, wenn's geht, nicht! Sondern lacht!

Morgen, Kinder, wird's nichts geben!
Wer nichts kriegt, der kriegt Geduld!
Morgen, Kinder, lernt für's Leben!
Gott ist nicht allein dran schuld.
Gottes Güte reicht so weit . . .
Ach, du liebe Weihnachtszeit!

Erich Kästner, 1928

Seite 119
Aus „Frauenwelt", Dezember 1925

Das Weihnachtsfest war wie zuvor ein Fest, an dem die Gaben der Liebe sehr ungleich verteilt waren. Daran änderte auch der erstmals 1919 öffentlich auf der Straße aufgestellte elektrisch beleuchtete „Volksweihnachtsbaum", der „Lichterbaum für alle", nichts. 1928 erschien von Erich Kästner ein Gedicht, das die überall bekannten Weihnachtslieder des 19. Jahrhunderts persiflierte: „Morgen, Kinder, wird's nichts geben" oder „Morgen kommt der Weihnachtsmann. Allerdings nur nebenan" – damit ist die Situation vieler Familien in den Berliner Arbeiterbezirken, für die die „Goldenen Zwanziger" alles andere als „golden" waren, angedeutet. Otto Nagel berichtete in dem schon erwähnten AIZ-Artikel, wie die Bewohner des „Roten Wedding" um diese Zeit Weihnachten feierten. „Es gibt eben noch viele Proleten, die sich den letzten Pfennig abknapsen, um ihren Kindern ‚einen Baum' zu machen. – Wenn das Geld durchaus nicht langt, macht man sich einen halbkünstlichen Baum, indem man ein paar aufgesammelte Aeste in einen Besenstiel bohrt: ‚Et is ja grade keen schöner Boom, aber et is doch een Boom.' – Ein paar Glaskugeln, die schon seit zehn Jahren zusammen mit der Zuckerschnur ihren Zweck erfüllen, werden an den Baum gehangen, und er ist ‚ausgeputzt' . . . Wenn man ein paar Mark für Geschenke ausgibt, kauft man praktische Dinge, die auch so hätten angeschafft werden müssen."

Da oft auch die geringsten Ausgaben nicht möglich waren, versuchten Väter und Mütter, ihren Jüngsten mit selbstgebautem Spielzeug oder selbstgenähten Puppenkleidern eine Freude zu bereiten. Sozialdemokratische Zeitschriften glaubten, ihnen dabei mit gutgemeinten Tips und sachkundigen Ratschlägen zu helfen.

„Altes Holzspielzeug läßt sich leicht bunt anstreichen und lackieren", empfahl die „Frauenwelt" ihren Leserinnen. Auch riet man, eßbares Spielzeug, z.B. Weihnachtsmänner oder Tierfiguren aus Äpfeln und Dörrobst, herzustellen. Vom Glauben an den Weihnachtsmann wurden die Kinder mehr und mehr bewußt abgehalten: „Weihnachtsmann! Der ist doch bloß ein Köder für Einfaltspinsel, der Weihnachtsmann. Den gibt's nämlich gar nicht. Die Geschenke kaufen dir doch deine Eltern . . .",[122] klärt die Kinder-AIZ ihre kleinen Leser auf.

Nach dem ersten Weltkrieg wurden Plüschtiere, vor allem der Teddybär, zum Lieblingsspielzeug für kleine Kinder. Zeitschriften lieferten der Arbeiterfrau Schnitte und Nähanleitungen für Spieltiere aus Stoffresten. „Wieviele harte Arbeiterhände, wieviele zerarbeitete Frauenfinger mühen sich in diesen Wochen, etwas Liebes zu tun", damit jedes Kind „einen Hauch des Heiligen Abends durch sein Leben trage", schrieb die „Frauenwelt".[123]

Selbst ist der Weihnachtsmann

Spielzeug zur Selbstanfertigung

FH. 6069 · FH. 6060 · FH. 6061 · FH. 6065 · FH. 6066 · FH. 6067 · FH. 6063 · FH. 6068 · FH. 6062 · FH. 6064

FH 6060. Großer Elefant. Wenn der Elefant geritten werden soll, muß ein Gestell aus vier Latten (in den Beinen) mit einer Längslatte (Rücken) zusammengenagelt oder -geschraubt werden. Für das Fell wählt man graues Tuch, für den Schwanz eine Kordel. Höhe 60 cm.

FH 6061. Kleiner Elefant. Die Hände und Füße der Inder werden aus Leder geschnitten und mit Zwirn an den Draht für Arme und Beine gebunden (ehe man Arme und Beine bewickelt). Höhe 18 cm.

FH 6062. Schaf. Körper aus Stoff. Wollhaare und Schwanz aus Schlingenstichen mit grauer Wolle. Beine mit Holzversteifung.

FH 6063. Leiermann als mechanisches Spielzeug. Den „Motor" bildet ein altes Weckerwerk, aus dem man die „Unruhe" entfernt hat. Der Kasten wie der Leiermann werden aus Holz geschnitzt, das man in heißem Wasser vorher erweicht hat. Stoffanzug. Die Gelenke müssen sich sehr leicht um die Nägel drehen!

FH 6064. Honigkuchenstand. Die Latten werden nach Zeichnung geschnitzt und mit Nägeln oder, wenn der Stand auseinandergenommen werden soll, mit Schrauben verbunden.

Dach Pappe oder Leinen. Ware aus Streichholzschachteln, mit braunem Lackpapier umklebt und mit gelben Lackpapiermandeln „verschönt".

FH 6065. Maus aus Plüsch oder grauem Stoff. Man kann einen grauen Seidenfaden zugleich an der Maus und versteckt an der Kleidung befestigen und dadurch die Maus „geheimnisvoll" (Zauberformel!) im halbdunklen Zimmer zum Laufen bringen.

FH 6066. Wippvogel. Flügel mit Pappe unterkleben, Schwanz aus zugestutzten Hühnerfedern.

FH 6067. Schlitten. Pferde aus Stoff. Schlitten aus Holz in Laubsägearbeit.

FH 6068. Seehund aus Stoff, Plüsch oder Fell, Bart Roßhaar, durchgezogen. Evtl. auf ein Brett mit kleinen Rädchen zu nageln.

FH 6069. Ballwurfspiel. Frosch aus Holz gesägt und bemalt oder beklebt. Auf der Rückseite des Maules wird ein herabhängendes Netz angenagelt.

Schnitte und Beschreibung zu allen Stofftieren auf dem Schnittmusterbogen.

Eine künstlerisch schöne Puppengarnitur (Text und Schnittmuster auf der nächsten Seite)

Alle Menschen sin vaeint, keener is det andern Feind – Reich läßt Arm' 'n Süppken essen, det der ooch mal kann wat fressen,
iebahaupt, da sind se wieda allens Schwe-
stern alles Brieda. Ach, wie wär'n wa alle
froh, wenn et doch man imma so! Lieba guter
Weihnachtsmann, streng dir mal n' Bisken
an: Keenen Haß nich, keene Hiebe, Frieden
woll'n wa, Christboomliebe!

B. Wolfsohn an H. Zille, 1924

Laut „Vorwärts" wurde Weihnachten von Arbeiterkindern als „das
schöne und traurige Fest" bezeichnet, wie ein Berichterstatter 1929 bei
der Suche nach Kinderwunschzetteln am Wedding und in Neukölln
feststellen mußte. Diese Wunschzettel waren bescheiden, meist auf
praktische Dinge gerichtet, oder sie wiesen ganz unkindliche Wünsche
auf: „. . . daß die Eltern eine neue Wohnung bekommen" und „Arbeit
haben . . .".[124]

No 973

Auf engstem Raum: Weihnachten auf einem
Spreekahn, 1926

120

Der Himmel auf Erden für eine halbe Mark

Waren nach der Jahrhundertwende vom eigentlichen Berliner Weihnachtsmarkt durch dessen Zersplitterung nur noch kümmerliche Reste vorhanden, so lösten sich diese in den Jahren der Weimarer Republik fast völlig auf. Doch die Glanzzeiten des Weihnachtsmarktes waren nicht vergessen. Die einen erinnerten sich der Stimmung, die anderen des Geschäfts.

Wiederholt wurden Anträge auf Wiedereinführung des Weihnachtsmarktes gestellt. Die Intentionen der Antragsteller waren dabei unterschiedlich. Wünschten die einen den Weihnachtsmarkt wieder auf „althergebrachte Weise" zurück, so schlugen die anderen einen Markt „rummelplatzartigen Charakters" vor, in der Nähe des Bahnhofs Friedrichstraße zum Beispiel. Den Vorschlägen wurde nicht stattgegeben, vor allem das „Rummelplatzartige" stieß auf heftige Ablehnung: „Sollen etwa auch Schaustellungen lebender Personen oder Gesangs- und deklamatorische Vorträge stattfinden?"[125]

Der alte Berliner Weihnachtsmarkt hatte sich von denen in anderen Städten, wie München oder Hamburg, darin unterschieden, daß er kein Ort der Jahrmarkts-Attraktionen, wie Schau- und Losbuden, Karussells oder Schaukeln, gewesen war. Vorschlägen, den Weihnachtsmarkt in

Illustration aus einem Kinderbuch

Weihnachtsbuden 1929

Straßenhändler 1924, H. Zille

„Koofn se, koofn se! Det macht Schpaß un frißt keen Brot!"

„Koofn se, koofn se! Det macht Schpaß un frißt keen Brot!"
O. Nagel, 1926

Berlin durch Hinzufügung von Rummelplatzvergnügungen wieder zum Leben zu erwecken, stand der Polizeipräsident sehr reserviert gegenüber. „Ob die hiesigen Jahr- und Weihnachtsmärkte mit denen in den Provinzstädten zu vergleichen sind, ist zweifelhaft. Soweit hier bekannt, wird in den Provinzstädten neben dem eigentlichen Jahrmarkt meistens noch ein Vernügungsplatz (Rummelplatz) eingerichtet." Man witterte im Rummel ein Volksfest und sah darin eine politische Gefahr. „Volksfeste haben hier seit der Revolution" – gemeint ist die Novemberrevolution 1918 – „nicht stattgefunden und dürften auch so bald nicht in Erscheinung treten",[126] lautete die Weisung 1921 unmißverständlich. Alle Anträge, ganz gleich, welcher Argumente sie sich bedienten, prallten an der Haltung des Polizeipräsidenten ab. Und so blieb es beim Straßenhandel überall in der Stadt. Die alljährliche Ankündigung in der Presse über den Beginn bzw. die „Freigabe" des „Weihnachtsmarktes" bedeutete lediglich die Freigabe des weihnachtlichen Straßenhandels.

Im Dezember 1923 widmete der „Vorwärts" dem Problem der Kleinhändler eine längere Betrachtung unter dem Titel „Vom wandernden Weihnachtsladen": „Wir erinnern uns alle noch des plötzlichen Auftauchens unzählbarer kleiner Straßenhändler . . . nach den Tagen der Revolution. Alle Welt war erstaunt, woher denn in so kurzer Zeit, trotz des soeben beendeten Krieges, plötzlich die vielen Waren und die vielen Händler herkamen. Jedenfalls waren sie da, nahmen in Straßen und auf Plätzen jedes nur verfügbare Eckchen ein und boten ihre Waren feil. Daß sie irgend jemand behinderten oder lästig fielen, wird man kaum sagen können. Dennoch aber fielen sie einigen Leuten auf die Nerven, nämlich den Inhabern der Ladengeschäfte und der Polizei. . . . Die Folge war ein schärferes Anfassen der Kleinhändler. Es bot sich dem unbefangenen Beobachter wieder und immer wieder das unschöne Bild, daß die Männer und Frauen mit ihren Wägelchen und Wagen wie das Wild von der Polizei gehetzt wurden. Die rechtsgerichtete Presse sparte nicht mit niedrigen Verdächtigungen. Sie meinte, in der Kleinhändlerschaft sollten sich vorzugsweise arbeitsscheue und sogar verbrecherische Elemente finden."[127]

Die rechtsgerichtete Presse hatte in bewährter Weise „arbeitslos" in „arbeitsscheu" umgewandelt. Der „Vorwärts" wußte dem nicht besser zu begegnen, als an das Solidaritätsgefühl seiner Leser für die, wie er sie nannte, „proletarischen kleinen Existenzen" zu appellieren. „So sieht Weihnachten auch für diese Angehörigen des freien Handels alles andere als erfreulich aus, und wer daran denkt, daß es vielfach die eigenen Klassengenossen sind, die hier am Straßenrand auf ehrliche Weise

Vor dem Schaufenster: „Ick träume nachts –
det jehört allens mir!"
H. Zille, 1925

Der Weihnachtsmarkt.
Beginn am 11. Dezember.

Die Zunahme des Straßenhandels läßt mit Sicherheit darauf schließen, daß der diesjährige Weihnachtsmarkt von Budeninhabern reich beschickt werden wird. In der Tat wird berichtet, daß die Meldungen der Händler so zahlreich eingelaufen sind, daß nur ein Teil der Gesuche berücksichtigt werden kann. Zumal aus verkehrstechnischen Gründen die Hauptstraßen freigehalten werden sollen. Der Weihnachtsmarkt wird in diesem Jahre am 11. Dezember beginnen. Die Verkaufszeit wird die gleiche wie in den Ladengeschäften sein. Die Händler rechnen in diesem Jahre auf ein lebhafteres Geschäft, da die Preise einem großen Teil den Einkauf teurer Spielsachen verbieten werden.

Hoffentlich täuschen sie sich nicht und es entspinnt sich wieder der fröhliche Lärm auf dem Belle-Allianceplatz, dem Arkonaplatz, der Petersburgerstraße und anderen Nebenstraßen und Alleen in den Vororten, jener Lärm mit Knarren und Lebkuchenherzen, tanzenden Puppen und Baumbehang, Wollwaren aller Art und dem Kleinkram, der uns in der Vorkriegszeit Weihnachtsfrohfreude vermittelte.

Neue Zeit, 20. Nov. 1925

123

Ein Kunstpfeifer findet interessierte Zuhörer,
1929

sich ihr Stückchen Brot verdienen wollen, der wird auch und gerade in dieser Zeit nicht achtlos an ihnen vorübergehen."[127]

Während der Inflationsjahre war der Zudrang zum Straßenhandel laut „Vorwärts" so heftig, „daß die Polizei sich veranlaßt gesehen hat, zum mindesten für die Weihnachtszeit diesem Verlangen besonders entgegen zu kommen".

Die Händler priesen je nach Temperament, Kraft, Stimme und Witz bzw. Galgenhumor ihre Ware an. Die einen ergingen sich in wortreichen Tiraden, andere „sind kurz und knapp mit Worten . . . wieder andere stehen vollkommen teilnahmslos und gleichgültig neben ihren Ständen, als wollten sie sagen: Dies ist der letzte Versuch, den ich noch mache. Und an diesen vergrämten, zerfurchten Gesichtern erleben wir wieder den grausamen Ernst dieser Tage und Wochen, der auch durch das Geflacker heller Lichter und durch fröhlich sich gebende Reden mancher Verkäufer nicht gebannt werden kann." Wer das Elend nicht sehen wollte, fand Gelegenheit, sich jovial zu erbauen; der „Vorwärts" berichtet weiter: „Da sind zum Beispiel Auslagen, die einem auf den ersten etwas fernen Blick wunderbares altes mattgelbes Elfenbein vortäuschen. Meist sind es Dämchen und Mädelchen in nur ein wenig mehr als Eva-Kostüm, die auf dem Schaubrett herumstehen, liegen, sich strecken und rekeln. ‚Allens aus Seefe', erklärt der Händler . . ."[127]

Drei Jahre später, 1926, schrieb ein Reporter der „Roten Fahne" über den weihnachtlichen Straßenhandel. Er beobachtete ein Publikum, das dem witzigen Redefluß der Straßenverkäufer zuhörte, ohne das geringste zu kaufen. „Wohl fünfzig Menschen umlagern einen Wagen, auf dem ein Schokoladenverkäufer thront. Er schreit seine Ware aus. ‚Ein, zwei, drei . . . sieben Pakete für 1 M.' – Niemand kauft. Alle ergötzen sich nur an dem Geschrei. Selbst die derbsten Witze ziehen nicht . . .".[128]

Wie um die Jahrhundertwende hatten sich überall, wo sich ein Plätzchen finden ließ, Kinder postiert. „‚Einen Sechser, die Knarre!' ‚Der hüpfende Frosch, die krauchende Schildkrete zehn Pfennige'. ‚Limetta, Limetta, drei Stück 15 Pfennig' krächzen junge Kinderstimmen durcheinander."[128] Obwohl Kindern das Handeln ausdrücklich untersagt war, traf man sie doch allenthalben mit ihren laufenden Mäusen, echten Magnesia-Wunderkerzen und Weihnachtspostkarten – frierend, geschäftig und immer auf der Hut vor der Polizei.

Auch als Produzenten waren Kinder in das „Weihnachtsgeschäft" eingespannt. Otto Nagel berichtet vom Wedding: „Hinten, im zweiten Quergebäude, baut der ausgesteuerte arbeitslose Holzarbeiter seit vie-

Skizze vom Weihnachtsmarkt, H. Zille
„Milchflaschen! Ersatz für Muttermilch"

„Ick habe meinen Weihnachten!"
Pfefferkuchen nach einem Zille-Bild

125

Der Weihnachtsbaumhändler hat alle Hände voll zu tun. Die einseitigen Bäume muß er anbohren und neue Zweige einsetzen, damit sie rund werden. Er muß sie alle effektvoll hinstellen, damit keiner ihre Fehler sieht. Ferner muß er den Leuten einreden, daß die paar Nadeln, die auf der Erde liegen, nur beim Abladen verloren gingen und nicht etwa durch das warme Wetter ausfielen. Die Leute, die umherstehen, möchten alle einen Baum haben, wenn sie nur nicht zu teuer wären. Was ist auch ein Weihnachtsfest ohne Baum. Wenn die Lichter abends brennen, und die Kinder „O du fröhliche" – singen, dann merkt man doch erst, daß richtig Weihnachten ist – hört man den Gefühlvollen sagen.

Rote Fahne, 15. Dez. 1926

„Wat, für son Boom is eene Mark zu deuer? – Kieken Sien sich mal an wie der jewachsen is, schlank wie son modernet Frauenzimmer."
O. Nagel, 1927

len Wochen mit Hilfe seiner Kinder Puppenmöbel, die er auf dem Weihnachtsmarkt zu verkaufen hofft. Allzu große Hoffnungen macht er sich nicht, die Konkurrenz ist zu groß. Es sind zu viele arme Luder, die sich ihr ‚Weihnachten machen' wollen. Man baut wochen- und monatelang an einem Puppenladen, einem Pferdestall oder an einem ganzen Puppenhaus und hofft, seine Arbeit an den Mann bringen zu können."[129]

Andere suchten sich zu helfen, indem sie Dinge von äußerst zweifelhaftem Nutzen zum Verkauf brachten, wie zum Beispiel Fußbodenschoner, Haarweller oder Schlipshalter, ganz zu schweigen von aufblasbaren Scherzartikeln oder Talmiherrlichkeiten jeder Art. Der 1926 angepriesene „Himmel auf Erden" war eines dieser zwecklosen Apparate. „Durch einen Druck sprühen die Funken und erscheinen durch fein aufgeklebte farbige Glimmerblättchen in vielen Farben. ‚Das ganze Universum 50 Pfennig! Die praktische Darlegung der Gelehrten für eine halbe Mark!'"[130] Immer wieder tauchten neue „Neuheiten" auf, Erzeugnisse industrieller Hersteller, aber auch eigene Erfindungen der jeweiligen Verkäufer. 1928 gründeten diese „Spezialisten", wie sie sich selbst nannten, den „Ring der Neuheitenverkäufer Deutschlands" und ersuchten beim Polizeipräsidenten, da die „volkswirtschaftliche Bedeutung ... außer Zweifel" stünde, um besonders günstige Plätze beim Weihnachtsstraßenhandel.

So zahlreich die Straßenhändler waren – der Umsatz, den sie alle zusammen erreichten, war kaum der Rede wert.

Das große Weihnachtsgeschäft fand andernorts statt. Kaufhäuser nutzten die neuen technischen Möglichkeiten, um ihre Weihnachtsauslagen ins rechte Licht zu setzen. Alle Geschäfte, ob groß oder klein, präsentierten sich weihnachtlich. „Tannenzweige waren auf Plakate gemalt oder lagen giftgrün auf weißen Hemdblusen. In manchen Auslagen stand ein putziger Weihnachtsmann und glotzte mit veilchenblauen Glasaugen auf die Vorübergehenden."[131] Auch winzige künstliche Weihnachtsbäume mit gleichfalls winzigen Kerzen konnte man in den Schaufenstern entdecken.

Berlin (1920 unter Einbeziehung der Randgebiete als Groß-Berlin zu einer kommunalen Einheit zusammengefaßt) galt mit seinem modernen Geschäfts- und Vergnügungsviertel, das im alten Zentrum entstanden war, als Inbegriff jener für die zwanziger Jahre charakteristischen hektischen Geschäftigkeit. Trotz der Krisenzeiten gab es hier riesige Freßkörbe, die von „Schnapsflaschen, Würsten, Ananas und Trauben, mit schimmernden Schleifen gebunden und auf Tannenstreu gebettet" überquollen – erlesene Genüsse für entsprechende Käufer.

In den Warenhäusern herrschte Hochbetrieb. Menschen strömten durch die Drehtüren herein, schoben und wurden geschoben und suchten zwischen den ausgelegten Waren das Passende: Schmuck, Abendroben und Wäsche, Glas aus Böhmen und Porzellan aus Sachsen, Ledertaschen, bunte Bücher, Musikapparate und Schallplatten, Puppendamen mit Bubikopffrisuren. In der Haupthalle stand ein großer Weihnachtsbaum mit elektrischen Kerzen, ein Kinderchor sang gefühlvolle Weihnachtslieder, während sich die ärmeren Altersgenossen an den Schaufensterscheiben die Nasen platt drückten. Es war ein mageres Vergnügen, die märchenhaft-weihnachtliche Szenerie zu bewundern, und es war schwer einzusehen, warum sich die in Scharen herumlaufenden Weihnachtsmänner – von geschäftstüchtigen Werbechefs engagiert – für die Wünsche der Kinder aus den Arbeiterfamilien nicht zuständig fühlten.

„Darf ich den Baum tragen?"
Foto: E. Thormann, 1931

„O du fröhliche, o du selige, gnadenbringende Zeit"

Fotomontage: John Heartfield

Fest unter der „Jultanne"

Der Errichtung des faschistischen Regimes im Januar 1933 folgten Maßnahmen, die das gesamte kulturelle Leben in den Dienst der faschistischen Ideologie stellten. Diese Maßnahmen waren verbunden mit demagogischen Versprechungen, die von kleinen Geschäftsleuten und Beamten, aber auch von Angestellten und Handwerkern sowie von Erwerbslosen angesichts ihrer verzweifelten Situation nicht durchschaut wurden.

Die „Volksgemeinschaft" wurde propagiert, in der weder Klassennoch Standesunterschiede eine Rolle spielen sollten. Die „Volkstumsideologie" (die sich auf den von Friedrich Ludwig Jahn geprägten Begriff „Volkstum" berief), ging von einer ominösen „Volkheit" aus, die, gekennzeichnet von „gleicher Geisteshaltung" und „gleicher rassischer Zugehörigkeit" in ihrer „ursprünglichen Ganzheit", gegen von außen eingedrungene Einflüsse wiederhergestellt werden sollte.

Gedankengut der Jahrhundertwende, vor allem die Verherrlichung des Germanentums und die ausgeprägt nationalistische Interpretation des Geschichtsverlaufs (Geschichte nicht als Klassen-, sondern „Rassenkampf") bildeten den Boden sowohl für die „Blut-und-Boden"-Ideologie als auch für die „Volkstumsideologie".

In diesen Kontext wurde nun das Weihnachtsfest gestellt: die „deutsche Weihnacht" erhielt den Rang einer den „nationalen Gedanken fördernden" Angelegenheit; sie sollte in erster Linie „Deutschtum" manifestieren: „Auch andere Völker mögen ihr Weihnachtsfest haben, aber kaum eines ist von seinen Wurzeln her, in Glauben und Empfinden, in Märchen und Legenden so fest und innig damit verwachsen, wie gerade das deutsche".[132]

Weihnachten zu feiern, hieß weiterhin der Mutterschaft und Mutterliebe – wie sie nach dem Ermessen faschistischer Ideologen zu verstehen waren – zu huldigen. „Diese allmächtige, unvergängliche, unzerstörbare Mutterliebe ist es", heißt es zum Beispiel in einem einschlägigen Artikel der Zeitschrift „Beamtenhilfe" vom Dezember 1933, „der wir Jahr um Jahr in gläubiger Demut unser Opfer darbringen, wenn wir die Mutter mit dem Kinde in den Mittelpunkt unseres Christfestes rücken."[133]

Die christliche Tradition der Madonnendarstellung wurde der Rassenideologie unterstellt. Das „Hilfswerk Mutter und Kind" propagierte die Frau als Mutter, als „Bewahrerin der Rasse". Wird in dem zitierten Artikel noch der Begriff „Christfest" gebraucht, so sprach man in späteren

Seite 128
Fotomontage J. Heartfield, Dezember 1935

Gewürzkuchen (ohne Fett und ohne Ei)
180 g Zucker, $^1/_4$ l Wasser, 300 g Mehl,
$^1/_2$ Backpulver, 100 g kandierte Apfelsinen-
oder Zitronenschalen oder kandierte Melo-
nenstückchen oder Kürbis. 120 g Zucker
werden gebräunt und, wenn er anfängt zu
schäumen, mit dem Wasser abgelöscht und
aufgekocht. Man läßt ihn abkühlen und ver-
rührt ihn dann mit dem mit dem Backpulver
vermischten und gesiebten Mehl, unter das
man die übrigen 60 g Zucker gemischt hatte.
Man rührt alles gut, fügt die kleingeschnitte-
nen Apfelsinenschalen dazu, füllt den Teig in
eine gefettete Kastenform und läßt ihn lang-
sam backen.
　　　Kalender „Vorweihnachten", 1942

Sonnenräder für den Weihnachtsbaum
Weihnachten ist Sonnenwende; die wieder-
erwachte Sonne kreist deshalb von der
Wärme der Lichter bewegt, auf der Baumspitze oder bildet stehend seine Krone.

　　Zum drehenden Sonnenrad braucht man
ungefähr 8 Teile aus Pappe, mit Goldpapier
oder Zigarettenfolie überzogen. Diese Teile
schiebt man in sehr schräge Einschnitte
einer Holzscheibe. Durch die Mitte der
Scheibe läuft die an der Baumspitze befestigte Stricknadel. Ihr Ende geht durch eine
zweite kleine Holzscheibe, auf die ein Knopf
oder ein Blechstück genagelt ist.

　　Zur zweiten, stehenden Sonne braucht
man nur eine Scheibe mit schrägen Ein-
schnitten, sonst wird sie genau wie die dre-
hende Scheibe gearbeitet.
　　　Kalender „Vorweihnachten", 1942

O Kinder kommt, o Kinder schaut,
der Christmarkt ist schon aufgebaut!

Wir bauen Schneebunker und Schneemänner

Der Win-ter ist ge-kom-men mit sei-nem wei-ßen Kleid,
hat Blu-men uns ge-nom-men, den Gar-ten zu-ge-schneit.

Die Weihnachtskalender Anfang der 30er
Jahre zeigen noch eine harmlose Mär-
chenszenerie, zehn Jahre später ist alles auf
Krieg ausgerichtet, selbst Abbildungen win-
terlicher Spiele.

Jahren vom „Julfest" oder, noch häufiger, von der „Weihnacht"; „Advent" wurde durch „Vorweihnachten" ersetzt. Der Weihnachtsbaum oder Lichterbaum erschien als germanische Jultanne, als „Weltenesche" oder auch als mystischer Lebensbaum und verkörperte überall, wie es hieß, „ein Stück deutscher Heimat", ob „fern über See, in fremden Ländern oder zu Hause im Familienkreise".[134] Der empfohlene neue Baumschmuck im Runenstil konnte sich aber ebenso wenig durchsetzen wie die neuen Bezeichnungen für den alten Weihnachtsbaum. Häufiger dagegen sind die kleinen Figuren, mit denen das „Winterhilfswerk" die Spenden zu vergelten pflegte, in den Weihnachtsbaum gehängt worden, sichtbares Zeichen, daß man dem Spenden-Aufruf oder der Sammelaktion Folge geleistet hatte.

Nach der Besetzung Österreichs 1938 wurde offiziell eine „großdeutsche Weihnacht" als „Fest der deutschen Seele" begangen und die „Auferstehung des Großdeutschen Reiches" mit der „Neugeburt des Lichtes" gefeiert, symbolisiert durch Sonnenrad und Hakenkreuz, während Christus (als Jude) überhaupt keine Erwähnung mehr fand.

Den Bestrebungen, die bürgerlich-gemütliche Weihnachtsseligkeit ins „Völkische" zu wandeln, kamen die Lieder entgegen, die die wandernde Jugend nach der Jahrhundertwende „entdeckt" hatte – gegen winterliche Naturbeschreibungen gab es von offizieller Seite nichts einzuwenden. Neue Lieder, die im altertümelnden Stil den „Sunnwendmann" oder mit völkischem Pathos Licht und Winternacht besangen, wurden gedichtet. Das beliebteste Weihnachtslied des 19. Jahrhun-

Für manche modische Puppendamen, . . .

Sparsamkeit heißt die Parole
für das holde Weihnachtsfest.
Spart das Fleisch, das Brot, die Kohle,
spart, was sich nicht zahlen läßt.
Auch das Reich spart überall –
außer für den Kriegesfall.

Erich Mühsam, 1930

derts, „Stille Nacht", bemühte man sich, durch die bedeutungsschwer tönende Dichtung „Hohe Nacht der klaren Sterne" zu ersetzen, doch konnten sich weder der Text noch die Melodie mit dem vertrauten Lied messen, weshalb es weitgehend unbekannt blieb. Trotz des Aufwandes an mystisch-nationalistischer Propaganda änderten sich die Auffassungen der Bevölkerung bezüglich des Weihnachtsfestes kaum. Die Ideologie von der „Volksgemeinschaft" rüttelte kaum an den bestehenden Unterschieden zwischen arm und reich. Das Weihnachtsfest blieb ein Familienfest – je nach Einkommen mager oder üppig begangen –, der Weihnachtsbaum blieb Mittelpunkt der „patriarchalisch" geordneten familiären Feier. Die Abschirmung nach außen erfolgte in diesen Jahren eher noch stärker als zuvor.

Erst die Kriegsjahre griffen gravierend in die Familienfeiern ein. Zwischen 1939 und 1944 konnten immer weniger – trotz der pathetischen Beschwörung des Propaganda-Apparats – die alte Stimmung und Behaglichkeit aufkommen.

Als die Bombenangriffe auf Berlin einsetzten, erhielten die Begriffe „Weihnachtsbaum" und „Christbaum" eine makabre Nebenbedeutung: So nämlich bezeichnete die Bevölkerung mit bitterem Sarkasmus die von anglo-amerikanischen Bombengeschwadern abgeworfenen Zielmarkierungen.

. . . für andere Krimskrams von der Straße
Foto: Kardas

Der Weihnachtsmarkt
in der Zeit des Faschismus

Um das Gemeinschaftserleben der „Volksgemeinschaft" zu fördern, wurden „bodengebundene Volksfeste" veranstaltet, die „gleichzeitig dem Heimatsinn und dem Gefühl der Volksverbundenheit neue Impulse" verleihen sollten. Deshalb wurde in „Anlehnung an die ehrwürdige Tradition"[135] 1934 der Berliner Weihnachtsmarkt im Lustgarten wieder eröffnet. Der neue Weihnachtsmarkt mußte Superlative bieten: er hatte der größte und repräsentativste in Deutschland zu sein. Der Weihnachtsmann oder St. Nikolaus, wie man ihn gern titulierte, spielte die Hauptrolle: „Noch niemals seit der Großväter Zeiten ist der Weihnachtsmann so gefeiert worden", meldete ein Sonderberichterstatter der Berliner Volkszeitung im Dezember 1934. Und er malte aus, wie sich „St. Nikolaus" sechsspännig mit Hofstaat sowie mit „tschingtsching und bumbum" in der Begleitung von „hunderttausend Kindern" von

Weihnachtsmarkt 1936 im Lustgarten

Buden auf dem Dönhoffplatz, 1934

der Kroll-Oper zum Brandenburger Tor begeben und dort seinen „Thüringer Kollegen" begrüßt habe. Gemeinsam seien beide Weihnachtsmänner dann mit Gefolge zum Lustgarten gezogen, um den Weihnachtsmarkt zu eröffnen. Das wird unter reichlicher Verwendung des inzwischen landesüblichen Vokabulars „unerhört", „beispiellos", „unbeschreiblich" usw. berichtet.[136]

Der Weihnachtsmann – auch in den folgenden Jahren paradierte er die Linden entlang – fungierte als „Winterhilfsmann". Er war dazu berufen, die Besucher zu einer Spende für „ärmere Volksgenossen" zu veranlassen und Sachspenden aus seinem Gabensack zu verteilen.

Die Verkaufsbuden wurden von Händlern betrieben, die sich im Gewerbe auskannten. Sie boten die üblichen „Fabrikartikel aller Art" an, nunmehr im Dienste am deutsch-kernigen Wesen: „Sport und Wandern ist Trumpf . . . das Herz der deutschen Jugend schlägt weniger für Hampelmann und Zuckerwerk als für ein paar wetterfeste Röhrenstiefel, für das Kochgeschirr, für Tornister und kurze Joppe!"[137] So konnte man es in der Zeitung lesen.

Die Buden standen vor einem Halbrund aus Hakenkreuzfahnen, ihr Angebot aber war alles in allem nicht heroischer als das der Straßenhändler im Jahrzehnt zuvor: Küchengerät, Kleintextilien, Seifen und andere kosmetische Artikel, Christbaumschmuck und Spielzeug.

Die Beschriftung der Pfefferkuchen verkündete unpolitische Trivial-Weisheiten: „Die Liebe ist ein Omnibus, den jeder mal besteigen muß"

Aufruf zu einer Spendenaktion für das „Winterhilfswerk", 1934

Lebkuchenbude
Foto: F. Eschen, 1936

Straßenmusikanten im Lustgarten
Foto: F. Eschen, 1936

oder „Am schönsten ist es auf der Welt, wenn Vater und Mutter Frieden hält" – eine gesittete Pfefferkuchen-Poesie, die sich jedweder auf die Zeit bezogener Anspielungen, wie man sie in den zwanziger Jahren noch finden konnte, enthielt. Für die leiblichen Genüsse sorgten weiter Zuckerwatte-Buden und Mandelbrennereien, auch Stände mit Kartoffelpuffern, heißen Würstchen und „Schrippen mit Hering und Gurke".

Das ganze Budenleben jedoch hätte wohl keinesfalls ausgereicht, jene Besucher-Rekordzahlen zu erreichen, wie sie damals verbucht worden sind: 1934 wurde von 1,5 Millionen, 1936 von 2 Millionen Besuchern gesprochen.[138]

Die neue Anziehungskraft des Weihnachtsmarktes wurde von den nunmehr einbezogenen Rummel-Attraktionen verursacht, von Rutschbahnen, Schießhallen, Kraftmessern, Schaubuden, Karussells und Losbuden. Sie bildeten zusammen mit den Verkaufsständen und -buden eine neue Mischung: Die Besucher konnten sich vor oder nach dem Einkaufsbummel von den Verlockungen eines Vergnügungsparks verführen lassen. Die Einbeziehung von Schaustellern, (die nach dem ersten Weltkrieg gegründete „Reichsunion reisender Schausteller und Berufsgenossen" war kurzerhand in die „Wirtschaftsgruppe ambulanter Gewerbe" eingegliedert worden) wurde durch Rundfunk- und Pressemeldungen popularisiert. Anläßlich der Eröffnung des Weihnachtsmarktes filmte sogar die „Wochenschau".

Um den Eindruck auf die „Volksgenossen" noch zu erhöhen, wurden vom Veranstalter zusätzlich Schaustellungen im großen Stil geboten, etwa die „Deutsche Märchenschau" 1938 mit überdimensionalen Figuren, nicht ohne Anklänge an Heldentum und germanische „Herrenrasse".

Weniger „großdeutsch" waren die Auslagen der Warenhäuser gehalten. Folgt man den Berichten älterer Berliner, so bildeten diese – zum Beispiel Wertheim und Tietz am Alexanderplatz – einen Hauptanziehungspunkt im weihnachtlichen Getriebe, zum einen der phantasievollen Dekorationen in den festlich illuminierten Schaufenstern wegen und zum anderen, weil man hier mitunter einen Einkauf um die Weihnachtszeit durch ein kleines Präsent für die Kinder honorierte. Die Käufer kauf-

Weihnachtsmarkt in der Müllerstraße (Wedding), O. Nagel, 1933

ten, und die Kinder wurden dafür belohnt – mit einem Luftballon oder einem winzigen Blumentöpfchen, einem kleinen Buch oder einer „japanischen Wunderblume" – billig, aber bunt.

Nach dem faschistischen Überfall auf Polen 1939, mit dem der zweite Weltkrieg begann, wurde das großangelegte „neue Volksfest" zunehmend kleiner. Der Weihnachtsmarkt sei, wie es sinnig hieß, „vom Krieg verjagt worden", und man „müsse sich beschränken".[139] Dennoch wurde immer noch vom „Weihnachtsmarkt" gesprochen, auch wenn nur von einigen Buden die Rede war, die sich vor dem Roten Rathaus, auf dem Dönhoffplatz, dem Belle-Allianceplatz und dem Weddingplatz hartnäckig zur Weihnachtszeit einstellten. „‚Klein, aber mein', sagte der Weihnachtsmann, als er sich in diesem Jahr in Berlin einrichtete", heißt es forciert salopp in der Berliner Börsenzeitung vom 9. Dezember 1940. Schausteller mit Losbuden und Fahrgeschäften nahmen nicht mehr teil. Einerseits fand man ihre Teilnahme „aus Platzgründen" nicht angebracht, andererseits war die Beweglichkeit des ambulanten Gewerbes

Der Weihnachtsmann dankt für eine Spende.
Foto: F. Eschen, 1936

durch den Krieg stark eingeschränkt; Reisen waren teuer und gefährlich geworden und mußten genehmigt werden.

Trotz dieser Einschränkung hielten die meisten Reporter es für geraten, von „Hochbetrieb" zu reden, der „vor dem Rathaus in der Königstraße" herrsche – und: „Auch die ersten Weihnachtsbäume sind da, und man stellt fest, daß der Weihnachtsmarkt weder an Anziehungskraft noch an weihnachtlicher Atmosphäre eingebüßt hat", schrieb die Berliner Börsenzeitung. Ein Jahr später, 1941, hatte man „von einem Marktbetrieb im Lustgarten auch diesmal wieder Abstand genommen".[140] „Selbstverständlich ist auch die Auswahl der Waren erheblich eingeschränkt, jedoch werden u. a. immerhin Schmuck für den Weihnachtsbaum, Spielwaren verschiedener Gattungen und kleine Textilerzeugnisse wie Krawatten und Schals, ebenso billige Schmuckstücke auf dem Markt zu finden sein. Auch der Pfefferkuchen wird nicht fehlen, . . ."[141] Den Händlern standen nicht mehr genug Waren zur Verfügung. Die Kategorie der „bezugsbeschränkten Artikel" kam auf. Die Buden verkauften, solange die Ware reichte: „In knapp zwei Stunden war der erste Warenvorrat der Bude (Stoffpuppen in bunten Kleidchen, Stofftiere, Korbwägelchen mit Holzrädern und bunte Papiermühlen) ausverkauft; denen, die leer ausgegangen waren, versicherte der Besitzer, daß morgen der Nachschub pünktlich eintreffen werde."[142] 1938 hatten noch an die dreißig Händler Christbaumschmuck verkauft, 1941 war nur noch ein einziger im Geschäft. „Er hat sein Geschäft vom Vater geerbt und verkaufte schon als Junge von sechs Jahren auf dem Weihnachtsmarkt in Berlin die Hampelmänner, die er zusammen mit seinen zehn Geschwistern selbst ausschnitt. Heute ist er ein Mann von vielleicht 60 Jahren. Er hat auf keinem Berliner Weihnachtsmarkt mit Christbaumschmuck gefehlt, und hat auch in diesem Jahre eine reiche Auswahl."[142]

Die Einnahmen der Händler waren auf Grund der akuten Knappheit karg. Dennoch wurden sie veranlaßt, „freiwillig" der „Kriegswinterhilfe" zu spenden. „Viele ambulante Händler stellen nämlich ihr Geschäft an diesen Tagen freiwillig der Winterhilfe zur Verfügung und lassen ihre Kasse von einer der Instanzen verwalten, die gerade die Sammlung durchführen. Die Hälfte der Einnahmen von zwei Tagen gehört der Winterhilfe",[142] die über den Verbleib der Millionen Reichsmark, die durch die Spenden zusammenkamen, keine Rechenschaft ablegen mußte.

1942 verschwanden auch die Reste des pompös auferstandenen Berliner Weihnachtsmarktes, und damit sollte es vorerst sein Bewenden haben. Die Naziherrschaft steuerte auf den „totalen Krieg" zu, und der Bevölkerung stand nicht mehr der Sinn nach „deutscher Weihnacht".

Damals jedenfalls, im Jahre des Heils 1942 (oh, es gab noch viele, viele Heilrufer), entschädigte das Führerbild für alles, was man nicht bekommen konnte. Es spendete Freude, Rührung und sogar Licht. Schwarz auf Weiß habe ich es gelesen.

Vor mir liegt der Brief eines Regimentskommandeurs, der, damals in vorderster Linie der Ostfront liegend, doch noch die Muße fand, sich bei seinen Soldaten nach ihren Weihnachtswünschen zu erkundigen. Was sie sich wünschten, erfuhr Goebbels „sofort auf Umwegen", und da es sich weder um Gänsebraten noch um Urlaub handelte, organisierte er die „Dr. Goebbels-Spende", zu der natürlich die Heimat alles Notwendige herbeizuschaffen hatte. Und sie tat es. Es war nicht schwer. Alle Soldaten wünschten sich: Das Bild des Führers. Sie haben es bekommen. Und der Kommandeur berichtete über die Wirkung in einem Dankschreiben an Goebbels.

„Es war ein unvergeßlicher Augenblick, als dann die Abordnungen eintraten, und sich alles ansehen konnten."
Warum eine Abordnung? Warum durften es sich nicht alle ansehen? Wählte man vielleicht die drei „Tapfersten" aus, die alles ertragen konnten, auch diese Bescherung?
Pauline Nardi, Weihnachten? Okay!
In: Weltbühne, Dez. 1947

Preis 15 Pfg

TÄGLICHE RUNDSCHAU

Nr. 192/193 — Zeitung für die deutsche Bevölkerung — Montag Dienstag, 24. 25. Dezember 1945

Die erste Friedensweihnacht

Weihnachten 1945

Botschaft der Weihnacht

Ricarda Huch

Freudige Festnachricht für die Berliner

160 000 Kriegsgefangenenbriefe aus Moskau eingetroffen

Briefwechsel mit Kriegsgefangenen in der Sowjetunion

140

Friedensweihnacht 1945

„Zum ersten Mal nach mehr als fünf Kriegsjahren wird diesmal wieder eine Friedensweihnacht begangen. Die Gabentische werden bescheiden sein – aber was tut das. Der Zauber der Weihnacht ist noch nie von der Fülle der Geschenke abhängig gewesen, und die Gewißheit, dieses Jahr das Weihnachtsfest wieder in Frieden begehen zu können, ist Geschenk genug."[143]

So wie hier in einer Berliner Tageszeitung wurde in ganz Deutschland das Weihnachtsfest 1945 begrüßt. Es verhieß im tieferen Sinne wiederkehrendes Licht, Aufatmen nach der Dunkelheit der Naziherrschaft. Es war das erste Weihnachtsfest seit Jahren, das ohne die tägliche Angst ums Leben begangen werden konnte. Dennoch gab es kaum jemanden in der Stadt, der die Festtage frei von Bedrückung verleben konnte; die meisten Familien beklagten den Verlust von Angehörigen. Ausgebombte und Umsiedler hausten in notdürftigen Unterkünften.

Die Frauen, die durch die Kriegszeit gewohnt waren, Verantwortung allein zu tragen, wollten für ihre Kinder und Angehörigen ein Fest ausrichten, wie es ihnen aus den Tagen ihrer Kinderzeit vorschwebte: mit Kerzenschein, Festessen, Weihnachtsliedern und Geschenken. Der Magistrat unterstützte die Bevölkerung und bemühte sich um Tannenbäume, die unter schwierigen, teilweise lebensgefährlichen Bedingungen beschafft werden mußten, denn in den Wäldern lagen noch Munition und Sprengkörper. 100 000 Bäumchen waren für Berlin vorgesehen, sie reichten bei weitem nicht aus. Vorrangig wurden deshalb Heime und Krankenhäuser beliefert sowie Betriebe, die öffentliche Weihnachtsfeiern für Kinder ausstatteten.

Für Familien mit mehreren Kindern wurden Bezugsscheine ausgegeben, „damit sie wirklich den ihnen zustehenden Baum" erhielten. Wenngleich nicht wenige Haushalte auf den Baum verzichten mußten, so sollte doch gewährleistet sein, daß alle Kinder im Rahmen der zahlreichen öffentlichen Feiern eine kleine Bescherung im Lichterglanz eines Weihnachtsbaumes erleben konnten. Manch einer kam auf die Idee, sich einen Baum aus der Umgebung Berlins zu „organisieren" (so wie man in diesen Monaten vieles „organisierte", was dringend gebraucht und eigentlich nicht zu bekommen war). Notfalls behalf man sich mit einigen geschmückten Tannenzweigen in einer Vase – und machte aus der Not noch eine Tugend: „‚Na, hör mal', sagte Thea. ‚Tannenbaum . . . sowas hat doch heute kein Mensch mehr . . . Dies hier ist doch entschieden dekorativer und stimmungsvoller!'"[144] Für die

Was der Berliner wissen muß
Zigaretten zu Weihnachten
Auf Abschnitt 4 der Berliner Raucherkarte erhalten alle Männer vom Freitag, dem 21. Dezember ab 10 Zigaretten oder 3 Zigarren oder 3 Rollen Kautabak oder 100 Gramm Schnupftabak je nach Wahl, alle bezugsberechtigten Frauen 5 Zigaretten.
Deutsche Volkszeitung, 21. Dez. 1945

Ausgehverbot aufgehoben
Dem Herrn Oberbürgermeister wurde von der Alliierten Kommandantur folgendes bekanntgegeben: Die Ausgehbeschränkung wird ab 24. Dezember 1945 aufgehoben. Sie kann jedoch wieder eingeführt werden, wenn es die Lage für ratsam erscheinen läßt.
Deutsche Volkszeitung, 23. Dez. 1945

Seite 140
Weihnachtsnummer der Täglichen Rundschau, 24./25. Dezember 1945

Zweige benötigte man nur wenige Kerzen, ein paar Kugeln oder Lamettafäden, und daß darunter der Platz für Geschenke nur klein war, kam der Situation durchaus entgegen. Immerhin hatte der neu gegründete Aufbau-Verlag gerade noch rechtzeitig die ersten Bücher für den Weihnachtstisch fertiggestellt.

Dankbar von den Berlinern aufgenommen wurden die Maßnahmen für die Bevölkerung: durch eine Sonderzuteilung an Lebensmitteln – Mehl und Zucker – war der Weihnachtskuchen gesichert, daneben kamen zusätzlich „Zuckerwaren" zur Verteilung. Am 24. Dezember meldete die „Tägliche Rundschau", das Organ der sowjetischen Militäradministration in Deutschland, eine „freudige Festnachricht für die Berliner": eine Sendung von 160000 Kriegsgefangenenbriefen war aus Moskau am Vortage eingetroffen. Alle Briefe – für Tausende von Familien ein erstes Lebenszeichen ihrer Angehörigen – sollten durch Sondereinsätze noch während der Feiertage zugestellt werden.[144]

Des weiteren wurde anläßlich des Festes die Ausgangsbeschränkung aufgehoben, und die Staatsoper nahm „eine liebenswerte Sitte" wieder auf und überraschte die Berliner mit der Aufführung von Humperdincks Märchenoper „Hänsel und Gretel".

Der Verkauf von Adventskränzen verbreitet Weihnachtsstimmung.

Weihnachtsmarkt in der Ruinenstadt

Trotz Ruinen und Schutthalden, trotz Verkehrs- und Transportschwie-
rigkeiten hatte die Stadt zum Weihnachtsfest eine Extra-Überraschung
parat – den Weihnachtsmarkt im Lustgarten. Als eine der ersten Veranstaltungen dieser Art nach den Schrecknissen des Krieges ist er –
Volksfest und Kinderfest zugleich – allen Beteiligten besonders im Gedächtnis geblieben.

Die Berliner Schausteller hatten mit Unterstützung des Magistrats die
Initiative ergriffen: „Wir müssen die Menschen erst mal wieder lachen
und fröhlich sein lehren."[145] Im Lustgarten, wo vor wenigen Monaten
noch gekämpft worden war, standen nun Karussells, Glücksräder, Verkaufsstände, Spiel- und Schaubuden. Zuvor hatten Sprenglöcher zuge-
schippt, Lichtleitungen gelegt und ein Notstromaggregat zur Strom-
erzeugung beschafft werden müssen. Bis kurz vor der Eröffnung
wurde geschraubt, gesägt und gehämmert, und die Begrüßungsrede
des Stadtrats konnte nur von wenigen Besuchern akustisch verstanden werden, weil eine Lautsprecheranlage noch fehlte.

Hampelmänner für 5 Mark
Würfelbuden, Glücksräder und Wurfbuden
beherrschen das Bild des Weihnachtsmarktes. Auch viele Verkaufsstände bieten ihre
Ware an. Das Wort „Tinneff" wird vor manchen Buden laut. Hampelmänner aus Pappe
5 Mark, Stofftiere bis zu 19 Mark, Einholnetze
16,50 Mark. Am preiswertesten erscheinen
Bleifiguren, der Karton zu 12 Mark.
Berliner Zeitung, 19. Dez. 1945

Inmitten der Ruinen: Weihnachtsmarkt 1945

Rundfahrten mit dem Ponywagen. Im Hintergrund die Marienkirche, 1947

Aber das tat der allgemeinen Freude keinen Abbruch, die Berliner strömten in Scharen zum Weihnachtsmarkt, amüsierten sich bei einer Karussellfahrt ebenso wie im Liliputanerzirkus, der die ersten Vorstellungen für Kinder kostenlos gab. Das größte der sechs Karussells lud zur „Fahrt zum Mont Blanc" ein, sie war besonders reizvoll nach Einbruch der Dunkelheit, wenn Fahrgeschäfte und Buden mit bunten Glühlampen beleuchtet wurden – zunächst allerdings nur auf der Spreeseite des Marktes. Ein Weihnachtsmann mit roter Zipfelmütze und weißem Bart kam seinen Geschäften nach; bei der Eröffnung beschenkte er einen Kinderchor aus Mitte, der für festliche Stimmung gesorgt hatte, mit einer Spende des Handels: jedes Kind erhielt eine Flasche Süßmost und eine Tüte Bonbon. Sodann besuchte er eine Weihnachtsfeier für Waisenkinder, eine Feier, die die Schausteller mit Hilfe einer Sammlung von Bargeld und Spielzeug auf dem Weihnachtsmarkt veranstalteten.

Die Auslagen der Verkaufsbuden boten einen noch recht dürftigen Anblick. „Unsere Tage haben es mit sich gebracht, daß von all den Dingen, die die Erwachsenen so gern auf den bunten Märkten zu suchen pflegten, so gut wie nichts vorhanden ist",[146] bedauerte ein Bericht-erstatter. Bratpfannen, Suppenkellen, Notizblöcke, gerahmte Bilder, kunstgewerbliche Taschen und kleine Spielzeuge für die Kinder – darin erschöpfte sich das Angebot.

Eine angekündigte „Überraschung" machte das spärliche Warenange-bot wett: eine Würstchenbude, in der aus dem dampfenden Kessel ge-gen Abgabe von 50 g Fleischmarken für 35 Pfennig eine heiße Bock-wurst erstanden werden konnte. Als wärmendes Getränk stand Ka-threiner Malzkaffee bereit, die Tasse für 50 Pfennig.

Der Weihnachtsmarkt verlieh der zerstörten Stadt ein wenig Buntheit und einen Hauch Weihnachtsstimmung. „Man geht wieder auf den Weihnachtsbummel", schrieb eine Berliner Zeitung. Sogar ein Weih-nachtsbaum war im Lustgarten aufgerichtet; zwar war er recht klein und „allzu natürlich", nämlich ohne jeden weihnachtlichen Schmuck, aber das konnte sich in den nächsten Jahren ändern. Alles in allem sah man in diesem improvisierten Weihnachtsmarkt von 1945 „eine Andeutung dessen, was wir in gesegneteren Zeiten wieder in vollem Lichterglanz erstrahlen lassen wollen".

Hoch oben über all dem Jubel zwei winzig klein erscheinende Menschen am schwan-kenden 42-Meter-Mast. Die Marelli-Cimarro-Truppe zeigt ihre artistischen Spitzenleistun-gen mit Todesfahrt von der Domkuppel. Eine Gruppe von Menschen, Fanatiker ihres Be-rufes, die – oftmals kaum beachtet – trotz Kälte und geringer Gage allabendlich den Weihnachtsmarktbesuch zum Erlebnis macht.
Nacht-Expreß, 22. Dez. 1946

Frohsinn auf dem Weihnachtsmarkt
Goldener Sonntag auf dem Weihnachtsmarkt. Strahlende Kinderaugen, lachende Gesich-ter überall. Die Dunkelheit hat sich über die Stadt gelegt, aber auf der Spreeinsel am Lustgarten erhellen Tausende von Lampen den Platz. Weihnachtliche Melodien mischen sich mit Schlagerklängen aus vielen Mikro-phonen, Lachen und Kreischen ertönt aus den verschiedenen Buden. Und über allem liegt eine Stimmung vom nahenden Fest der Freude.
Nacht-Expreß, 22. Dez. 1946

Ambulanter Spielzeughändler, 1948

Berlin –
Werkstatt des Weihnachtsmannes

„Der vom Hauptausschuß ‚Opfer des Faschismus' ergangene Ruf ‚Rettet die Kinder' hat auch bei den Berliner Rundfunkhörern nachhaltigen Widerhall gefunden. Täglich gehen zahlreiche Spenden im Funkhaus ein", meldete der Berliner Rundfunk am 9. Dezember 1945.

Berlins Stadtrat Ottomar Geschke hatte die Berliner um Unterstützung gebeten: Den Großstadtkindern, die unschuldig an Krieg und Not viel Leid erlebt hatten, sollte eine Weihnachtsfreude bereitet werden. All jene Kinder, die sich auf keine Feier im Familienkreise freuen konnten, in erster Linie die elternlosen, sollten gemeinsam unter einem Weihnachtsbaum bei Kaffee und Kuchen ein paar fröhliche Stunden verleben und beschenkt werden: mit Spielzeug und notwendigen nützlichen Dingen. Die Festfreude sollte Hunger, Kälte und Angst vergessen machen. Ein Bericht der „Täglichen Rundschau" kennzeichnet die Situation, der sich der Stadtrat gegenübersah: „Im Anfang sah es nicht so aus, als gelänge das große Werk. Skeptischen, zurückhaltenden, ja beinahe mitleidigen Mienen begegnete Herr Geschke, als er beispielsweise das Berliner Handwerk zur Mitarbeit aufrief. Gerade die Handwerker, die ohnehin ‚gefragt' genug waren, ausreichend Arbeit hatten und an allem Mangel litten. Zwar spendeten sie gern und viel Geld. Doch Sachen? Spielzeuge? Woher? Woraus? Wohin sie auch blickten: Leere, Mangel, ein Zuwenig. Aber auch die vermeintlichen Lücken und Trümmer, das zeigt sich nun acht Wochen später, boten findigen Köpfen und geschickten Handwerkern genug Material, um ein Kinderherz höher schlagen zu lassen. Die Tischler und Drechsler verwandelten Holzreste, bauten Tische und Stühlchen für Kinderheime, die Schuhmacher besohlten 500 zerrissene Kinderstiefel kostenlos, die Putzmacher und Damenschneider fertigten Puppen und Kleider, die Schlosser, Mechaniker, die Segelmacher – zwölf Berliner Innungen beteiligten sich, darunter die Kürschner mit einem kostbaren Geschenk: Pelzkragen und -muffe und Mützen für Jungen und Mädel. Und das gesamte Berliner Handwerk schenkte ein Haus für 200 heimatlose Waisen.

Die ersten aber, die Ottomar Geschkes Ruf hörten – nicht nur mit dem Ohr – und ihm von Herzen gern und freudig folgten, waren die Frauen, Mütter und Mädchen. Stand ihnen das Objekt, für das sie ihre letzten Flicken hervorkramten, ihre Zeit hingaben und sich lange den Kopf um das Zuschneiden zerbrachen, doch noch näher als Stadtrat Geschke selbst. Die Nähstuben in den Bezirken sahen glückliche, zufriedene

Der Weihnachtsmann ist dicht umlagert, 1947

Seite 147
Aktion „Rettet die Kinder": Puppenwagen aus dem Erzgebirge und aus Thüringen für die Berliner Kinder, 1945

Gesichter. Selbst Frauen, denen der Umgang mit Nadel und Schere bis heute fremd war, wagten sich an die ungewohnte Arbeit ‚Trägerröckchen' und waren glücklich, als sie gelang.

Schulkinder bastelten, junge Mädchen und Burschen arbeiteten in den Bastel- und Nähstuben der Jugendheime. Angestellte des Magistrats entrichteten als Eintrittsgeld zu einem unterhaltsamen Abend ein

Es war auf einer Weihnachtsfeier, wie sie zu Hunderten in den letzten Adventstagen im großen, zerstörten Berlin veranstaltet wurden. Der stattliche Weihnachtsbaum, dessen Größe allerdings alle Erwartung übertraf, war von kunstreichen Frauenhänden prachtvoll geschmückt. Lange Tische schlossen sich hufeisenförmig um ihn. An Kuchen und Kaffee mangelte es nicht. Was aber die Kinder besonders erfreute, war die Tischkarte, die Namen und Vornamen der kleinen Gäste nannte, und die von den Kindern sorgfältig aufgehoben und mitgenommen wurde. Jedes der Kleinen sollte fühlen, daß dieses Fest ihm, ja ihm persönlich galt. Auch die Bescherung brachte jedem Kinde Geschenke, die seinem Alter und seinen persönlichen „Schwächen" entsprachen.

War es da ein Wunder, daß das „Oh Tannenbaum, oh Tannenbaum" gleich einer Hymne des Jubels und der Lebenslust erscholl, und daß helle Freude den Kreis der Kinder erfüllte?

Der Weihnachtsmann war eifrig bemüht, „Ordnung in die Bude zu bringen". Er ließ abwechselnd die Jungen, dann die Mädel, später alle zusammen singen. Als der Fuchs, der die Gans gestohlen hatte, gerade daran glauben sollte, besann sich der Weihnachtsmann darauf, nun auch die Erwachsenen zu Worte kommen zu lassen. „Also, Kinder, nun sollen auch mal eure Vatis und Muttis, ach . . ." Ja, es war geschehen. Bedrückte Stille trat ein, und die nächsten Worte des Weihnachtsmannes, „eure Tanten und Onkel", kamen leider etwas und doch viel zu spät.

Er hatte vergessen, daß diese Kinder, die eine russische Behörde im Berliner Norden zu einer Weihnachtsbescherung eingeladen hatte, Waisen waren . . .

Er hätte nicht „Vatis und Muttis" sagen sollen, der Weihnachtsmann. Keines der 150 Kinder hatte welche. Sie waren in Konzentrationslagern und Gefängnissen zu Tode gemartert worden oder hatten den Raubkrieg der Nazis mit ihrem Leben bezahlen müssen.

Tägliche Rundschau, 24./25. Dez. 1945

Kindergeschenk, andere nähten Wäsche und Kleider. Die Rundfunkfee bewirtete Charlottenburger Kinder, die jungen Berliner Polizisten werkelten in ihren Revieren, die Feuerwehr baute Löschzüge, Angestellte des Postamtes O 17 machten Puppen und Spielzeug. Die Mädchen des Fernamtes Nord nähten warme Sachen, im Postscheckamt verzichteten die Beamtinnen einmal in der Woche auf ihre warme Mahlzeit, um dafür Keks für die Kinder zu backen. Keine Hand in Berlin blieb müßig . . .

Es gibt eine Kunst-Weihnachtsausstellung, Märchenfilme und Theater, Kasperle beglückt die Kinder, sie sehen Liliputaner und Zirkuszau-

Ein paar Jahre später: Eine Kinderweihnachtsfeier im Zentralhaus der Jungen Pioniere. Zu Gast sind Wilhelm Pieck und Rosa Thälmann.

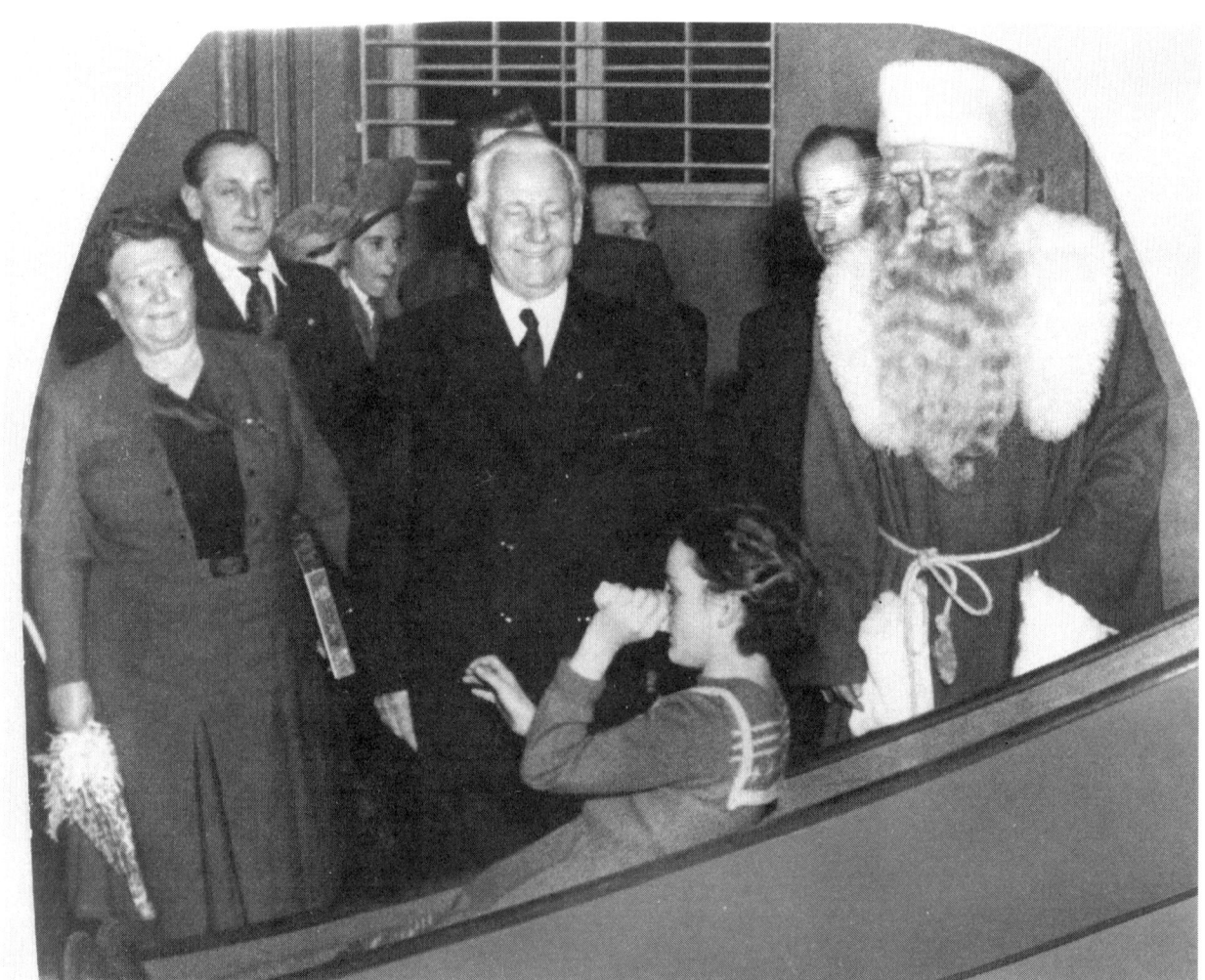

ber. Zum Besten der Kinder spielen die Berliner Philharmoniker, treten Sänger, Schauspieler und Artisten auf – teils um den Kindern selber zu gefallen, teils um weiteres Betriebskapital für den Kauf warmer Sachen zu beschaffen.

Noch nie war Berlin, die Stadt in Trümmern, waren die Berliner trotz eigenem Leid und Armut so einig und um ein glückliches Weihnachten für die Kinder bemüht. Ohne viele Worte und ohne Ausnahme machten sie mit. Sie vergaßen für Stunden, Tage und Wochen das eigene Schicksal, sie wurden selber froh beim Freudevorbereiten."[147]

Besonders in den letzten Adventstagen fanden täglich Ausstellungen, Feiern und Kindervorstellungen statt, die alle in irgendeiner Weise mit einer Bescherung verbunden waren, und so fehlte auf keiner dieser Veranstaltungen der Weihnachtsmann, und kein Kind blieb ohne ein kleines Geschenk.

Das Resümee der Aktion „Rettet die Kinder" war dann auch für alle Beteiligten zufriedenstellend. „Ottomar Geschke, der Weihnachtsmann der Berliner Kinder, der wohl Grund hätte, auf den Erfolg seiner Arbeit stolz zu sein, ist dankbar, froh und glücklich. Glücklich, weil er seinen kleinen Leidensgefährten die erste echte Weihnachtsfreude schenken konnte."

Weihnacht

Es blüht der Winter im Geäst
und weiße Schleier fallen.
Einsam erfriert ein Vogelnest.
Wie vormals läßt das Weihnachtsfest
die Glocken widerhallen.

Es neigt sich über uns der Raum
darin auch wir uns neigen.
Es glänzt der Kindheit Sternentraum.
Ein neuer Stern blinkt hoch am Baum
und winkt aus allen Zweigen.

J. R. Becher

Eine Weihnachtsfrau am Potsdamer Platz

Historische Weihnachtsschau
im Alten Marstall, Breite Straße 36, neben dem Weihnachtsmarkt
Das Märkische Museum hat hier aus der Fülle seines Museumsgutes an Spielzeug, weihnachtlicher Volkskunst, alter Kirchenkunst, handgeschnitzten Backmodeln und Nußknackern sowie Gemälden, alten Stichen, einem Guckkasten und jahrhundertealten Wintersportgeräten eine vielseitige Schau gestaltet. Sie ist noch bis 30. Dezember, täglich von 14 bis 20 Uhr, bei freiem Eintritt geöffnet.

Neue Zeit, 24. Dez. 1954

Mehr als ein Rummelplatz mit Weihnachtsstimmung

Nach dem begeisterten Zuspruch, den der Weihnachtsmarkt 1945 und in den ersten Nachkriegsjahren verbuchen konnte, stand es für Stadtväter und Publikum außer Frage, wie und wo der Berliner Weihnachtsmarkt jährlich stattzufinden hatte: im Lustgarten und Umgebung. Bis einschließlich 1961 war der Weihnachtsmarkt hier zu finden – mit Ausnahme der Jahre 1951 und 1952, in denen er auf dem Alexanderplatz aufgebaut wurde.

War er in den ersten Jahren des Wiederaufbaus noch von Improvisationen abhängig, wurde er nach Gründung der DDR allmählich in die kulturelle Planung des Magistrats einbezogen. Die schwersten Kriegsfolgen waren beseitigt, nunmehr konnte man daran gehen, dem Bedürfnis der Berliner nach einem geselligen Vergnügen in der Vorweihnachts-

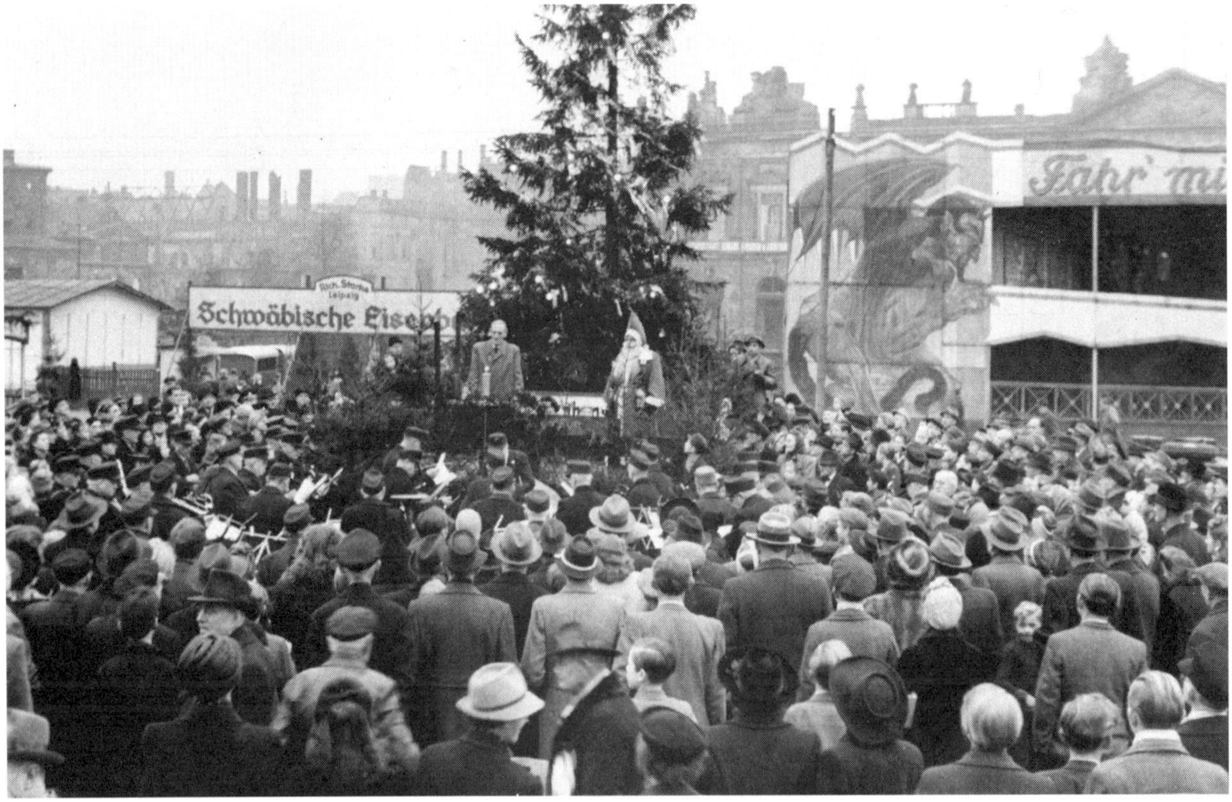

Seite 150

*Der Weihnachtsmarkt 1949 wird mit Blas-
musik eröffnet. Stadtbezirksbürgermeister
Thiele hält eine Ansprache.*

*Weihnachtsmarkt 1951 auf dem A'exander-
platz*

Da, schaut hin!
Lau ter Lich ter.
Wie sie leuch ten!
Ein hel ler Schein!
O, so fei ne Sa chen!
Für Mut ter ei ne Schach tel,
für Tan te Em ma ei ne Ta sche,
für Ot to ein Last au to.
Ei ne Ho se für Ar tur,
ei nen Rol ler für Her ta,
Schu he für Su si,
Ham mer und Fei le für E mil.

*Zeichnung von H. Baltzer im Lesebuch für
Schulanfänger, 1950*

*Das nahegelegene HO-Warenhaus half
Weihnachtswünsche zu erfüllen, zumal im
Dezember 1951 gerade eine Preissenkung
in Kraft getreten war.*

zeit vielfältiger entgegenzukommen. Der Weihnachtsmarkt wurde bereits in dieser Zeit mehr als ein Rummelplatz mit Weihnachtsstimmung.

Bis weit in die 50er Jahre hinein lag ein Großteil der Verantwortung für das Zustandekommen und Gelingen des Marktes in den Händen der Berliner Schausteller. Ihr Berufsvertreter war mit der Verteilung der Standplätze, der Einziehung der Standgebühren und mit der Bearbeitung der Teilnahmeanträge beauftragt. Seinem Engagement war es zu verdanken, daß der Weihachtsmarkt einen unbestrittenen Anziehungspunkt für die Berliner aus allen Teilen der Stadt bildete. Besondere Attraktionen waren: die doppelstöckige Geisterbahn, die Turmrutschbahn „Toboggan" und die Achterbahn „Wilde Maus". Fast jedes Jahr rühmten die Berichterstatter der Berliner Zeitungen den zauberhaften Anblick, der sich ihnen von einer Riesenradschaukel aus bot.

Für die Jüngsten standen „Kinderfahrgeschäfte" bereit, Karussells mit Pferden, Hähnen, Schwänen und anderem „Reitgetier", mit Autos und Straßenbahnen; die Erwachsenen begaben sich auf eine „Walzerfahrt zum Mond" oder auf eine „Fahrt ins Glück". Die Losbuden verhießen mitunter Sensationelles: 1952 zum Beispiel konnte man mit etwas Glück für 25 Pfennig ein Fahrrad gewinnen.

Mit den Jahren wechselten die Attraktionen. Manches verschwand, so etwa ausgesprochen artistische Darbietungen, anderes, was zunächst als „antiquiertes billiges Amüsement" abgelehnt worden war, wurde wiederentdeckt. Hin und wieder mußten einige allzu beliebte Einrichtungen aus dem Verkehr gezogen werden, weil sie der über Wochen anhaltenden ständigen Belastung nicht standzuhalten vermochten. Die Schausteller mußten alle Reparaturen selbst ausführen, da es eine entsprechende Werkstatt nicht gab. Die Veranstalter suchten interessante Fahrgeschäfte in der ganzen Republik, und die Schausteller, in der Mehrzahl kleine Familienbetriebe, die schon seit Generationen in diesem Metier beheimatet waren, folgten den Einladungen gern. Für viele von ihnen war der Berliner Weihnachtsmarkt die jährliche Krönung ihrer Arbeit.

Neben dem „Vergnügungsteil", dem „Spielplatz für Erwachsene", bot der Weihnachtsmarkt mit den Jahren zunehmend weitere Genüsse. Zu der einzigen Würstchenbude – Clou von 1945 – hatten sich zahlreiche Stände mit herzhaften Gaumenfreuden gesellt: Brathähnchen, Bratwurst, Schaschlyk, in manchen Jahren Ochse am Spieß, Wildschwein am Spieß, Buletten, Kartoffelpuffer. Auch süße Leckerbissen, wie Pfefferkuchen, Knusperhäuschen und Schokoladenherzen – „ganz nach Wunsch beschriftet" –, Waffeln und Zuckerwatte, „garantiert aus reinem

ganz oben
1953: Von der Klosterstraße bis zum Rathaus stehen Fahrgeschäfte und Vergnügungsbuden.

oben
Junge Rennfahrer, 1953

links
Die Pioniereisenbahn blieb ein „Gastspiel", weil die Anlage durch den Schottergrund für den kurzen Zeitraum zu aufwendig war.

153

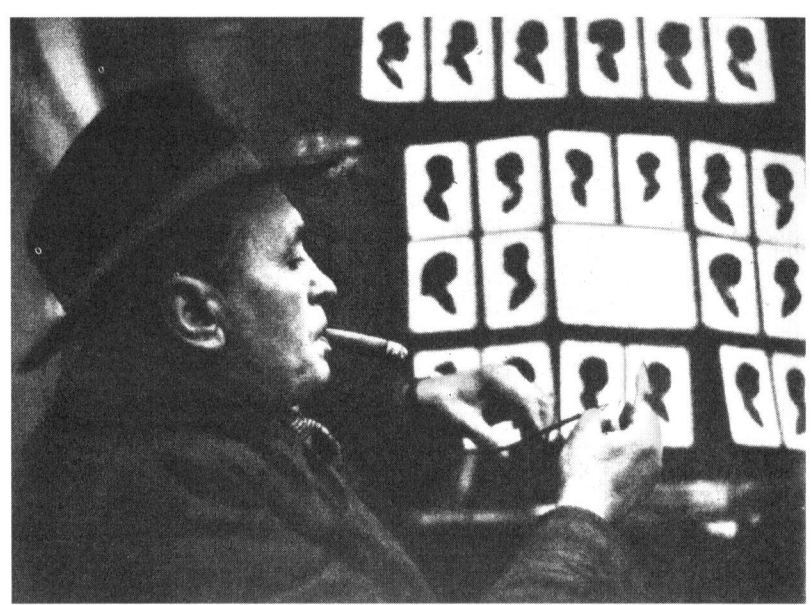

Der Silhouettenschneider
Foto: G. Kiesling, 1953

Jedes Jahr wieder begehrt: Heiße Würstchen

Zille-Zeichnung und Leierkasten: Altberliner
Bierstube, 1953

Zucker", wurden in Mengen verkauft. Fettgebackenes wurde unter verschiedenen Namen angeboten, und der winterlichen Witterung zum Trotz fanden „Polar-Eis" oder „Spezial-Vanille-Eis" ihre Abnehmer.

Nach der Einführung der Infrarot-Heizung (1954) zählten das „Tropen-Café" und eine „Terrasse de la paix" zu den gastronomischen Höhepunkten. In mollig-warmen „Schneehütten" waren Grogstuben eingerichtet, und ein Winzerkeller lud zu einem guten Schoppen.

Im Speisenangebot drückte sich deutlich der wachsende Lebensstandard der Bevölkerung aus. Nicht nur direkt auf dem Weihnachtsmarkt eingerichtete Gaststätten, wie die „Alt-Berliner Bierstuben", die in ihrer Einrichtung an die noch vielen Berlinern bekannte Kneipe „Zum Nußbaum" erinnerte, sondern auch schwimmende Gaststätten, wie „Spree-Nixe", „Hummel-Hummel" oder der „Kahn der fröhlichen Leute", die am Ufer des den Platz begrenzenden Spreearms vor Anker lagen, sorgten von 11 bis 20 Uhr für das Wohl des Publikums.

Der Weihnachtsmarkt 1957 wird aufgebaut. Noch sind die Gänge zwischen den Verkaufsbuden leer.

Weihnachtsfest – Jolkafest

„Zu keiner Zeit war das Geläut der Glocken verheißungsvoller als heute, wo die uralte Weihnachtsbotschaft . . . als Appell zu jedem von uns spricht: Friede auf Erden ist heute kein Traum, sondern unser aller Möglichkeit und Lebensnotwendigkeit!"[148] Diese Worte aus dem Programmheft des Weihnachtsmarktes 1955 wurden den Besuchern gleichsam mit auf den Weg gegeben.

„Frieden auf Erden" hatte 1950 auf dem Wandbild am Alten Museum über dem Berliner Bären gestanden, „Friedens-Weihnacht" war auch das Motto in den folgenden Jahren auf dem Marx-Engels-Platz. „Weihnachten, das alte Sonnenwend- und spätere Geburtsfest des Menschensohnes, der der Welt den Frieden bringen soll, hat sich nach zwei fürchterlichen Weltkriegen in vielen Ländern der Erde zu einem Friedensfest weiterentwickelt, das alle Menschen guten Willens fest machen will im Glauben an die Siegeskraft des Friedens und in der Ent-

Jolkafest: Großvater Frost und Schneeflöckchen unter der Jolkatanne

Seite 157
21. Dezember 1952, Sonnenwende mit Vorweihnachtsstimmung

schlossenheit, sich für ihn einzusetzen. In allen weihnachtlichen Leitartikeln und Rundfunkkommentaren ist davon die Rede. Auch in unseren häuslichen Weihnachtsfeiern?"[149] Diese Frage wurde Ende der 50er Jahre aufgeworfen. Es war die Frage, welches Gedankengut mit dem Weihnachtsfest übernommen bzw. modifiziert worden ist. Nach 1945, als die Schrecken des Krieges noch allen im Bewußtsein standen, wurde der Friedensgedanke zum Mittelpunkt des Weihnachtsfestes und zur politischen Botschaft – ins Familiäre übersetzt bedeutete er: Friedlichkeit und Geborgenheit.

Mitte der 50er Jahre wurde das in der Sowjetunion schon längere Zeit gefeierte Jolkafest bekannt – das Fest am Jahresende mit Varianten der weihnachtlichen Figuren: in Kindergärten und Schulen erschien statt des Weihnachtsmannes Väterchen Frost, ihn begleiteten kleine weißgekleidete Mädchen (Schneeflöckchen), und im Mittelpunkt des Festes stand die riesengroße lichtergeschmückte Jolkatanne. Großvater Frost verteilte kleine Geschenke, und rund um die Tanne wurde gesungen und getanzt.

oben
Begleitheft zum Weihnachtsmarkt 1955

Plakat, 1956

157

Werbeblatt der Sparkassen, 1953

Während sich Väterchen Frost und der Weihnachtsmann auf dem
Weihnachtsmarkt trafen und gemeinsam feierten, wurden in den Familien die Feierlichkeiten nach traditionellen Vorstellungen begangen: mit
Gänsebraten, Geschenken und Süßigkeiten, – nunmehr für alle er-
schwinglich –, mit Lichterbaum und dem Zeremoniell der Familienfeier.

Im Laufe der Jahre kamen Gebräuche der Vorweihnachtszeit wieder
zu Ehren, zum Beispiel der Nikolaustag. Die zu nächtlicher Zeit in ge-
putzte Schuhe gelangten Äpfel, Apfelsinen, Nüsse, Pfefferkuchen,
Spekulatius oder Schokoladenfiguren bildeten einen Vorgeschmack
auf weihnachtliche Genüsse. Da diese kleinen Überraschungen nur
wenig Aufwand kosteten, verbreitete sich der Brauch über die Familie
hinaus und wurde besonders von den verschiedenen Kindereinrichtun-
gen aufgegriffen.

Der bekannte Adventskranz, der ursprünglich an den vier vorweihnachtlichen Sonntagen in christlichen Waisenhäusern geleuchtet hatte
und nach dem ersten Weltkrieg allmählich in den Familien heimisch geworden war, erfuhr nun eine Abänderung. Ende der 50er Jahre tauchten kunstvoll gebastelte Gestecke auf, deren Lichterzahl nicht mehr auf
vier festgelegt war. Diese Adventsgestecke, bei denen Tannenzapfen,
immergrüne Nadelzweige, Schleifen oder anderer Schmuck die Umrahmung für eine oder mehrere Kerzen bildeten, wurden zunehmend
beliebter.

Weihnachtslied

Jetzt strahlt der Weihnachtsbaum aus
seiner Ecke,
er ist in sein Lametta ganz verliebt,
und die Familie sieht hinauf zur Decke,
erwartend, was es für Geschenke gibt.
Dann klettert Weihnachtsstimmung sacht
aus dem Klavier –
drei, vier!

Und plötzlich ist es wie vor hundert
Jahren,
nur daß die Moden heute anders sind
und daß noch Fürsten damals üblich waren,
ach Gott, ach nee, ach wie die Zeit
verrinnt.
Und auch Sozialversicherung und Neonlicht
gab's nicht.

Wie dem auch sei! Bei Gustav Otto Krause
brennt die Romantik ihre Kerzen an,
und man genießt Familie und Zuhause,
und Fritzchen wartet auf den Weihnachtsmann.
Man schimpft vielleicht noch festlich
mild auf die HO –
nur so.

Der Weihnachtsmann fühlt sich vor'n Kopf
gestoßen,
weil jedes Kind heut schon so logisch
denkt.
Hingegen glauben noch an ihn die Großen,
wenn sie 'nen Bart sehn, woll'n sie was
geschenkt.
Dabei erfüllt sich nur durch Tätigkeit
ein Traum –
sonst kaum.

Dann, nach drei Tagen, sind die Weihnachtslieder,
die alten, wieder wohlverpackt im Spind.
Man findet auch schon neue hin und wieder,
nur daß sie käuflich nicht zu haben sind.
Wer glaubt, daß das bis nächstes Jahr
geändert wird,
der irrt.

     Heinz Kahlow, 1975

*Weihnachtsbaumverkauf unter dem Magi-
stratsschirm, 1961*

„'nen schöneren Boom kriejen se in janz
Berlin nich, Madammekin. Immer, wenn se
jlooben, er is zu Ende, denn kommt doch
noch wat!"
Zeichnung: Ulla

Märchenwald 1957: Schon vor der Eröffnung fand der Tanz der Mickymäuse bei
den Kindern großen Beifall.

Auf dem Weg zum neuen Volksfest

1962 zog der Weihnachtsmarkt in die Sporthalle in der Karl-Marx-Allee und auf den sie umgebenden Platz. Hier blieb er bis 1968. In dieser Zeit galt der Berliner Weihnachtsmarkt schon als gelungenes Beispiel für neuzeitliche Volksfeste.

1964 wurde der „Zentrale Arbeitskreis Schausteller" gegründet, der Aufgaben und Stellung der Schausteller neu festlegte. An die Stelle der Rummelplätze alter Prägung sollten neue Formen treten, die Vergnügen und Unterhaltung mit Anregungen für die Bildung verbinden sollten.

Schon Mitte der fünfziger Jahre war man darauf gekommen, einen „Märchenwald" einzurichten, in dem die kleinen Besucher bekannte Figuren – groß und bunt – wiederfinden konnten. 1954 war die ganze Tribüne auf dem Marx-Engels-Platz in einen Wald verwandelt worden, in dem Riesen und Zwerge, Drachen und Kobolde, Knusperhexe und Prinzessin ihr Wesen trieben. Als 1959 der Märchenwald ausblieb, weil „die Figuren zu leicht entzweigegangen", gab es Protest. An den Märchenwald „haben unsere Kinder sich (und wir auch) nun einmal gewöhnt".[150] Daraufhin wurde der Wald wieder eingeführt. Zu den Grimmschen Märchenfiguren kamen Gestalten, die den Kindern aus Zeitschriften und Erzählungen bekannt waren, und schließlich wurden auch die Figuren des Kinderfernsehens, Sandmännchen, Schnatterinchen und Pittiplatsch, hinzugenommen. In manchen Jahren war ein Zauberschloß „wie aus 1001 Nacht" zu bewundern: „Ein Eingang führt uns in das Reich der Märchentante, der andere in ein Kino, in dem Märchen-, Puppen- und Trickfilme gezeigt werden. Zwischen beiden Eingängen bieten 3 Fenster Einblicke in ein Fernsehprogramm."[151] Die Märchentante war eine Berliner Schauspielerin, die, als das Genre des „Erzählens" aus der Mode kam, vom Weihnachtsmarkt verschwand. Marionetten- und Kaspertheater konnten sich länger halten, von Zeit zu Zeit traten Puppenspieler auf, der Witterung wegen meist „im Saale".

Ende der fünfziger Jahre etablierte sich eine neue Einrichtung, die bis zum heutigen Tage aus dem Bild des Weihnachtsmarktes nicht wegzudenken ist: das Bastelzentrum der Pioniere.

1957 erstmals eingerichtet, 1959 gewürdigt als „ein guter Beginn", erweckte es von Anfang an Interesse. 1961 konnten die Kinder im Bastelzelt vor dem Alten Museum u. a. Untersetzer und Manschetten für Blumentöpfe aus Bast, Holz und bunten Kugeln anfertigen. Ein Fließband für die Fertigung von Rennautos und Segelbooten aus Plast wurde aufgebaut – Pressen, Schneiden, Schleifen, Kleben, Trocknen –

Seite 160
Die Karl-Marx-Allee mit dem Klub der Jugend und Sportler im Dezember 1964

oben
Plakat, 1965

Zeichnung: G. Vontra, 1965

Anziehungspunkt Autorennbahn „Berliner Ring"

fertig, „alle 10 Minuten ein Auto". Der Andrang der Kinder, die für ein paar Pfennige ein kleines Weihnachtsgeschenk herstellen wollten, war unerwartet groß und nahm in den folgenden Jahren immer mehr zu.

1963 fand auf dem Weihnachtsmarkt eine Ausstellung über Volkskunst und Volksbrauch statt, zwei Jahre später begeisterte eine Modelleisenbahnanlage das Publikum. Diese und andere Ereignisse brachten ob ihrer Vielfältigkeit dem Berliner Weihnachtsmarkt den Ruf eines neuen Volksfestes ein. Auf der Konferenz der Schausteller 1966 hieß es: „Je mehr das Fest vom herkömmlichen Rummelplatz abweicht und neue, unserem modernen Leben entsprechende Formen einbezieht, um so stärker werden der Besuch, die Resonanz und der Erfolg sein."[152]

Kilometerlange Lichterketten von 100 000 Glühlampen tauchen die Karl-Marx-Allee in ein buntes Lichtermeer.

Berliner Weihnachtsmarkt gestern eröffnet
Das naßkalte und reichlich ungemütliche
Sonnabendwetter hielt 3000 Mädchen und
Jungen gestern nicht davon ab, beim „Weih-
nachtsmarkt-Eröffnungsmarsch" mitzuma-
chen. Der Platz vor dem S-Bahnhof Plänterwald war schon kurz nach 13 Uhr voller Berliner Gören. Und wem es gelang, Mutti und
Vati rechtzeitig aus dem Haus zu lotsen,
konnte am Treffpunktort ein Pfefferkuchen-
häuschen in Empfang nehmen. Gegen 13.30
Uhr dann: Fanfarenstöße und los ging's zum
Kulturpark.

Hier warteten bereits Oberbürgermeister
Herbert Fechner und Mitglieder des neuen
Magistrats auf die vom Weihnachtsmann an-
geführte Kinderschar. Beifall für Väterchen
Frost, der im ponybespannten Wagen ein-
traf und sich über das Matroschka-Lied sehr
freute. „Dankeschön" des OB an die beiden
bärtigen Männer, die ihm einen Riesen-Leb-
kuchenschlüssel übergaben. Ein Glockenspiel verkündete: Der Berliner Weihnachtsmarkt 71 ist eröffnet.

Berliner Zeitung, Nov. 1971

Kinderparadies

Mit der Einweihung des „Kulturparks Berlin" war Ende der sechziger
Jahre im Plänterwald ein Ort entstanden, der sich als ständiger Platz für
den Weihnachtsmarkt anzubieten schien, da viele Schausteller mit modernen oder frisch überholten Fahrgeschäften dort von April bis Oktober
ihr Domizil hatten. 1969 wurde der Weihnachtsmarkt dorthin verlegt.
Zum Wahrzeichen des Kulturparks – dem Riesenrad – gesellte sich um
die Weihnachtszeit die große lichterfunkelnde Fichte. Die Besucher
fanden alles, was sie von einem Weihnachtsmarkt erwarteten, und doch
fehlte vielen zwischen den Verkaufsbuden und Vergnügungsanlagen
die rechte weihnachtliche Stimmung. Der Standort war etwas abgele-
gen. Zwar konnte mit dem Weihnachtsmarktbummel ein Spaziergang
durch die Anlagen des Treptower Parks oder den Plänterwald verbunden werden, doch alles in allem zeigte sich, daß zur typischen Atmosphäre des Berliner Weihnachtsmarktes offensichtlich auch die städtische Kulisse gehörte. Nach wenigen Jahren beschlossen die Stadtväter, als neuen Standort wieder einen alten zu wählen: den Marx-Engels-
Platz. „Die Idee war glänzend – ja, hier gehört der Weihnachtsmarkt
hin!"[153]

164

Vor der Eröffnung wütete ein orkanartiger Sturm – Verkaufsstände waren umgerissen, Bespannungen zerfetzt und die Spitze der großen Fichte abgebrochen – der Weihnachtsmarkt wurde dennoch pünktlich eröffnet. Märchenwald, Herr Fuchs und Frau Elster, Karussells über Karussells, Ponys und Kamele: der Weihnachtsmarkt war zum „Kinderparadies" geworden. Es gab einen Kinderwagen-Parkplatz, und Eltern mit Kleinkindern konnten die vom Roten Kreuz eingerichtete Wickelstube aufsuchen, um die Windeln ihrer Jüngsten zu wechseln. Ein Kindersuchdienst rief unentwegt im Gewühl verlorengegangene Kinder aus. (Rekord war 1976, als an einem einzigen Tag 310 Kinder dank des Kindersuchdienstes von ihren Eltern wieder in Empfang genommen werden konnten.)

1973 zog sich das Markt-Terrain vom Marx-Engels-Platz, wo der Bau des Palastes der Republik begonnen hatte, noch ein Stück „Unter den Linden" entlang bis Bebelplatz. Die Besucherzahlen erreichten neue Rekorde. Auf eine Anregung aus Dresden wurde an der Giebelseite des Alten Museums ein überdimensionaler Weihnachtskalender angebracht: jedes der 27 Fenster barg ein Spielzeug, das vom Weihnachtsmann verschiedenen Kindergartengruppen übergeben wurde. 1974 zog der Weihnachtsmarkt noch einmal um: auf den Platz zwischen Alexanderplatz und Jannowitzbrücke, wo er noch heute zu finden ist.

Seite 164 links
Weihnachtsmarkt 1969 im neuen Kulturpark im Plänterwald

Seite 164
Bunte Luftballons

Kinderkarussell 1973 im Lustgarten

Märchenwald und Weihnachtskalender büßten nichts von ihrer Anziehungskraft ein. Schaustellereinrichtungen für Kinder wurden vermehrt, neue Kinderveranstaltungen ins Leben gerufen.

Nach wie vor konnten die kleinen Besucher die Figuren des Kinderfernsehens begrüßen, diesmal auf einer großen Pyramide in Gesellschaft von Buratino und Karandasch aus Moskau, Spejbl und Hurvinek aus Prag, Bolek und Lolek aus Warschau und Böbe und Baba aus Budapest. Die Gestalten, die den Märchenwald bevölkern, wechseln mit der Zeit, aber Jahr für Jahr sind die Kinder fasziniert von den überle-

Lustgarten, 1973

Seite 167
Für jeden etwas: Märchenwald für die Kleinen, Auto-Scooter für die Größeren

bensgroßen Figuren: Rumpelstilzchen, Hase und Igel, Rotkäppchen, dem gestiefelten Kater und dem kleinen Muck.

Unter den Karussells für die Kleinsten sind Pony-Karussells und „Ponyreiten" am meisten begehrt, vielleicht, weil man die kleinen Pferdchen auch streicheln kann. Die Größeren bevorzugen Auto-Scooter und Twister, möglichst gleich mehrere Runden hintereinander.

Kaum ein Kind aber läßt das Bastelzentrum der Pioniere unbeachtet. Um eine Überraschung für Eltern und Geschwister auf den Weihnachtstisch zu legen, nehmen sie geduldig Wartezeiten in Kauf. „Sven entscheidet sich für einen Leuchter, das Grundmaterial bekommt er für 40 Pfennig, und für ein Lesezeichen, das er für 50 Pfennig ersteht. An der Kasse löst er Bons für die verschiedenen Bastelarbeiten und geht dann zu den Kojen."[154] Eine Fülle von Bastelideen, praktische und unpraktische, wurden im Laufe der dreißig Jahre, die das Pionier-Zentrum besteht, vorgestellt: „Gewürzdosenbänkchen, Emailanhänger für Halsketten, Buchstützen, Holzperlenketten, Tragebehälter für Tonbandkassetten, farbenfrohe Matrjoschkafiguren, „Gestecke mit dekorativem Charakter" – traditionelle weihnachtliche Basteleien und modisch Neues. „Einige Mädchen verharren gleich dort, wo es die Modelle für Diskotaschen gibt. Kerstin, die mit geschickten Fingern ans Werk ging, hatte schon ein Blumenkörbchen und einen Gewürzständer für Mutti und Oma angefertigt. Die Diskotasche schenkte sie sich selbst."[155]

Zu Gast bei Schneewittchens Vater
Rund um den Nadelbaum auf dem Weihnachtsmarkt entdecken die kleinen Besucher auch in diesem Jahr Schneewittchen und andere bekannte Märchenfiguren.

Bei sommerlichen Hitzegraden, wenn sich Berliner Knirpse in Freibädern tummeln, entstehen erste Entwürfe. Im Johannisthaler Atelier des Holz- und Steinbildhauers Gorch Wenske. Schneewittchen winkt den Zwergen zu. Unromantisch erfolgt diese Handbewegung durch einen Elektromotor. Auch das Hutziehen des gestiefelten Katers.

Alle Figuren erhalten ihre Form aus großen Polystyrol-Schaumblöcken. Mit einem heißen Draht schneidet Gorch Wenske sie über einem Trafo zu, dann schnitzt und schleift er die Figuren, stützt sie von innen mit einem Skelett aus Rund- und Flachstahl. Aus Kunstleder und Folie schneidet er gemeinsam mit seiner Ehefrau Ursula maßgerechte Kleider. Nach Ende des Berliner Weihnachtsmarktes reisen die Märchenfiguren in andere Bezirksstädte . . .

BZA, 3. Dez. 1970

Vorschulkinder besuchten gestern Weihnachtsmarkt

Sonniges Winterwetter stand Pate, als gestern nahezu 10000 Vorschulkinder den
Weihnachtsmarkt eroberten, der vormittags
allein für sie reserviert war. Eigens aus diesem Anlaß auch zur höchstamtlichen Begrü-
ßung herbeigeeilt war der stellvertretende
Oberbürgermeister. Zusammen mit vielen
Kindergärtnerinnen hatten alle Erwachsenen
auf dem weiträumigen Gelände ihre
Freude am Vergnügen der Jüngsten. Dieser
Kindertag auf dem Weihnachtsmarkt ist
schon lange Tradition. Alle Schausteller sind
gern Gastgeber – und für alles, was sich da
dreht oder hinter lockenden Dekorationen
bewegt, braucht nur der halbe Preis bezahlt
zu werden. Der Weihnachtsmann mit langem Bart hatte unentwegt Überraschungs-
Schwerstarbeit zu leisten, und er sang dabei
noch fröhliche Lieder.

Berliner Zeitung, 14. Dez. 1982

*„Wie kommst du dazu, det Ponny mit Zucka-
watte zu füttan, du spinnst wohl?" – „Nee,
det kann leida nur der Onkel da drüben!"*
Zeichnung: E. Schmitt, 1976

oben
Bescherung am Weihnachtskalender

Im Bastelzentrum

Haus der jungen Talente
102 Berlin
Klosterstraße
68-70

WEIHNACHTSFETE 1985
am 26. 12., 19–24 Uhr, in Saal, Keller, Café
m. Scheselong, Feeling B, Swing Orchester, 2 Diskotheken
Eintritt: 5,10 M

SILVESTERFETE 1985
am 31. 12., 20–03 Uhr, im ganzen Haus
m. Bison, Jargon, Chicoreé, Swing Orchester, Diskotheken
Eintritt: 7,10 M

Kartenvorverkauf:
9. 12.–18. 12. Theaterkassen im Palasthotel, 9./10. 12. und 16./17. 12.
im HdjT und jeweils an der Abendkasse

Seit 1976 gibt es den „Tag der Vorschulkinder". An diesem Tag öffnen die Buden und Fahrgeschäfte schon um 10 Uhr für die Kleinsten. Am Nachmittag werden Heimkinder zu Stolle und Kakao eingeladen, Gastgeber sind die Schausteller des Weihnachtsmarktes. Auch hier erscheint der Weihnachtsmann, mit Rauschebart und rotem Gewand. „Manch lustiges Spiel hat er auf Lager. . . . Ein Zauberer läßt die jungen Leute aus dem Staunen nicht herauskommen . . . Ganz klar, daß jeder mitzaubern möchte. Viele dürfen! Viel zu schnell vergeht dieser Nachmittag. Zum Abschluß arrangiert der Weihnachtsmann noch eine lustige Polonaise – jeder bekommt einen bunten Beutel mit Nüssen, Äpfeln, Süßigkeiten . . ."[156]

Seit Anfang der 70er Jahre ist auch das Haus der jungen Talente in das vorweihnachtliche Geschehen einbezogen. Sonderveranstaltungen mit Puppenspielern, Zauberern, Musikern und Zirkusartisten finden dort statt.

Ein „Diskjockey führt gemeinsam mit einem Puppenspieler (und der Puppe Paule) durch das weihnachtlich gestaltete Programm." („Burkhards Freunde feiern Weihnachten" – 1982)

„Der geheimnisvolle Wald" heißt ein Programm der Kleinen Märchenbühne Berlin im selben Jahr: „Naturschutzhelfer ist der lustige Onkel Gustav, die Kinder werden inspiriert, in der Schule stets aufzupassen und zu lernen."[157]

Zahlreiche Veranstaltungen hält das Haus der Jungen Talente bereit. Unter dem Motto „Mit Pittiplatsch ins verhexte Märchenland", „Frau Elster zu Gast bei Taddeus Punkt" und „Der Zauberkoffer" ist hier ab 20. November täglich etwas los.

Für die jugendlichen Hauptstädter und ihre Gäste stehen fünf Beatkonzerte auf dem Programm, bei denen u. a. die Gruppen Kreis und Prinzip sowie Reinhard Lakomy und sein Ensemble auftreten.

Bauernecho, 3. Nov. 1976

1. Dezember 1980 (mo)

10.00 Uhr	HdjT	„Peter's Erlebnisse im Zauberwald"
14.00 Uhr	BHM	Beim Weihnachtsmann
15.00 Uhr	HdjT	„Artistenzirkus mit Adi"
16.00 Uhr	KH – WS	„Pittiplatsch und seine kleinen Freunde"
16.00 Uhr	BHM	Konzert „Weiße Weihnacht" Ernst-Moritz-Arndt-Ensemble
17.30 Uhr	GT	Glockenspiel vom Turm
18.00 Uhr	GT	Turmmusik Die kleine Blasmusik
18.45 Uhr	GT	Glockenspiel vom Turm

Berliner Weihnachtsmarkt 1980,
Plan der Veranstaltungen

Anzeige vom Haus der jungen Talente,
1985

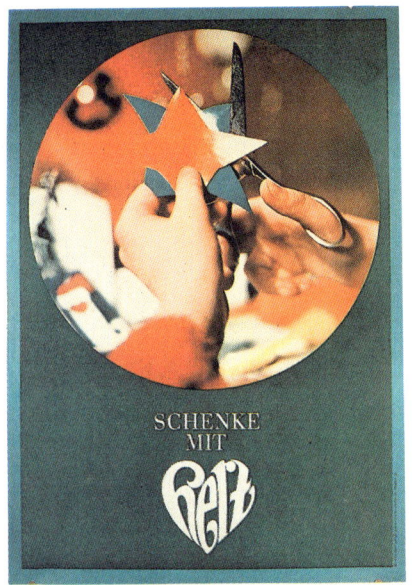

oben
Plakat

Auslage einer Weihnachtsmarktbude
Foto: A. Kilger

Seite 171
Das schönste Weihnachtsgeschenk für die
ganze Familie
Foto: Krause, 1961

Plakat, 1969

Kaufen, Schenken, Freude bringen

Weihnachten wurde mit dem stetigen Anwachsen des Lebensstan-
dards immer stärker ein Fest des Schenkens. Diese Entwicklung
bahnte sich Ende der fünfziger Jahre an: Gegenstände des täglichen
Bedarfs, praktische Dinge, wurden allmählich von solchen verdrängt,
die „Genuß am Schönen vermitteln, die der Unterhaltung, dem Spiel
und der Zierde dienen" sollten. Kunstgewerbeläden wurden eröffnet. In
ihnen waren Artikel aus Glas, Holz, Metall, Keramik und Stoff von „reiz-
voller Form, künstlerischer Behandlung und praktischem Verwen-
dungszweck" erhältlich.[158]

Ende der sechziger Jahre gelangten derlei Sachen auch in die Weih-
nachtsmarktbuden. Handtücher, warme Nachthemden, Hautcreme,
Unterhosen, Schallplatten wurden links liegengelassen. „Die Leute
möchten was Besonderes auf dem Weihnachtsmarkt. Was Ausgefalle-
nes. Kunstgewerbe, aus Polen, der Tschechoslowakei, der DDR, ist

schon eher begehrt, auch der Pavillon, den die Genossenschaft Bilden-
der Künstler eingerichtet hat, und die Bude mit den Plasteweihnachts-
kugeln."[159]

Mit dem Aufgreifen volkskünstlerischer Überlieferungen rückte die
„erzgebirgische Weihnacht" mit Pyramide, Nußknacker, Leuchterfigu-
ren und Räuchermännern wieder ins Blickfeld. „Mit besonderer Liebe
und Sorgfalt wird im Erzgebirge in jedem Jahr das Weihnachtsfest vorbereitet. Handwerkliche Tradition und ein ausgeprägtes Formgefühl
drücken sich in vielfältiger schöpferischer Arbeit aus. Es bereitet
Freude, die gebastelten Aufmerksamkeiten zu betrachten", heißt es in
einer Werbung des Centrum-Warenhauses 1969. Gerade zum Weihnachtsfest kam es dem Handel darauf an, dem Kunden seine Einkäufe
zu erleichtern, „ihm komplexe Sortimente, kombiniert mit vielfältigen
Dienstleistungen, anzubieten, ihn bei der richtigen Wahl der Geschenke
zu beraten".[160] Als technische Konsumgüter in den meisten Haushalten
zur Selbstverständlichkeit geworden waren, kamen sie als Weihnachtsgeschenk immer weniger in Betracht. Das handgefertigte Produkt er-

De Weihnachtstage stehn in't Haus,
wohin soll et nun jehen?
Der Vata spricht et endlich aus:
„Wa werden Fernsehn sehen."
  Paule Panke, 1979

171

. . . und nun ging es erst mal zum Ringewerfen; gewinnen wollten wir natürlich auch etwas: ein Glas verziert mit Abziehbild, ein merkwürdiges Plüschding, das ein Hund sein soll, oder vielleicht den Preßglasaschenbecher, den wieder keiner benutzen wird.

H. H. Kraze. 1973

oben
Der historische Markt zwischen Alexanderplatz und Jannowitzbrücke

Auf dem Weihnachtsmarkt gibt es kein schlechtes Wetter.
Foto: A. Kilger, 1985

172

Von Schusterjungen bis Brezelhalter
Wer kennt nicht die Sorge nach passenden Geschenken für seine Angehörigen und Freunde? Die Berliner Handwerksgenossenschaften haben sich rechtzeitig auf spezielle Wünsche vieler Berliner eingestellt. Ihr Verkaufsbasar auf dem Weihnachtsmarkt, nahe dem Spreeufer, erweist sich vom ersten Tage an als Anziehungspunkt. Drechsler, Böttcher, Schlosser und Kunsthandwerker verkaufen hier ihre Erzeugnisse.

Zum Angebot der Kunsthandwerker zählen Blumenkübel, Handgewebtes, Glas-, Porzellan- und Holzmalerei sowie Petroleumlampen in gediegener Ausführung. Das Schlosserhandwerk bietet Schlüssel- und Brezelhalter, Kerzen- und Weihnachtsbaumständer, Mantelhaken, Zeitungsständer sowie handgeschmiedete Schaschlykspieße an. Die Drechsler und Böttcher halten es mit Pfeffermühlen, Pflanzenschalen, Korbwaren und Hausfässern.

. . .

Neues Deutschland, 4. Dez. 1973

Lametta-Zöpfe
Mit nahezu einer Million Lametta-„Zöpfen", verpackt in 300 000 Briefen bzw. 73 000 Kartons, trägt der Betrieb Chen Te Yen im Stadtbezirk Friedrichshain zum diesjährigen weihnachtlichen Tannenbaumschmuck in Berlin bei. Die einzige Berliner Produktionsstätte dieser Art verarbeitet dazu rund 1000 Kilo Aluminiumfolie . . . Der Betrieb einer aus Südchina stammenden Familie begann im Jahre 1955 in Berlin mit der Herstellung der papierdünnen Metallfäden.

Berliner Zeitung, 21. Dez. 1973

schien in einem neuen Licht, geeignet als individuelles Geschenk. Mit Verkaufsständen des Handwerks auf dem Berliner Weihnachtsmarkt sollte dieser Nachfrage entsprochen werden. 1976 wurde ein Pavillon – „Haus des Deutschen Handwerks" genannt – errichtet, in dem Drechsler, Böttcher, Schlosser, Töpfer und Korbmacher ihre Arbeiten verkauften. Die Handwerkerzünfte erhielten ihren Stammplatz auf dem Weihnachtsmarkt – ein Ausdruck für den gesellschaftlichen Stellenwert der Handwerksbetriebe.

Der Handel mit handwerklichen Produkten bekam bald eine ihm entsprechende Kulisse: der Markt zitierte gewissermaßen seine eigene Herkunft, die Buden wurden eingekleidet in kleinstädtische („mittelalterliche" bis „biedermeierliche") Fassaden aus Pappe – der „historische Markt" entstand. Historischen Anstrich hatten nunmehr die meisten gehandelten Waren; ob Blumenschalen, Masken, Schlüsselhalter, Möbelbeschläge, „Ikonen", Taschen und Gürtel, Korbwaren oder „Bildhauerarbeiten". 1982 erweiterten „Volkskunst und Handwerk" ihr Angebot auf 200 Mustererzeugnisse, die als Beweis für Können und Ideenreichtum galten. Ein Jahr später wurde, einem Bedürfnis nach Gegenständen aus „Großmutters Zeiten" entgegenkommend, eine Filiale des An- und Verkaufs (A & V) eingerichtet, und neuerdings sind auch hin und wieder „fliegende Händler" zu finden, die vom Publikum

Wer möchte nicht gern mit weißer Zuckermasse ein „Ich liebe Dich" aufs braune Pfefferkuchengebäck spritzen lassen und es unterm Weihnachtsbaum deponieren? Wer kann widerstehen, wenn weihnachtlicher Schmalzkuchenduft um die Nase des Besuchers des Weihnachtsmarktes weht?

. . . Als die Bäcker auf den weihnachtlichen Plan gerufen wurden, da gab es ein großes Rätselraten. Wer sollte in der Vorweihnachtszeit seinen heimischen Backofen verlassen? Da sprangen die alten Meister ein, die ihre Backstuben längst geschlossen oder jüngeren Meistern übergeben hatten. Sie, die Exbäckermeister . . . aus Pankow und . . . aus Prenzlauer Berg, . . . waren mit großem Spaß wieder einmal dabei und garantierten, daß auch fast jeder Weihnachtsmarktgast was Knuspriges kosten konnte . . .

Der Morgen, 19. Dez. 1972

meist dicht umlagert sind. Ihr Sortiment – oftmals bedenklich zwischen Kunst und Kitsch balancierend – ist in der Regel das Produkt von Freizeitbeschäftigung, von Hobby-Bastelei. Die angebotenen Zierkerzen, Porzellankatzen, Tischdecken, Modewaren, Holzspielsachen und so weiter verbreiten einen Hauch handwerklicher Individualität und finden als liebenswürdige Kleinigkeit ihre Käufer.

Zuckerbäckerkunst 1985

174

Vom neuen Sinn alter Tradition

Der Weihnachtsmarkt ist alljährlich ein Höhepunkt für die Berliner und nicht nur für Berliner, auch für Besucher aus nah und fern. Damit sie alle sich auf dem Weihnachtsmarkt wohlfühlen, stellt der Magistrat jährlich mehrere Millionen Mark zur Verfügung, und die Vorbereitungen laufen das ganze Jahr über.

Der Oberbürgermeister eröffnet den Weihnachtsmarkt mit einem ersten Rundgang; etwa 4 Millionen Besucher strömen in diesen vier Wochen durch die bunten Eingangstore an der Alexanderstraße, um einzu-

kaufen, zu bummeln oder einer der kulturellen Veranstaltungen zuzuschauen, für die der Weihnachtsmarkt die Kulisse bildet. Sie mögen den Weihnachtsmarkttrubel, „. . . eben alles, die Turmmusik, die Märchen und daß es draußen ist und Himmel und Kälte".[161] Die weithin leuchtende Riesenfichte und die farbig-funkelnden Glühlampen in der abendlichen Dunkelheit, die Gerüche von Waffeln und Mutzenmandeln, von Würzig-Gebratenem und Glühwein, die Töne des Glockenspiels und die stimmungsvolle Musik im Hintergrund bilden für den erwachsenen Besucher das Spezifische des Weihnachtsmarktes. Diese Mischung vermittelt ihm eine Atmosphäre, die festlich und freundlich ist und sich abhebt vom Alltag. Unter diesen Eindrücken gibt man sein Geld leicht und gern aus, weniger für große Geschenke, die in Warenhäusern und Geschäften bequemer zu haben sind, als vielmehr für die eine oder andere Kleinigkeit, besonders jedoch für jede Art von Backwerk und wärmenden Getränken.

Weil Weihnachten kein Fest von heute ist, liegt auch keine eindeutige Begründung für seine Begehung in der Gesellschaft vor. Alle dafür gegebenen Motivationen sind letztlich sekundär. Wir nennen einige: Fest der Familie, des Schenkens, des Kindes, des Friedens, der Lebensfreude, des Jahreswechsels – die letztere heute vielleicht die legitimste! Trotz dieser Verlegenheit ist es wohl das beliebteste und behielt unter allen Festen, die wir „noch" feiern, am meisten von dem magischen Glanz mythischer Zeiten. Gerade sein oft beklagter Verfall zu einem Gemisch von Kommerz und Märchen liefert indirekt dafür Beweis. Denn selbst wenn man die durch Werbung verursachte Begehrlichkeit abrechnet, bleibt immer noch ein gutes Stück echten Verlangens, „richtig Weihnachten zu feiern".

Worauf beruht seine unumgängliche Popularität in der Gegenwart trotz veränderten Existenzbewußtseins? Hat es doch als einziges das entscheidende Merkmal des echten Volksfestes bewahrt: die Einbeziehung aller in das Feiern, so oder so.

Zeim, Weihnachten – was soll's?

Oberbürgermeister Erhard Krack bei seinem Eröffnungsrundgang

175

Glühwein und Grog

Die Marktleute haben sich viel Mühe gegeben – man bedenke Ausstattung und Angebot! Es sind wieder mal alle einschlägigen Gewerke, Gewerbe, Zünfte und Innungen vertreten: Weihnachtliches neben Profanem, Merkantiles neben Lukullischem und natürlich der „Amüsier"-Betrieb, der auf keinem richtigen Weihnachtsmarkt fehlen darf, und dem es wohl vor allem zu verdanken ist, daß die Kinder ein weihnachtliches Glänzen in die Augen bekommen. Da gibt es Karussells, Riesenräder, Auto-Scooter, Geisterbahnen, Videospiele und diverse andere Attraktionen.

Wenn man gemächlichen Schrittes an den Los-, Freß- und Schießbuden vorübergeht, hungrig oder durstig ist und eventuell ein Kind bei sich hat, das auf einem Pony reiten möchte oder sich für den Hund von Baskerville interessiert, muß man sich schon etwas Zeit nehmen. Unter einer Stunde ist da kaum etwas zu machen. Es ist ein großer Markt, mit einer großen Fichte und vier Weihnachtsmännern vom Dienst. Einer davon ist aus Pappmaché, hält ein Mikrofon in der Hand, und fordert die Besucher über Lautsprecher auf, das Spiegelkabinett zu besuchen, vor dem er steht. Die anderen drei sind lebendige Männer . . . Sie stellen sich im rot-weiß abgesetzten Mantel und mit weißem Rauschebart zum Fotografieren in Pose. Zwei von ihnen haben dafür extra ein Häuschen, und der dritte erwartet Kinder und solche, die es mal wieder sein möchten, vor der Kulisse des Märchenwaldes, zu Füßen des großen Weihnachtsbaumes. Die rotgefrorene Nase und die klammen Hände des Weihnachtsmannes waren allerdings echt, kein Wunder, wenn man so lange in der Kälte steht oder sitzt – und beim Fotografieren darf man sich ja nicht bewegen. Die Kinder mußten kein Gedicht aufsagen, bekamen aber auch nichts geschenkt.

. . . Man trinkt Glühwein oder Grog, ißt Pfefferkuchen, kandierte Äpfel oder Zuckerwatte. So etwas findet man halt nur auf dem Weihnachtsmarkt und nirgendwoanders.

. . .

Lutz Hartmann, in: Sonntag 51, 1982.

Greifswald. Sonderfahrten zum diesjährigen Berliner Weihnachtsmarkt veranstaltet die Zweigstelle Greifswald des Reisebüros der DDR am 2. und 9. Dezember. Buchungen dafür können ab sofort erfolgen.

Norddeutsche Neueste Nachrichten, 31. Okt. 1978

An den Weihnachtsmann
Lieber Weihnachtsmann!
Ich wünsche mir zu Weihnachten eine kleine Puppe mit Schlafaugen und daß es mit meinen Beinen besser wird und nicht mehr so sehr „sormselt", damit ich, wenn es schneit, besser laufen kann. Herzlichen Gruß Lischen u. Tante

Lieber Weihnachtsmann
ich schicke Dir den Brief, damit du mir ein Kätzchen schenkst.
Deine liebe Henni
    Henriette aus Berlin

Ich wünsche mir
1 Paar Jeans-Hosen
1 Lokomotive
1 Hampelmann
1 Puzzlespiel
1 Auto
    Thomas aus Berlin

Seite 176
Gemälde von K.-H. Klingbeil

Eine große Fichte vor dem Palast der Republik: Weihnachten in Berlin, 1984
Foto: V. Stark

177

Der Weihnachtsmarkt auf dem Arkonaplatz
Vier Tage Budenzauber in Berlin-Mitte
Es gibt Gebäck, Glühwein und Bratwurst, Porzellan, Holzarbeiten, Kunstgewerbe, Modeschmuck. Ein Knüller sind die Zinnfiguren von Schausteller Brückemann – komm' Se 'ran, greifen Se zu!

„Schön ist so ein Ringelspiel" – das Kinderkarussell wird von Schausteller Weggen aus Tangerhütte betrieben, der seit dreißig Jahren zum „Inventar" auf dem Berliner Weihnachtsmarkt gehört und vor drei Tagen stracks von der Alexanderstraße, wo der große Markt seine Pforten schloß, zum Arkonaplatz umgezogen ist.

Rund tausend Quadratmeter mißt der neue Markt im alten Viertel – klein genug, um für gemütliches Miteinander Schulter an Schulter zu sorgen, groß genug, um Tausenden Leuten jeden Alters und Geschlechts Vorweihnachtsfreude ohne Platzangst zu bieten. So eine kleine Attraktion könnte in diesem Dreh zur Regel werden. . .

. . .

Berliner Zeitung, 22./23. Dez. 1984

Trubel, Lichterfülle und Gedränge, das alles wird als „typisch Weihnachtsmarkt" angesehen und scheint kennzeichnend für die Vorweihnachtsstimmung einer Großstadt wie Berlin zu sein.

Wer sich von diesem, bereits Mitte November beginnenden Trubel nicht angezogen fühlt, weil es seiner Auffassung von Weihnachtsfest und -stimmung nicht entspricht („das hier hat doch nichts mit Weihnachten zu tun")[161], wer es leiser und „gemütlicher" wünscht, findet neuerdings Weihnachtsmärkte fast wie aus „alter Zeit", zum Beispiel auf dem Arkonaplatz: einem kleinen Platz mit offenen Buden rings um einen Tannenbaum, Händler mit Pfefferkuchenherzen und selbstgefertigtem Krimskrams, der bei schummrigem Licht das Flair des Besonderen gewinnt. In nahezu allen Stadtbezirken gibt es inzwischen diese kleinen vorweihnachtlichen Märkte.

Ob nun in dieser Form auf dem Arkonaplatz oder als vorweihnachtliches Volksfest zwischen Alexanderplatz und Jannowitzbrücke – die Berliner und ihre Gäste wollen den „Budenzauber unterm Boom" nicht missen.

Seite 178
Weihnachtsmarkt auf dem Arkonaplatz
1984

Weihnachtsmarkt mit tausend Düften,
Kinder, kommt aufs Riesenrad,
weil von oben, aus den Lüften,
man die beste Aussicht hat.

Mit der Gondel auf und nieder,
bald weit weg, bald dicht heran,
dann ganz klein, dann größer wieder,
schaun wir uns das Treiben an.

Kinderkalender 1982, Dezemberblatt

Der Weihnachtsmarkt ist ein großes Volksfest, das auf seine eigene Art die Entwicklung in unserem Land widerspiegelt. Erreichte Erfolge zeigten auch hier ihre Auswirkungen: der Weihnachtsmarkt wurde mit den Jahren attraktiver und vielseitiger. Und so wie sich die gesamte Politik dieses Landes vor allem auf die Erhaltung des Friedens und den friedlichen Aufbau richtet, so findet sich der Friedensgedanke auf dem Weihnachtsmarkt wieder: Weihnachten soll ein Fest des Friedens bleiben.

Anmerkungen

1 Spamer, Adolf: Sitte und Brauch. In: Handbuch der deutschen Volkskunde Bd. II. Potsdam o. J. S. 143

2 Vgl. Kügler, Hermann: Zur Geschichte der Weihnachtsfeier in Berlin. In: Niederdt. Zs. f. Volkskunde. Bremen **8** (1930), S. 136 und Spamer, a. a. O., S. 120, S. 124 f.

3 Schmidt, Rudolf: Vom Weihnachtsmarkt im alten Berlin. In: Brandenburg Zs. f. Heimatkunde und Heimatpflege. Eberswalde **8** (1930), S. 377

4 Bamberger, Georg: Anno Toback. Berlin (1930), S. 52

5 Vgl. Kohler, Erika: Martin Luther und der Festbrauch. Köln 1954

6 Zit. nach Kügler, Hermann, a. a. O., S. 133

7 Nach den Akten des Oberkonsistoriums der Provinz Brandenburg. Zit. nach Kügler, a. a. O., S. 136

8 Ebenda, S. 135

9 Wilken, Friedrich: Geschichte Berlins. Historisch-genealogischer Kalender 1821. S. 225

10 Kügler, a. a. O., S. 147. Nach Fidicin: Historisch-diplomatische Beiträge . . . 5. Teil. Berlin 1842. S. 490

11 Vgl. Kügler, a. a. O., S. 138

12 Gädicke und Biester: Berlinische Monatsschrift 1784. Bd. 4, S. 433

13 Verfügung des Oberkonsistoriums 1784. Schulze, D. F.: Zur Beschreibung und Geschichte von Spandow. Spandau 1913. Bd. 1, S. 271–273

14 Vgl. Weber-Kellermann, Ingeborg: Über den Brauch des Schenkens. In: Brauch – Familie – Arbeitsleben. Marburg 1978. S. 125–134. Diess.: Das Weihnachtsfest. Luzern 1978

15 Humann, Arnim: Chronik der Stadt Hildburghausen. Hildburghausen 1908. S. 208–209

16 Wolff, Richard: Vom Berliner Hofe zur Zeit Friedrich Wilhelm I. (1728–1733). In: Schriften d. Vereins f. Geschichte Berlins. Berlin 1914. H. 48, S. 94–95

17 Zit. nach Stengel, Walter: Zeitvertreib. Berlin (1950). S. 40

18 Tlantlaquatlapatli (d. i. Wilhelm Seyfried): Chronik von Berlin oder Berlinische Merkwürdigkeiten. Berlin 1790. Bd. 9, S. 46

19 Nicolai, Friedrich: Beschreibung von Berlin und Potsdam. Berlin 1779. Bd. 1, S. 363

20 Der Christmarkt und andere Weihnachts-Lustbarkeiten. In: Berlin Eine Zs. f. Freunde der schönen Künste. 1800. Bd. 1, S. 11 f.

21 Angaben in: Stengel, a. a. O., S. 41/42

22 Der Christmarkt und andere Weihnachts-Lustbarkeiten, a. a. O.

23 Tieck, Ludwig: Weihnachtsabend. In: Gesammelte Novellen. Schriften Bd. 21, Berlin 1853. S. 139 f.

24 Der Christmarkt . . . a. a. O.

25 Vgl. dazu Kulischer, Josef: Allgemeine Wirtschaftsgeschichte des Mittelalters und der Neuzeit. Bd. 1. Berlin 1954. S. 287 ff.

26 Tieck, a. a. O.

27 Der Christmarkt . . . a. a. O.

28 Tlantlaquatlapatli, a. a. O.

29 Knüppeln, August Friedrich: Charakteristik von Berlin. (Leipzig) 1785. S. 154–155

30 Dazu: Weber-Kellermann, Ingeborg: Die deutsche Familie. Frankfurt a. M. 1977

31 Als Beispiele „Morgen kommt der Weihnachtsmann" (nach der Melodie eines recht frivolen französischen Gesellschaftsliedchens), „Süßer die Glocken nie klingen", „Morgen Kinder wird's was geben" und andere

32 Reimann, Friedrich A.: Deutsche Volksfeste im neunzehnten Jahrhundert. Weimar 1839. S. 214

33 Staatsarchiv Potsdam, Pr. Br. Rep. 30 Berlin C-Pol. Präs. Tit. 77/7180, Bl. 99

34 Ebenda, Bl. 94

35 Ebenda, Bl. 16

36 Polizeiliche Bekanntmachung, Berliner Intelligenzblatt, 3. Oktober 1811

37 St. A. Potsdam, a. a. O., 7180, Bl. 155 f.

38 Ebenda, Bl. 164–165

39 Ebenda, Bl. 38 ff.

40 Nach Stengel, Walter: Erläuterungen zur Spielzeug-Ausstellung im Märkischen Museum. Berlin 1928. S. 6

41 St. A. Potsdam, a. a. O., 7180, Bl. 172

42 Rellstab, Ludwig: Weihnachtsschau. In: Scherz und Ernst. Leipzig 1837. S. 50–51

43 St. A. Potsdam, a. a. O., 7180, Bl. 77

44 Rellstab, Ludwig a. a. O., S. 58–59

45 Lenz, Ludwig: Nante's Weihnachtswanderung und Neujahrsgruß. Berlin 1840. S. 15

46 Kochhann, Heinrich Eduard: Tagebücher II. Zeitbilder aus den Jahren 1830–1840. Berlin 1905. S. 137

47 Tieck, a. a. O.

48 Ebers, Georg: Geschichte meines Lebens. Zit. nach Hildebrandt: Das Spielzeug im Leben des Kindes. Berlin 1904. S. 408

49 Die Geheimnisse von Berlin. Aus den Papieren eines Berliner Kriminalbeamten. Bd. 1, Berlin 1844. S. 19

50 Kügler, a. a. O., S. 159

51 Der Christmarkt . . . a. a. O.

52 Vgl. Fraenger, Wilhelm: Altes Weihnachts-Zuckerzeug. Konditorenkunst im vormärzlichen Berlin.

53 Ring, Max: Meyers Universum. Erinnerungen 1848

54 Spenersche Zeitung, 12. Dezember 1811

55 Rellstab, Weihnachtsschau, a. a. O., S. 46–55

56 Alexis, Willibald: Weihnachtsmarkt 1835. Morgenblatt, 23. Januar 1836

57 Kertbeny, C. von (d. i. H. Benckert): Berlin wie es ist. Leipzig 1827. S. 87 f.

58 Wilhelm und Caroline von Humboldt in ihren Briefen. Bd. 5, Berlin 1912. S. 163

59 Helling, Ludwig: Taschenbuch von Berlin. 1827. S. 444
60 Brennglas, Adolf: Berliner Volksleben. Leipzig 1847. Bd. Der Weihnachtsmarkt
61 Markt-Instruction vom 10. November 1851. Abschn. II §10 St. A. Potsdam, a. a. O., 7145, Bl. 228
62 Weber-Kellermann, Ingeborg: Das Weihnachtsfest. a. a. O., S. 118
63 Mann, Thomas: Die Buddenbrooks. Berlin 1965. S. 550/551
64 Felseneck, Marie von: Was Gertrud erlebte. Berlin o. J. S. 208
65 Dazu: Weber-Kellermann, Ingeborg: Das Buch der Weihnachtslieder. Mainz 1982
66 Meyer, A.: Das Weihnachtsfest. Tübingen 1913
67 Elektrotechnische Zeitschrift. Berlin **7** (1886) H. 1, S. 3
68 Kügler, a. a. O., S. 174
69 Seidel, Heinrich: Von Perlin nach Berlin. Stuttgart 1900. S. 35
70 Lili Parthey. Tagebücher aus der Berliner Biedermeierzeit. Hrsg. v. B. Lepsius. Berlin 1926. S. 257, S. 322
71 Vgl. Stille, Eva: Alter Christbaumschmuck. Nürnberg 1972
72 Storm, Gertrud: Weihnachten bei Theodor Storm. In: Deutsches Weihnachtsbuch. Hamburg 1907. S. 216
73 Elm, Hugo: Das goldene Weihnachtsbuch. Magdeburg 1878. Beilage
74 Anzeige in: Stille, Eva, a. a. O.
75 Angaben aus: Glatzer, Ruth: Berliner Leben 1870–1900. Berlin 1963. S. 94
76 Eine Weihnachtswanderung durch Berlins Geschäftslokale. In: Der Bär, Berlin **9** (1882) Nr. 12, S. 151
77 St. A. Potsdam, a. a. O., 7145, Bl. 228. Markt-Instruction
78 Ebenda, 7121, Bl. 34
79 Ebenda, 7141, Bl. 62
80 Ebenda, 7180, Bl. 83
81 Ebenda
82 Ebenda, 7121, Bl. 16
83 Ebenda, 7141, Bl. 212
84 Ebenda, 7141, Bl. 258 Gesuch zur Verlegung des Weihnachtsmarktes
85 Ebenda, Bl. 250
86 Ebenda, 7142, Bl. 33, auch Berliner Intelligenzblatt vom 17. Oktober 1873
87 Ebenda, Bl. 50, auch Berliner Tageblatt, 8. April 1874
88 Kochhann, a. a. O., S. 137
89 Schneideck, Gustav Heinrich: Der letzte Weihnachtsmarkt. In: Der Bär, Berlin **19** (1892) Nr. 12, S. 134
90 St. A. Potsdam, a. a. O., 7143, Bl. 129
91 Stinde, Julius: Familie Buchholz auf dem Weihnachtsmarkt. In: Familie Buchholz. 2. T. Berlin 1885
92 Gropius, Georg: Chronik der königlichen Haupt- und Residenzstadt Berlin für das Jahr 1837. In: Glatzer, Ruth: Berliner Leben 1806–1847. Berlin 1954. S. 138
93 Eine Weihnachtswanderung durch Berlin. In: Der Bär. Berlin **9** (1882) Nr. 11, S. 139
94 Der Bär, Berlin **7** (1880) Nr. 11, S. 159
95 Schneideck, a. a. O., Nr. 11, S. 122
96 Philippi, Felix: Alt-Berlin. Erinnerungen aus der Jugendzeit. Berlin 1913. S. 24 u. 25
97 Zell, B. W.: Knecht Ruprecht. In: Der Bär. Berlin **18** (1891) Nr. 12, S. 132
98 St. A. Potsdam, a. a. O., 7143, Bl. 34
99 Ebenda, Bl. 120
100 Ebenda, Bl. 241
101 Ebenda, Bl. 41/42
102 Ebenda, Bl. 23
103 Ebenda, Bl. 34
104 Ebenda, Bl. 23, Bl. 42
105 Ebenda, Bl. 126/127
106 Ebenda, Bl. 239
107 St. A. Potsdam, a. a. O., 7144, Bl. 124, Bl. 138
108 Vorwärts, 15. Dezember 1914
109 Bilder aus Neu-Berlin. In: Der Bär, Berlin **25** (1899), S. 575
110 Ebenda, S. 574
111 St. A. Potsdam, a. a. O., 7146, Bl. 41
112 Ebenda, 7145, Bl. 31
113 Arbeiter-Zeitung, 25. Dezember 1913.
Zit. nach Cardorff, Peter: Was gibt's denn da zu feiern? Hannover 1983. S. 86
114 Schönlank, Bruno: Sonnenwende. In: Altenberger, Erich: Arbeiters Weihnachten. Waldenburg 1927. S. 67
115 Vgl. Gerlach, Irene: Friede auf Erden; Schwarz, Hedwig: Wegefinder in das Weihnachtsland. Kinderland Nr. 1, Beilage Frauenwelt 1925, Weihnachtsfahrt ins Zukunftsland, 1931
116 Arbeiter Illustrierte Zeitung, 1930, Nr. 2 Kinder A I Z
117 Frauenwelt 1929, S. 585
118 Neue Preußische Kreuzzeitung, 25. 12. 1929
119 Ebenda, 28. Dezember 1929
120 Die Rote Fahne, 25. Dezember 1929
121 Nagel, Otto: Weihnachten im Arbeiterbezirk. In: A I Z, 1927, Nr. 51
122 A I Z, 1933, Nr. 48, Die Kinder A I Z
123 Frauenwelt 1929, S. 579
124 Vorwärts, 27. Dezember 1929
125 St. A. Potsdam, a. a. O., 7144, Bl. 263
126 Ebenda, 7121, Bl. 54, Bl. 55, auch 7146, Bl. 127
127 Vorwärts, 16. Dezember 1923
128 Die Rote Fahne, 15. Dezember 1926
129 Nagel, a. a. O.
130 Die Rote Fahne, 15. Dezember 1926
131 Nagel, Otto: Die weiße Taube oder Das nasse Dreieck. Halle 1978. S. 60
132 Deutsche Schokoladenzeitung. 1933, Nr. 3, S. 99
133 Beamtenhilfe, Nr. 37, 24. Dezember 1933
134 siehe 132
135 Ebenso wie der Stralauer Fischzug. Vgl. Heinrich-Jost, Ingrid: Aus der Geschichte der Berliner Rummelplätze. Berlin (West) 1985. S. 97
136 Berliner Volkszeitung Abendausgabe. Liliput-Sonderdruck Dezember 1934. S. 1
137 Vgl. Stadtarchiv Berlin, Chronik Bd. VIII, Nr. 2305, 5115, Bl. 53 f.
138 Angabe nach Heilborn, Adolf: Berliner ABC. Berlin 1937. Stichwort Märkte

139 Stadtarchiv Berlin, Chronik, Bd. VIII, Bl. 54

140 Der Westen, 30. November 1941

141 Ebenda

142 Reich, Nr. 51, 21. Dezember 1941

143 Tägliche Rundschau, 23. Dezember 1945

144 Ebenda, 24./25. Dezember 1945

145 Der Komet. Organ des Deutschen Schaustellerbundes 1945. Zit. nach Heinrich-Jost, a. a. O., S. 101

146 Der Kurier, 22. Dezember 1945

147 Tägliche Rundschau, 15. Dezember 1945

148 Beck, Heinrich: Alle Jahre wieder – und doch immer anders! In: Friedens-Weihnacht 1955. Berliner Weihnachtsmarkt. S. 6

149 Kleinschmidt, Karl: Feste und Feiern. In: Das Magazin, Dezember 1958. S. 72

150 BZ am Abend, 21. Dezember 1959

151 Ich führe dich über den Weihnachtsmarkt. In: Friedens-Weihnacht 1955. S. 7

152 Hösch, Rudolf: Die Bedeutung unserer Volksfeste. In: Mitteilungen des Zentralen Arbeitskreises Schausteller. Berlin 1966, Nr. 4, S. 7

153 Der Morgen, 15. Dezember 1972

154 Ebenda, 25. November 1977

155 Ebenda, 12. Dezember 1977

156 Ebenda, 15. Dezember 1977

157 Berliner Weihnachtsmarkt 1982. Plan der Kinderveranstaltungen. S. 6

158 Bummel mit Angelika. In: Frau von heute, 8. Dezember 1961

159 Bahl, Elisabeth: Weihnachtsmarkt in Berlin. Sonntag 1972, H. 52, S. 8

160 Neue Werbung, 1969, H. 11, S. 32

161 Zitate aus einer Untersuchung von Weihnachtsbräuchen, Dezember 1981. Belegarbeit am Bereich Ethnographie (MS-Manuskript)

Quellen und Literatur

Altenberger, Erich: Arbeiters Weihnachten. Waldenburg 1927

Altenberger, Erich: Winter und Wintersonnenwende. Waldenburg 1930

Arbeiterleben um 1900. Berlin 1983

Bamberger, Georg: Anno Toback. Berlin (1930)

Benjamin, Walter: Berliner Kindheit um Neunzehnhundert. Frankfurt a. M. 1950

Berlin. Neun Kapitel seiner Geschichte. Berlin (West) 1960

Berlin und die Berliner. Leute, Dinge, Sitten, Winke. Karlsruhe 1905

Berliner Leben. Erinnerungen und Berichte. 1648–1805. Berlin 1956. 1806–1847. Berlin 1954. 1870–1900. Berlin 1963. 1914–1918. Berlin 1983

Berliner Pflaster. Illustrierte Schilderungen aus dem Berliner Leben. Berlin 1891

Bilz, Hellmut: Die gesellschaftliche Stellung und soziale Lage der hausindustriellen Seiffener Spielzeugmacher im 19. und Anfang des 20. Jahrhunderts. Dresden 1975

Bücher, Karl: Die Hausindustrie auf dem Weihnachtsmarkte. In: Die Entstehung der Volkswirtschaft Bd. 2. Tübingen 1920

Buddemeier, Heinz: Panorama Diorama Photographie. Entstehung und Wirkung neuer Medien im 19. Jahrhundert. München 1970

Consentius, Ernst: Alt-Berlin Anno 1740. Berlin 1907

Da kam an der Menschen Licht. Ein Buch zur Weihnacht. Berlin 1983

Deutsches Weihnachtsbuch. Hamburg 1927

Eberty, Felix: Jugenderinnerungen eines alten Berliners. Berlin 1878

Fidicin, Ernst: Berlin, historisch und topographisch dargestellt. Berlin 1852

Gebhardt, Heinz: Weihnachten in Berlin. In: Berliner Heimat 4 (1955) S. 1–8

Gebhardt, Peter von: Das älteste Berliner Bürgerbuch 1453–1700. Berlin 1927

Gebhardt, Peter von: Die Bürgerbücher von Cölln an der Spree 1508–1611 und 1689–1709. Berlin 1930

Glaßbrenner, Adolph: Der Weihnachtsmarkt. In: Berliner Volksleben. Leipzig 1847. S. 233–272

Goldschmidt, Paul: Berlin in Geschichte und Gegenwart. Berlin 1910

Grimm, Jacob: Kleinere Schriften Bd. 2. Berlin 1865

Gropius, Georg: Chronik der königlichen Haupt- und Residenzstadt für das Jahr 1837. Berlin 1840

Gröber, Karl: Kinder-Spielzeug aus alter Zeit. Eine Geschichte des Spielzeugs. Berlin 1928

Grunholzer, Heinrich: Erfahrungen eines jungen Schweizers im Voigtlande. Anhang B. v. Arnim: Dies Buch gehört dem König. Berlin 1843

Gurian, Waldemar: Die deutsche Jugendbewegung. Habelschwerdt 1924

Gynz-Rekowski, Georg von: Der Festkreis des Jahres. Berlin 1981

Hammer, Konrad Jule: Eintritt frei – Kinder die Hälfte. Zur Geschichte der Berliner Volksfeste. Berlin (West) 1981

Hartke, Wilhelm: Über Jahrespunkte und Feste insbesondere das Weihnachtsfest. Berlin 1956

Heilborn, Adolf: Berliner ABC. Berlin 1937

Heine, Heinrich: Briefe aus Berlin. Berlin 1983

Heinrich-Jost, Ingrid: Wer will noch mal? Wer hat noch nicht? Aus der Geschichte der Berliner Rummelplätze. Berlin (West) 1985

Helling, L.: Taschenbuch von Berlin 1832

Hildebrandt, Paul: Das Spielzeug im Leben des Kindes. Berlin 1904

Hessel, Franz: Spazieren in Berlin. Berlin 1979

Hoffmann, Rudolf: Zur sozialen Lage der Werktätigen in der Lauschaer Glasindustrie unter den Bedingungen kapitalistischer Produktionsverhältnisse. Lauscha 1977

Holtze, Friedrich: Bilder aus Berlin vor zwei Menschenaltern. Berlin 1898

Hürlimann, Martin: Berlin. Berichte und Bilder. Berlin (1934)

Immergrünes Weihnachtsbuch für die Jugend. Leipzig (1850)

Kähler, Hermann: Von Hoffmannsthal bis Benjamin. Berlin 1982

Kapp, K. L.: Berlin im Jahre 1869. Für Einheimische und Fremde. Berlin 1869

Kastan, Isidor: Berlin wie es war. Berlin 1919

Kertbeny, C. v.: Berlin wie es ist. Leipzig 1827

Kiaulehn, Walther: Berlin. Schicksal einer Weltstadt. München 1963

Kinderschaukel. Ein Lesebuch zur Geschichte der Kindheit in Deutschland. Bd. 1 1745–1860, Bd. 2 1860–1930. Darmstadt 1976

Knüppeln, August Friedrich Julius: Charakteristik von Berlin. Philadelphia (Leipzig, Gera) 1786

Kohler, Erika: Martin Luther und der Festbrauch. Köln 1959

Köpke, Rudolf: Ludwig Tieck. Biographie. Leipzig 1855

Kossak, Ernst: Berliner Federzeichnungen. Berlin 1860–1865

Kügler, Hermann: Zur Geschichte der Weihnachtsfeier in Berlin. In: Niederdt. Zs. f. Volkskunde 8 (1930) S. 129–176

Kulischer, Josef: Allgemeine Wirtschaftsgeschichte des Mittelalters und der Neuzeit. 2 Bde. Berlin 1954

Lange, Annemarie: Berlin zur Zeit Bebels und Bismarcks. Berlin 1980

Langenscheidt, Gustav: Naturgeschichte des Berliners. Berlin 1878

Lasch, Agathe: „Berlinisch". Eine berlinische Sprachgeschichte. Berlin (1928)

Lederer, Franz: „Jottlieb, drach'n Jarten

'raus". Berliner Volkstum, Sitten und Gebräuche. Berlin 1934

Lepsius, Bernhard: Lilly Parthey. Tagebücher aus der Berliner Biedermeierzeit. Berlin 1926

Lindenberg, Paul: Berlin in Wort und Bild. Berlin 1895

Ludwig, Hans: Berlin von gestern. Berlin 1957

Mantel, Kurt: Geschichte des Weihnachtsbaumes und ähnlicher weihnachtlicher Formen. Hannover 1975

Mayer, Theo: Feiern und Feierstunden freidenkender Menschen. Leipzig (1925)

Meyer, Arnold: Das Weihnachtsfest. Tübingen 1913

Mottek, Hans: Wirtschaftsgeschichte Deutschlands. Ein Grundriß. Bd. II, Bd. III. Berlin 1964

Muret, Eduard: Geschichte der Französischen Kolonie in Brandenburg-Preußen 1685–1885. Berlin 1885

Nilsson, Martin: Die volkstümlichen Feste des Jahres. Tübingen 1914

Philippi, Felix: Alt-Berlin. Erinnerungen aus der Jugendzeit. Berlin 1913

Pomplun, Kurt: Weihnachten und Neujahr im alten Berlin. Berlin (West) 1969

Popp, Adelheid: Aus meinen Erinnerungen. Stuttgart 1915

Raabe, Wilhelm: Chronik der Sperlingsgasse. Berlin 1921

Reimann, Friedrich A.: Deutsche Volksfeste im neunzehnten Jahrhundert. Weimar 1839

Rellstab, Ludwig: Scherz und Ernst. Zusammengenähte Schriften. Leipzig 1837

Rietschel, Georg: Weihnachten in Kirche, Kunst und Volksleben. Bielefeld 1902

Ring, Max: Berliner Leben. Leipzig und Berlin 1882

Rumpf, Johann Daniel Friedrich: Der Fremdenführer. Berlin 1826

Rumpf, Johann Daniel Friedrich: Neueste Beschreibung von Berlin, Potsdam und Charlottenburg. Berlin 1836

Scheffler, Karl: Berlin, ein Stadtschicksal. Berlin 1910

Schneideck, Gustav Heinrich: Berliner Träumereien. Berlin 1893

Schneider, Wolfgang: Berlin. Eine Kulturgeschichte in Bildern und Dokumenten. Leipzig und Weimar 1980

Seidel, Heinrich: Von Perlin nach Berlin. Stuttgart 1900

Sichelschmidt, Gustav: Weihnachten im alten Berlin. Texte und Bilder. Berlin (West) 1978

Spamer, Adolf: Sitte und Brauch. In: Handbuch der deutschen Volkskunde. Bd. II Potsdam o. J., S. 33–236

Stengel, Walter: Erläuterungen zur Spielzeugausstellung im Märkischen Museum. Berlin 1928

Stengel, Walter: Zeitvertreib. Spiele – Masken – Tierliebhabereien. Berlin (1950)

Stille, Eva: Alter Christbaumschmuck. Nürnberg 1972

Storm, Gertrud: Weihnachten bei Theodor Storm. In: Jerven, Walter: Das Weihnachtsbuch. München 1918

Streckfuß, Adolf: 500 Jahre Berliner Geschichte. 2 Bde. Berlin 1878

Streisand, Joachim: Kultur in der DDR. Berlin 1981

Tieck, Ludwig: Weihnachts-Abend. In: Gesammelte Novellen Bd. 5. Berlin 1853. S. 139–186

Trojahn, Johannes: Berliner Bilder. Berlin (1903)

Unsterblicher Volkswitz. A. Glaßbrenners Werke in Auswahl. Berlin 1964

Vogel, Heiner: Bilderbogen, Papiersoldat, Würfelspiel und Lebensrad. Volkstümliche Graphik für Kinder aus 5 Jahrzehnten. Leipzig 1981

Weber-Kellermann, Ingeborg: Das Buch der Weihnachtslieder. Mainz 1982

Weber-Kellermann, Ingeborg: Die deutsche Familie. Frankfurt a. M. 1977

Weber-Kellermann, Ingeborg: Das Weihnachtsfest. Eine Kultur- und Sozialgeschichte der Weihnachtszeit. Luzern 1978

Weihnachts-Bilderbuch für groß und klein. o. O. (um 1890)

Weihnachtsblüthen. Ein Almanach für die Jugend. Stuttgart 1841, 1844, 1845, 1849, 1850, 1851, 1852

Das Weihnachtsbuch. Hrsg. v. Walter Jerven. München 1918

Weiser, Lily: Jul. Stuttgart/Gotha 1923

Zedlitz, L. Freiherr von: Neuestes Conversations-Handbuch für Berlin und Potsdam. Berlin 1834

Zobeltitz, Fedor von: Ich hab so gern gelebt. Berlin 1934

Zeitschriften und Periodika

Der Bär. Illustrierte Wochenschrift für die Geschichte Berlins und der Mark. Berlin 1882–1900

Schriften des Vereins für die Geschichte der Stadt Berlin. 1865–1914

Zeitschrift für preußische Geschichte und Landeskunde Berlin 1864–1875

diverse Tageszeitungen, Zeitschriften, Kinderbücher

Archivbestände

Staatsarchiv Potsdam, Pr. Br. Rep. 30 Berlin C-Pol. Präs., Tit. 77 Bde. 7121; 7141; 7142; 7143; 7144; 7145; 7146; 7180

Stadtarchiv Berlin, Nr. 2305. 5115 Chronik Bd. 3/VIII

Archiv des Märkischen Museums, Abt. Geschichte

Bildnachweis

Berlin, Deutsche Staatsbibliothek 22, 40, 41, 42, 52, 54, 78, 130

Dewag Werbung 168, 172, 173

IML 114, 116, 126, 128

Kupferstichkabinett 33, 36, 89, 107

Humboldt-Universität, FG Kulturgeschichte 110, 113, 134

Universitätsbibliothek 60

Märkisches Museum 11, 16, 24, 27, 30, 44, 55, 56, 68, 79, 89, 100, 105, 106, 107, 123, 137

Museum für Deutsche Geschichte 157, 161, 170

Museum für Volkskunde 112

Nowosti 156

Stadtarchiv 47, 94, 124, 140

Zentralbibl. d. Gewerkschaften 114, 119, 120

Zentralbild 135, 142, 143, 144, 145, 146, 147, 149, 150, 151, 152, 153, 154, 155, 159, 160, 162, 163, 164, 165, 166, 167, 174, 175, 180, 181, 182, 183

Falk 171

Kilger 170, 172

Kiesling 154

Klingbeil 176

Krawutschke 178

Lorenz 179

Schmitt 168

Stark 177

Thormann 127

Uhlenhut 179

Berlin (West) Photothek 108

Fotosammlg. Binger 102, 132

Dresden, Sächsische Landesbibliothek, Fotothek 136, 138

Leipzig, Deutsche Bücherei 109, 110, 111

Potsdam, Staatsarchiv 82, 83, 84, 122

Weimar, Schloßmuseum 12, 20, 35

privat 23, 73, 103, 114, 148, 157, 158

Aus zeitgenössischen Zeitungen und Zeitschriften 31, 61, 62, 63, 65, 74, 77, 90, 91, 93, 95, 97, 100, 111, 131, 133, 135, 160, 169, 171

Aus Publikationen 11, 13, 15, 18, 20, 26, 28, 29, 31, 34, 38, 39, 48, 51, 69, 72, 80, 87, 96, 101, 106, 114, 122, 125, 151